乱世的终焉

庆长十九年至二十年（1614—1615），江户幕府先后发动大坂冬之阵与夏之阵，消灭丰臣势力，完成天下统一的事业，也为战乱的漫长中世打上终止符。

《大坂夏之阵图屏风》局部 （大阪城天守阁藏）

▲《东福门院入内图屏风》（德川美术馆藏）
元和六年（1620），秀忠之女和子进宫成为后水尾天皇的女御。

德川三代确立幕府机构

从家康到秀忠、家光，德川幕府在半个多世纪的时间里逐渐变得稳固，为此后长达两个多世纪的泰平盛世奠定了坚实基础。

《二条城行幸图屏风》（泉屋博古馆藏）

宽永十一年（1634），第三代将军家光前往京都二条城参见天皇，三十万人的队伍展现出将军独有的威仪。

《旧诸侯江户入行列之图》安达吟光绘 （江户东京博物馆藏）

宽永十二年（1635），家光将“参勤交代”加入《武家诸法度》，上图为大名带领家臣前往江户的场景。

走向“锁国”的道路

为了将日本建立为“神国”，幕府全面禁止天主教，要求日本教徒改宗，并开始限制天主教国家来航。

►《元和大殉教图》（罗马耶稣教堂藏）
元和八年（1622），五十五名教徒在长崎被施以火刑和斩首，是日本迫害天主教徒历史上同时处死教徒最多的事件。

▼《岛原阵图屏风·战斗图》斋藤秋圃绘 （朝仓市秋月博物馆藏）
宽永十四至十五年（1637—1638），因重税与针对天主教徒的高压统治，原城爆发“岛原之乱”，是江户时代最大规模的起义。幕府镇压起义后，开始驱逐葡萄牙商人，加强禁教政策。

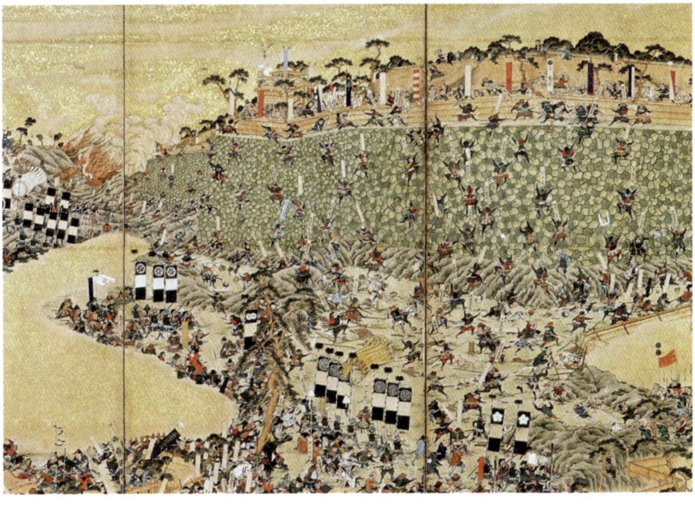

《江户名所图屏风》局部 （出光美术馆藏）
图中所画的日本桥一带是当时最为繁华的街市之一，桥下是运输米粮和薪柴的船只。

一派繁荣的治世

江户是当时全球人口最多的城市之一，城市化水平与识字率均位居世界前列。物产与货币、书籍与知识在全国范围内流转。

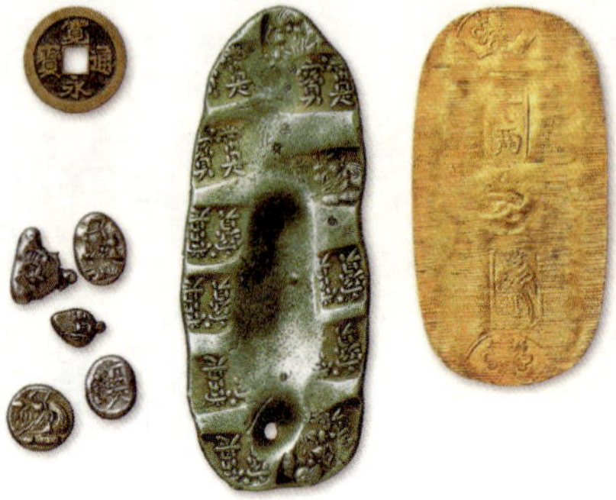

左图为日本历史上的第一本农书《农业全书》。右图为江户时代流通货币，从右至左分别是金币（小判）、银币（丁银）、铜钱（宽永通宝）、小粒银（豆板银）。

《洛中洛外图卷》局部，住吉具庆绘 （东京国立博物馆藏）
上图为元禄时期的都市景象，书店中的客人正在专注阅读。

讲谈社
日本的历史

08

HISTORY
OF JAPAN

天下泰平

江户时代前期

[日] 横田冬彦 著 瞿亮 译

文汇出版社

新经典文化股份有限公司
www.readinglife.com
出　品

講談社・日本の歴史08

天下泰平

“横看成岭侧成峰”

——日本人书写的日本历史

2014年，理想国出版十卷本的“讲谈社·中国的历史”中文版，引起中国读者广泛关注：有人敬佩成立已达百年的讲谈社打造学术精品的底蕴与担当，有人惊叹日本史学家对中国历史理解的深度与广度。

阅读过这套丛书的读者，体味到“从周边看中国”的观念刺激与知识冲击，继而衍生出对日本历史的好奇与兴趣。如今，新经典文化推出十卷本的“讲谈社·日本的历史”，既与前述“讲谈社·中国的历史”成双，也契合了中国读者积聚多年的阅读趣味和需要。

放眼国际史学界，“日本历史”是重要的热点之一。从东方视角观之，因独特的地缘及紧密的文化纽带，日本史与周边国家的历史互相交织，自然而然成为各国观照自身的镜鉴；以西方立场视之，从古代神秘的“黄金岛”传说到现代经济腾飞的神话，无不触发西方人的探秘欲望与破译冲动。因此，日本历史研究的热潮，无论在东方还是西方均经久不衰。

以中国为例，从3世纪末的《三国志》到20世纪初的《清史稿》，历代正史专设日本传凡十七篇，时间跨度超过一千五百年，是研究日本历史不可或缺的原始史料群。加之，日本古代多以汉文撰写史书，依托此种得天独厚的史料解读优势，以周一良等主编的“中日文化交流史大系”为标志，中国史学家的研究在中日关系史及中日文化交流史领域别开生面，颇有建树。然而，中国史学家少有人通晓日本古代“和文”系统文献，如古代的宣命体、中世的武士文书、近世的候文等，因其解读难度大，所以迄今尚无一部获得公认的日本史丛书问世。

再举欧洲的例子，在英语读书界最受追捧的无疑是马里乌斯 · B. 詹森（Marius B. Jansen）等人主编的“剑桥日本史”（*The Cambridge History of Japan*）。这套集多国史学精锐撰写的六卷本，在西方史学理论框架下梳理日本历史脉络，无论其宏观视域还是研究方法，尤其是对政治史、社会史的叙述视角，都有颇多可取之处。然而，西方史学家的短板也同样存在。如第四卷至第六卷叙述近现代四百余年历史，而远古至中世数千年历史仅占全套书一半篇幅，薄古厚今的倾向明显；又如第一卷《古代日本》（*Ancient Japan*）拘泥于“成文史”的史观，将叙述重点置于弥生晚期以后，对日本历史黎明期的无土器时代、绳纹时代一笔带过。

总之，中国的日本史研究与欧美的日本史研究，属于“旁观者”书写的日本历史，虽各有建树，但存在不足。那么，作为“当事人”的日本史学家，他们书写的日本历史，又会具有什么特色呢？正如苏轼《题西林壁》中的诗句："横看成岭侧成峰，远近高低各不同。"面对名为"日本历史"的"山"，倘若从中国望去是"峰"，站在西方看到的是"岭"，那么映现在立足于本土的日本史学家眼中的，又是何种"山容"呢？

大凡了解日本图书现状的读者都知道，历史题材受到的关注从未减弱。这方面笔者有亲身体验，但凡关涉圣德太子、鉴真、阿倍仲麻吕、最澄、圆仁等历史人物，每次演讲的听众动辄数百上千，报纸专栏、杂志特辑、系列丛书等的稿约应接不暇。正因为有众多历史爱好者旺盛的需求，日本大型出版社均有底气倾力打造标志性的日本历史丛书。此次新经典文化译介的"讲谈社·日本的历史"，便是代表日本史学界水准的学术精品。

该丛书原版共二十六卷，中文版萃取其中十卷，大致展示弥生时代至明治时期约两千年的日本历史进程。大而观之，第一卷《王权的诞生》叙述弥生时代至古坟时代，第二卷《从大王到天皇》聚焦古坟时代至飞鸟时代，第三卷《律令国家的转变》起自奈良时代、迄于平安时代前期，第四卷《武士的成长与院政》重点置于平安时代后期，第五卷《源赖朝与幕府初创》大抵等同镰仓时代断代史，第六卷《〈太平记〉的时代》跨越南北朝时代与室町时代，第七卷《织丰政权与江户幕府》聚焦战国时代，第八卷《天下泰平》侧重于江户时代前期，第九卷《开国与幕末变革》框定江户时代后期，第十卷《维新的构想与开展》铺叙明治维新时期迈入近代化的进程。

前述中国学者周一良等主编的“中日文化交流史大系”与美国学者詹森等主编的“剑桥日本史”，邀约各领域专家共同执笔，因而能确保历史脉络的连贯性及叙述层面的完整性。与此相较，中文版“讲谈社·日本的历史”各卷均为单人独著，各卷时段难免偶有重叠，每位著者叙述重点不一，但这将最大限度发挥著者“术业有专攻”的优势。日本史学界专业壁垒森严，史学家大多博通不足而深耕有余，浸淫擅长领域，积淀十分深厚，对相关史料掌控无遗，对学界动态紧追不懈，这既是日本史学界的严谨风格，也是这套丛书的一大看点。

这套丛书呈现的是日本人书写日本历史的成果，既不是从中国侧视的“峰”，亦非西方人横看的“岭”，置身此山的日本人，虽然未必能俯瞰延绵起伏的山脉，纵览云雾缭绕的山势，但可以肯定的是，他们作为“当事人”，比任何“旁观者”更能对溪流的叮咚、山谷的微风、草木的枯荣感同身受。比如在第二卷《从大王到天皇》中，“治天下大王”的“治”字读作“治（シラス）”久成定论，著者则将其训读为“治（オサム）”，二者间微乎其微的差异，绝非外国学者所能体味。而著者对此的解读是：前者“强调统治者拥有绝对性的统治权”，后者“强调互酬性……的统治权”，从而定性大王具有“以人身依附关系为纽带的原始性统治权”，区别于具有“以绝对君权和国家机器为后盾的强制性统治权”的天皇。关于大王称号的前缀“天下”，在著者细致入微的考证下，此“天下”与中国语境中蕴含“德治”与“天命”要素的“天下”观迥异，是指在众神群居的“高天原”之下，王权中心的所在地，与排斥“天命”且“万世一系”的天皇观一脉相承。诸如此类，抽丝剥茧地推演日本历史的内在机理，是该丛书的又一大亮点。

相对于其他学科，日本史学界给人的印象较为刻板、固守传统，连臭名昭著的“皇国史观”也尚存一席之地，右翼学者炒作的新历史教科书便属此类。然而，“讲谈社·日本的历史”带给我们的是开放式、客观性、国际化的史学新风。还是以第二卷《从大王到天皇》为例，朝鲜半岛南部曾有一个小国林立的地区，名为加罗，日本史书《日本书纪》称该地为“任那”，大和朝廷在那里设有“日本府”。长期以来，日本史学界偏信《日本书纪》，认为任那是大和朝廷的屯仓，也有朝鲜学者愤而反驳此观点，双方论战火药味甚浓。本卷著者持论公允，指出加罗地区虽然存在倭人势力，但尚未沦为日本的殖民地，而“任那”一词暴露了“日本古代国家的政治立场”，所以史学家不应使用该词。在墨守成规的日本史学界，这些看似微弱的声音，实如惊天霹雷，让我们看到现代日本史学家的良知与果敢，值得我们赞赏。

前面说过日本史学家“博通不足而深耕有余”的特点，穷尽史料、追根问底是其优势，局限性则体现在研究古代史的绝不涉猎中世史、近世史，攻日本史的鲜少涉足中国史、朝鲜史，总体而言多在日本框架下研究日本史。然而，“讲谈社·日本的历史”向读者呈现出些许不落窠臼的气象，从“从世界史和现代角度看王权诞生”（第一卷）、“东亚世界中的倭国”（第二卷）、“国际秩序构想的转变”（第三卷）等章节标题可见，一些著者不再局限于在日本列岛之内观照日本历史，而是从东亚乃至世界的联系中洞察日本历史的脉搏，剖析文明发展的机制。虽然上述气象还比较微弱，但也是这套丛书令人耳目一新之处。

《题西林壁》下联有云：“不识庐山真面目，只缘身在此山中。”置身此山的日本史学家，能够在至近距离凝视日本历史之“山”，可以鼻闻花草之芬芳，耳听虫鸟之啼鸣，眼观云雾之聚散，手触泉水之冷暖——一切都是那么自然、真实、细腻、神奇，深耕之下或许还能发现地下的根须、山中的矿石、溪流的水源，这是日本史学家与生俱来、得天独厚的优势。但正因为置身此山，未必能看清庐山真容。比如日本古代历史以“和汉”两条主脉交织而成，近代以来则形成“和洋”交叠的结构，而这套丛书呈现的基本上是“和”之一脉，甚至对国外同行的研究成果也有所忽略。然瑕不掩瑜，此不赘言。

临近尾声，笔者突然想起禅僧青原惟信的珠玑之语：参禅之初，看山是山；禅有悟时，看山不是山；禅中彻悟，看山仍是山。这说的是参禅的三重境界，化用到本文主题，中国人侧观、西方人横看、日本人仰视的“山”，属于第一境界；领悟到山有岭峰之姿、高低之相、远近之别，大抵迈入第二境界。何谓第三境界呢？或许等我们凝聚众人之眼，阅遍千姿万态，才能彻悟“山”之真容吧！

最后附言几句：大概因为笔者是“讲谈社·中国的历史”日文原版的作者之一，又曾强烈建议早日推出“讲谈社·日本的历史”中文版，这两套精品丛书的策划人杨晓燕女士嘱我写一篇序言。自忖国内日本史专家人才济济，还轮不到笔者这般资历尚浅、学养未丰之辈担纲作序。但念及“讲谈社·日本的历史”足可填补国内日本史学界的一块空白，身为行内一员有责任和义务为之推介，故不揣浅薄，勉草一文塞责。是为序。

浙江大学日本文化研究所

王勇

辛丑槐月吉日

写于武林桃花源

目 录

序章

『天下泰平』的时代

古活字本《大坂[1]物语》

本书将从假名草子[2]《大坂物语》说起，该书所讲述的大坂之阵是本书论述的起点。

“治天下，卫国，安家，须文武各专其责，平静之世施以文道，战乱之国用以武道”，在那个年代，这一道理已不算罕见，亲眼验证这一道理的机会也不少。

《大坂物语》由此起笔，先从德川家康在关原之战（庆长五年［1600］）讨伐石田三成谋反谈起，此后日本历经十五年和平再度战乱，进入《大坂物语》的主题——大坂冬之阵。在这场战争的最后，家康拒绝“发起总攻”的提案，而是缔结和议，令大坂城“楼墙皆毁，石垣崩破，沟壕尽埋，夷为平地至二之丸[3]”，大坂冬之阵由此结束，之后百姓便迎来“年末骚动平息，进入庆长二十年……天下渐次太平，国土安稳，实乃可喜可贺”的局面。这句结语是假名草子中常见的贺词，这时还没有谁能预料到四个月之后会爆发大坂夏之阵。

虽然该书没有记录刊行信息的扉页，但川濑一马发现，此书应该是冬之阵媾和后一个月不到的庆长二十年（1615）正月

---

1 “大阪”在明治维新前写作“大坂”，后忌于“坂”字可拆为“士反”（武士叛乱），因此于明治三年（1870）改名为“大阪”。

2 假名草子，用日文假名写成的通俗文学作品。

3 日本城郭从中心向四周依次划分为本丸（核心城区，也称一之丸）、二之丸（外城）、三之丸以及远城，每部分间一般建有城墙。

刊行的。该书是古活字本，当时并未大量印刷，但从其即时性来看，学者中村幸彦认为这是“日本最早表现出新闻报道性质的出版物”和“报道文学”。中村还根据其中搜集的各武将行动信息的真实性，推测该书是在德川方的庇护下刊行的，“无非是在宣传，天下大权在此战之后完全归德川所有”。而想到可以将印刷品用作政治宣传的，正是几度尝试古活字印刷的德川家康。之后，为了与此对抗，通过改写前述作品来袒护丰臣一方的盗版也随即出版。利用出版物展开的宣传战由此打响。

在夏之阵进行之际，《大坂物语》（下）面世。它记录了丰臣秀赖与淀君母子俩的最后时刻、秀赖之子国松的处刑，以及家康、秀忠宣布“为治天下……当定赏罚严明之法度”（《武家诸法度》）一事，最后在举国上下的平稳和为家康祝寿之处停笔。此种记述，也带有“令路人皆知丰臣家已覆灭”的意味（当时已出现瓦版[1]的“大坂陷落图”作为号外在民间传播）。

最初《大坂物语》两卷是分别出版的，但之后上卷在此前的基础上稍作了些改动，以保证与下卷一致，并作为《大坂物语》（上）与下卷一同以上下两卷的形式出版。到了宽永年间（约17世纪30年代），《大坂物语》不仅有活字版，还出现雕版印刷版本，进入木版印刷的整版本时代后，随即逐次出现至

1 瓦版，用雕有文图的瓦坯印制而成的印刷品，内容多为灾害、战争、异闻等，是日本报纸的雏形。

少五种整版本[1]（加上覆刻本共十八种）。

川濑一马之所以得以发现《大坂物语》最初出版的时间，是因为在其他古活字本封面背面贴着的废纸上，发现了一位装订师写的“收取银子日记”。该日记中有庆长二十年（1615）正月至七月收取书籍装订费用的记录，而在正月记录中就有《大坂物语》。

“收取银子日记”是装订师等匠人的账簿，除《大坂物语》外，上面还记录了装订师经手的其他近三十种书：中国的儒学书（《大学》《中庸》《论语》），诗文集（《古文真宝》《锦绣段》），韵书（《韵镜》），医书（《察病指南》），兵书（《三略》）和辞典等。还有日本的年代记（《大年代记》《古历》）、有职[2]书、和歌书（《伊势物语》）、军书（《平家物语》）、随笔（《徒然草》）、辞典（《节用集》），以及净琉璃本和谣曲本，等等。川濑通过缜密的研究，得知这些都是当时出版的古活字本。

古活字本据说经由传教士而来，也有说法认为是丰臣秀吉侵略朝鲜时从西欧和朝鲜输入日本的。原先这项技术所成就的出版事业十分有限，只运用在后阳成天皇的庆长与元和年间、德川家康的伏见时期和骏河时期因敕令而印的出版物，以及在

---

1 整版本，区别于古活字本，将文本刻于一张版上印刷而成。覆刻本则是根据原书翻刻而成。

2 有职，又称有识，常与“故实”并称为“有职故实”，指与公家和武家的仪式、制度、官职、装束等相关的学问。

相国寺中因寺院所需而印的书籍中。另一方面，随着儒者林罗山与俳人松永贞德等人关于《论语》《太平记》《徒然草》等书的“讲谈”（公开讲座）的开始，整版本在17世纪30年代大量出现，预示着江户时代初期是“书籍的时代”，信息和知识将逐渐大众化。

禁止无端杀人——德川幕府最初的法令

《大坂物语》也给出了本书的另外一个起点。《大坂物语》所叙述的关原之战和大坂之阵都是依靠军事力量实现了天下统一，而卷首的“平静之世施以文道，战乱之国用以武道”，则是针对两次大战之间的十五年和平：

> 此间天下太平、国富民安，尧舜盛世、延喜天历之圣代亦不及此。且因“若下情弗能上达，则诉讼难立，当直许诉状”之故，大御所[1]下令每年逢鹰猎之际，诉讼者可直诉。上闻下达，瞬燃宪法之烛火，晴驱愁叹之暗。如此一来，贵贱皆安乐，自关原之战以来享度十五载春秋。

这一鼓励直诉的制度，指的是庆长八年（1603）三月颁发

1 大御所，对退位将军或将军父亲及其住所的尊称，此处指德川家康。

的乡村法令，这是家康在该年二月成为将军之后首次颁布的法令，也是存续了二百六十余年的德川幕府最早颁布的法令。此时德川幕府的支配区域刚从关东扩展到东海，这一法令所针对的主要还是关东的农村，并未成为约束外样大名[1]的全国法令，但《大坂物语》的作者已经将它作为将军“施以文道”治世的重要标志。

该乡村法令共七条，直诉的法令在最后的第七条：

> 停止无端杀戮百姓，纵使有犯科者，应逮捕至奉行所[2]，当堂对质并判决。

法令规定，不得在没有任何理由的情况下杀戮百姓，即便百姓犯罪也不能动用私刑，应该移交奉行所进行审判。这一条令具有重大意义。此类法令上的保护，在过去只运用在寺院境内或是有“禁制”的特定和平区域中。所谓“禁制”，就是在特定领域内禁止滥妨（掠夺）、狼藉（暴行）、取人（拐骗）、纵火、占据家宅等行为的规定，不在法令保护的地区（如处

1 江户时代的大名可分为三类：一是亲藩大名，指与德川家有血缘的藩主；二是谱代大名，指在关原之战前便一直追随德川的藩主；三则是外样大名，指在关原之战后才臣服于德川的大名，不能参与幕府政治且受到严密监控。

2 奉行，本意为奉上级命令行事，后成为武家的官职名，分管政务，主要分为寺社奉行（管理佛寺与神社事务）、勘定奉行（负责幕府财政、征收年贡、诉讼处理）、町奉行（掌管领地内都市的行政、司法、治安）。奉行所则为奉行任职之处。

在战争状态的地区），则放任这些行为。而家康颁布的这项乡村法令，不论“公域及私领”都包含在内，并将禁令日常化。《大坂物语》末尾祈愿“天下太平，国土安稳”，这无疑是当时的套话，但其中也包含期待社会上的“无端杀人”逐渐消失，时代从中世转向近世[1]的意味。

回过头看，日本的中世自源平合战起，先后历经承久之乱、南北朝内战、应仁之乱，一直是战乱不绝的晦暗岁月。战乱时期，不仅是作为职业战士的武士，普通民众也被卷入其中，为了守护自身的生活和家庭、经营和生产，人们自发武装起来。在这个时代，“自力救济”被视为理所当然。中世被称为武士的时代，社会陆续从战国大名割据的纷乱，朝着信长、秀吉、家康三人实现的天下统一迈进，因此也有人将中世看作以战争为业的武将的英雄时代。但研究中世史的史家黑田俊雄指出，与上述看法不同，占压倒性多数的中世人真正希望并时常讴歌的，不是“武勇”也不是合战，而是与战争意义相反的“天下泰平，国土安稳”。

但这个时代所呼吁的安稳并不是“贪图安逸、耽于怠惰的心情”，中世的人不仅饱受战乱之苦，还受饥饿、疾病、盗窃、抢夺及各种自然灾害侵扰，这些归根到底都是影响中世生产力水平和统治的灾难，还时刻威胁人们的生命及生活的安稳，不

1 中世一般指从镰仓幕府建立（1192）至室町幕府灭亡（1573）或江户幕府建立（1603）这段历史时期，近世则为江户时代（1603—1867）。

断造成凄惨的悲剧。渴求“泰平与安稳”的愿望，比单纯免于战乱的希望更加普遍且深刻。“泰平与安稳”这几个字所包含的，是现实的愿望，不仅是期望没有战争，还包含了更好地生活下去等丰富内容，具有更广泛的深刻意义。

在坪井良平的心血之作《日本古钟铭集成》中，便可以看到这时期的钟铭写的并非“武运长久”，而是“天下泰平，国土安稳”“国家安宁，人民快乐”“现世安稳，后生善处”或“天下太平，国土安稳，乡内尤为快乐”（文安五年［1448］，三河国黑濑乡牛头天王社钟铭）、“社头繁昌，乡内富贵，诸人快乐”（大永元年［1521］，近江国柿御园三河部大明神乡中总社钟铭）等语句。这些无疑不过是当时的套话，但从中也可看出，祈求天下、国土与乡里和平富饶的愿望，比战国时代更为强烈，也逐渐被更加明确地意识到。

在丰臣秀吉写给侧室摩阿的书信中，有“吾将夺取大坂城，添置人数（军势），攻破各国之城郭，使其无法再兴，以镇各国五十年”的语句。无论是秀吉向侧室许下的这一约定，还是他要求诸大名停止私斗的“总无事令”，以及他解除百姓武装，希望“百姓持农具专务耕作，可致子子孙孙长久……诚国土安稳，万民快乐之基也”的“刀狩令”，都是他作为“天下人”为实现统一而采取的军事战略，也是中世以来人们希望“泰平与安稳”并为此长期努力的结果。

家康在德川幕府建立之初便颁布乡村法令，与秀吉的想法和举措是相同的。成为将军后，家康首先与人们约定不再无故杀人。

所谓《庆安御触书》[1]，现在看来，到底是不是庆安二年（1649）颁布的尚存疑问，但在江户时代后期广泛刊行的幕府正史《德川实纪》中，都把它作为第三代将军家光的事迹传颂。从这点来看，“御触书”最后所写的“持大量米、金、杂谷者，不被地头、代官[2]强取豪夺，入天下泰平之盛世，亦无胁迫之人”，正是幕藩领主向百姓许诺的应有的社会状态。

当然，我们不能无视秀吉实现国内基本统一后还曾发兵侵略朝鲜，也不能忘记家光在“岛原之乱”后曾做尽杀戮之事：“藏于死人之下者及凡牵连涉及之女子、童子、隐匿者，当皆于廿八日一日内斩杀”，“生还者亦于廿九日前杀尽”。武士终究是以杀人、破坏和打仗为职业的集团。“以军事实力守卫和平”这一点，是我们现代世界在历经日常教训后得到的认识。正因为如此，笔者想重新考察，为何江户时代或秀吉以来的日本近世将自身标榜为“天下泰平”的时代。

“诉”的时代——通往政治的途径

前述乡村法令的第一至六条，也得到了《大坂物语》的高

1《庆安御触书》，要求百姓生活节俭、专注于农作等家业的法令。触，即布告。
2 代官，代替君主或领主掌管当地事务的官员，可根据职权范围分为城代、郡代等。

度评价。其内容可概括如下：

一、若私有领地的领主“强取人质，且毫无解决办法”时，状纸虽不能直接递至家康手中，但只要递到幕府的代官或奉行所，便可向他们直诉。如果遇到幕府代官“非分”（非法）拒收直诉，则可不经代官之手，直接上呈状纸。

二、在幕府代官或领主“非分”失职，致使百姓“背井离乡”，逃散外地的情况下，即便领主请求，也不会轻易将百姓强制送还原籍。因此，百姓若要告发领主就要做好背井离乡的心理准备。

三、不受理有关年贡率的诉讼，年贡率应以“近乡”“邻乡”的状况（即社会平均水平）为标准。只要缴纳年贡，百姓可自由居住在任何地方。

根据《当代记》的记载，庆长十一年（1606）代官头彦坂元正与他管辖下的百姓发生诉讼纠纷，由奉行众[1]裁决，彦坂被判“非分”失职，并因为被发现思虑不正而遭改易[2]。庆长十二年，因卷入武士间私斗而负伤的百姓递交状纸，说明自己

1 众，接在表示身份或职位的名词之后，表示某集团或团体。

2 改易，江户时代对武士的一种惩罚，比切腹轻，比蛰居重。受改易惩罚者，免去武士的称号降为平民，并被没收领地、房屋和俸禄。

身受五六十处刀伤，在逃脱之际还遭背后袭击，此次私斗的武士尽管是谱代大名家臣，也依然遭到改易处置。

幕府规定不得无故杀戮百姓，不得强取为人质，不得对缴纳年贡达到一定水平者提出无理要求，总之不得对百姓采取非分之举。这一诉讼制度作为现实中的制度性保障而被设立。所谓“下情上通”也就是指设立使百姓的诉讼进入到政治中的途径，这也是该乡村法令的另一大意义。

在中世社会遇到强取豪夺时，民众是通过武装自身来保护自己的权利，村民还会集结成自卫集团，建立起“总[1]”和“一揆[2]”等共同体，形成自力救济的社会。山城国一揆则打着“侍不得居于国中”的旗号令两畠山军撤退，加贺一向一揆宣扬“百姓持国”，两者都显示出历史发展进程中的一种可能性。岛原之乱可被看作这种自力救济社会的最后尝试。在现实的历史发展过程中，这些民众武装的一揆，全都在“天下统一”面前败北。“刀狩令”颁布之后，历史又朝着解除一揆武装的方向迈进。但是，这并不意味着完全否定中世民众业已建立的“总”或“一揆”的“自治”。为了弥补解除武装的民众，秀吉和家康也不得不向百姓许诺不再无故杀人，停止领土间的战争，终止战争状态，并压制武士集团经常性的武力暴乱（杀

1 总，也称“总村”，中世百姓为实现自治而在地方上结成的共同组织。
2 一揆，本意为同心协力，后泛指以对抗统治者为目的的农民起义。下文所说的“一向一揆”专指真宗本愿寺派的一向宗发起的宗教起义。

人、强取人质）。所谓“天下统一”，也就是逐步冻结这些武士家臣团军事力量的过程。

武士若从背后砍伤百姓，百姓可直诉其暴行，“天下人”必须对此做出回应。如此，从一般的诉求到直诉，“诉”的制度逐渐被广泛认可。诉意味着自力救济的传统以另一种样貌，延续到了近世社会。同时，诉也意味着不再凭借武力，而是要逐步建立起解决问题的判决、法治和民政等新的社会系统。当然，当时也还是有领主继续以战国的方式统治领地，尚未理解诉的意义，岛原之乱就以大量的牺牲为代价表明了这一点，人们通过不断地诉，令领主最终认同维持该统治体系。

近世社会推行“兵农分离体制”，武士集中住在城下町而非农村。这也是“侍不得居于国中”的一种形式。武士不居住在村落，也就意味着年贡征收等事务都由村落百姓承担（村请制）。土地登记簿等各类账簿、由村民发出的诉求或由领主发出的御触等事务，都必须以文书的方式呈现。担任此项工作的百姓，如果不具备知识能力，就无法使该体制实际运行。这要求负责人不仅要具备读写和计算能力，还必须具有书写各类诉状、维持诉讼和审判进行的法律与行政能力。由此，这个武家国家的内部开始出现一种社会制度，这在日本历史上还是首次出现。在该制度中，民众开始学会不再凭借武装能力，而是运用知识能力来守卫自己的生命与生活。其中，书籍的广泛普及也与之相关。

由以上考察可知，“天下泰平”的时代首先结束了漫长的战乱，实现了冻结武力的“和平”；其次，形成了将百姓诉求反映至政治领域的各种途径；最后，使得知识、书籍和信息进一步传播和普及——《大坂物语》之类书籍的存在，正是这一现象的佐证。接下来让我们在此基础上讲述之后的故事。

第一章

乱世的终焉

第一节 | 元和偃武

破城——《一国一城令》

庆长二十年（1615）五月，大坂之阵后丰臣一族被灭，德川军团和丰臣势力终于决出雌雄。这不仅意味着德川完成了天下统一的事业，也为民众在战乱和自力救济中度日的漫长中世打上终止符。

这一事件被称为“元和偃武”，但它离被公认为历时二百多年的“德川和平”时代，还有数十年。令当时的人记忆犹新的是，秀吉全国统一事业带来的“丰臣和平”不到十年就业已崩溃。这也意味着，大坂之阵虽然暂时终结了国内战争，但要维系和平，将之转化为国家的体制，真正地终结乱世，还必须历经数十年的时间。

大御所德川家康在见证大坂城在夏之阵中陷落之后，即日便回到将军在京都的行辕——二条城，将军秀忠翌日也进入京都的伏见城。此后立即颁布的政策，就是该年闰六月十三日出台的《一国一城令》。

但此次的《一国一城令》不仅以法令的形式颁布，还附上了酒井忠世、土井利胜、安藤重信等将军秀忠的年寄[1]众写给

1 年寄，原意为老人，后指在幕府或大名家中的重臣，如家老、老中。有时也指町村层面负责指挥的人。

个别大名的联署奉书[1]，“阁下所领之御分国中，居城可留，此外诸城须悉数破却之，此乃上意也。如右所述，以至达于诸国，须心得其意也”。也就是说，摧毁大名除居城之外的所有城池，是将军秀忠的“上意”。如今这篇奉书还有收件名不同的原本和抄本，保存于鹿儿岛的岛津、长门萩的毛利、筑前福冈的黑田和肥前佐贺的锅岛等家族中，丰前小仓的细川、土佐高知的山内也有相关史料，由此可见，《一国一城令》针对的是西国外样大名。

同月二十九日，先得到回领地许可的细川忠兴回到小仓，写信嘱咐留在伏见的儿子忠利：由于“诸国城割御触状”已经送达，故“严令即日起当破门司之城池，其他城池一俟使至即拆毁”。忠兴在《一国一城令》颁布之后，即刻着手破城，摧毁主城外的其他城池。另外，该命令也被传达给家康的亲信本多正纯和金地院崇传，可见确实是家康发布的。而大坂之阵时，将军秀忠仅率领东国大名，统领西国大名的乃是家康，这次《一国一城令》通过直属于秀忠的年寄众以奉书形式发布，也意味着家康将军事权力进一步委让于秀忠。

该年七月十八日，诸大名得到回领地的命令，全军在家康、秀忠的军事指挥下处于准战争状态，每个大名都必须遵从将军的命令。在如此状态下，拒绝将军命令就是与幕府的全军

1 奉书，奉上级意旨下达的文书。

团为敌。通过上述方式，幕府将诸大名的军队置于实际指挥之下，并趁机对个别大名处以改易。这在之后也成了十分常见的手法。一个月之后，城郭规制被列入《武家诸法度》的第六条，可见幕府利用《一国一城令》事先确认西国大名的反应，将其作为《武家诸法度》的先行试验。

然而，在日本历史上，最早提出破城举措的并不是德川幕府。庆长十四年（1609）一月，家康得知中国和西国大名“处处修缮巩固城池”，即刻便表现出十分强烈的不快。当时，在安艺广岛的福岛正则提议一定要慎重破城，好不容易才征得家康同意。

但是在当时的记载中有“今年日本国中之天守[1]共立二十五座”，“二三年内，九州、中国、四国皆专务修缮城池，距乱世不远矣”等语句，这说明，在关原之战向大坂之阵发展的紧迫政治局势中，以西国为中心的各地盛行修缮城池。秀吉在统一全国的同时也施行破城，但秀吉的死影响武士团的统一，原本被暂时冻结的城郭建设又再次开始，局势也随之趋向战乱。

然而，无论是德川还是丰臣，都不明确知晓诸大名到底营造了多少城池，所以，当时幕府并不具备全面规制大名修缮城池的力量。更何况，幕府自身也建造了伏见城、二条城、江户城、骏府城、名古屋城等城池，构建起围绕大坂城一圈的包围

1 天守，日式城堡中最高且最主要的一类，具有瞭望和指挥的功能，也是统御权力的象征。

网，播磨姬路城（池田辉政）、伊贺上野城（藤堂高虎）、丹波筱山城（松平康重）、近江的彦根城（井伊直胜）和膳所城（户田氏铁）等大名的城郭，也是在幕府的直接管辖和支援之下建造的。

大坂之阵终结了国内战争，也令幕府再度统制城郭成为可能。但是，《一国一城令》和秀吉时代的破城政策有着根本区别。在秀吉时代，被破毁的是被征服地或战场中的占领地，而此次包括了获胜方大名的领地和没卷入战争的地区。此外，秀吉时代是对所有“未攻入之城”都施行破毁，但也保留了一些城池以增强防御力，至于留存哪座城池，则基本上交由各个大名决定。因此，各国主在破毁城池的同时，也致力于在领地境内强化一些支城。

对中世的在地领主而言，“馆”（领主居住的宅邸）和“馆回”（类似于护城区）是领主核心地区中最坚固的据点。为了增强馆的防御力而发展起来的城郭，是领地领主和作为战斗者的武士存在的证明，是他们最后的立足之处，因此也是领主自立性的保证。根据最近的考古学成果，战国时期破毁城池往往是针对在城郭入口具有重大军事功能的虎口或枡形[1]，只是破坏从外面看去最显眼的部分，并不一定要将城池全部破毁。也就是说，当时采取的做法具有先撕破“自立的领主”引以为豪的

1 虎口，城郭中最为重要的出入口。枡形，第一道与第二道城门之间的方形广场，常作为出阵前集合士兵的场所，也用于阻挡敌军的进一步侵入。

体面，再令其投降、臣服的象征意义。在这个意义上，秀吉时期的破城举措其实肯定了大名作为领国统治者的自立性，终究流于形式，以不彻底的状态告终。

与之相反，此次破城要求完全破毁居城外的所有城池，包括领地内的支城，否定了大名可自行决定如何设置军事设施的权限，就连居城也需要得到将军的认可，置于幕府的管理之下。而且，随后颁布的《武家诸法度》在全国范围实行破城的同时，还规定大名修缮居城也须上报幕府。不久，到了正保元年（1644），幕府还要求各大名将被破毁的古城全部载入国绘图中，并将该图与明确记录居城内部构造的城绘图一并上交。

此时，细川忠兴破毁了除居城小仓城之外的所有城池，并称“为天下而行不得已之事”，令家老[1]长冈也随之破城，只留高台和石垣，并让他迁至小仓的宅邸。毛利辉元也破毁了萩城之外的山口城、长府城，且不顾长门、周防两国领主吉川广家（毛利的分家）的抗议，依据“天下御掟[2]”的《一国一城令》，破却其居城岩国城。播磨姬路四十二万石[3]的池田利隆，也奉命破毁了本家家老四万石大名池田由之的居城明石船上城，以及家老三万石大名伊木忠繁的居城三木城等支城。的确，《一

1 家老，一般为幕府或大名的家臣团中最高的职位，设有数人，通过合议的方式辅佐或管理领地的政治和经济。德川家的家老被称为老中。

2 掟，意为成规、法令、戒律。

3 四十二万石为播磨国姬路藩的石高，是该地区的粮食产量，象征着当地的富裕程度，税贡、劳务、军役等皆依石高的多寡来课征，是为“石高制”。

国一城令》是幕府对大名军事力量的规制，与此同时，各个领国也借此剥夺本家和有力家老的自立性，家臣团的家宅由此聚集在大名本家所拥有的城下町内，逐渐确立起只有大名本家才拥有的“国主”或“城主”身份。

如果说武士团原本是以战争为职业的军事战斗集团，那《一国一城令》便具有两方面的意义。第一是剥夺领地内国主和本家一族家臣的城池，更彻底地推进了自秀吉以来的破城措施；第二则是将大名的城池也置于将军管理之下。在大名转封[1]之际，统率幕府军团的将军派遣上使，收取居城和城中武器，转交给该封地下一任大名。由此逐渐确立起一种观念：城池和领地、领国一样，都是幕府之物，大名不过是使用者而已。这与中世大名将城池等同于自己的领地或祖传之地，视为自己存在的证明的观念相比，已经有了巨大变化。而实现这一决定性的划时代转变的，就是《一国一城令》。

与破城令同时值得注意的是，大坂之阵结束后的五年时间里，幕府自己也没有修缮城池。在家康成为将军的庆长八年（1603），诸大名曾奉命修缮江户城（参见第五章第一节），但在完成前开始了冬之阵，战争结束后也没有随即继续修缮。在夏之阵后即刻修缮遭到破坏的大坂城，则是要将它作为对付西国大名的幕府军事据点，无疑具有重要意义，但无论是江户城

1 转封，指幕府转移大名领地的举措。转封时，家臣团随主君迁移，领地上的农民禁止移动。

还是大坂城，真正的修缮工程都要到元和六年（1620）才开始。在《骏府记》等文献中有如下记载：冬之阵之后的庆长十九年（1614）十二月末，土井利胜向家康报告对大坂城外郭等的破坏和掩埋已经结束，家康对此做出“诸大名此番对阵劳碌辛苦，故赦免三年公役”的指示。在庆长二十年七月末夏之阵结束后，诸大名获得回归领地的许可，细川忠利也从家康近臣金地院崇传那里得知，不久之后会有“日本国内十年不得修缮城池”的命令。虽然关于这点我们无法得到更多信息，但从结果来看，之后五年间幕府确实没有发布任何修缮命令。如此一来，幕府可谓率先冻结了城郭的建设。在这项举措落实之后，到元和六年，幕府才独自再次开启大规模的建城工程。

《武家诸法度》——下克上的冻结

庆长二十年（1615）七月七日，在《一国一城令》颁布一个月后，幕府于伏见城召集诸大名，秀忠手下的年寄本多正信宣布颁布《武家诸法度》，崇传宣读。这期间，家康仍身居二条城，因此可以确定《武家诸法度》是将军秀忠发布的。它以“常习文武弓马之道”为首项条例，一共十三条。

第三条“违背法度之辈不可藏匿于领地”和第四条“各大

名小名及诸给人[1]手下士卒，若被告犯有谋反、杀人，应速逐出"，严格规范了武士的言行。这两项条例实际是照搬了大坂之阵前庆长十六年（1611）四月，家康为恭贺后水尾天皇即位而召集西国诸大名，要求他们订立的"三条誓约"中的第二、三条（翌年也与关东大名订立）。其中的第一条就是要求诸大名遵守将军秀忠发布的《御目录》（法典），《武家诸法度》便是对它的延续。不仅如此，《武家诸法度》还全面扩充了"三条誓约"的内容，规定不得依仗天皇权威，禁止大名采用其他起誓方式，不再容许丰臣秀赖那样不在誓纸上署名的情况，这些都是单方面对所有大名的命令。可见，歼灭丰臣家族、拒绝天皇勒令斡旋和谈的大坂之阵，对武家领主的统合具有实质性的推进意义。

第四条规定，其他领主不得收容在某领主领地犯下重罪（谋反、杀害）的武士。这一条是从战国家法[2]建立过程中武士之间因利害关系而产生的协约而来，也得到了各领主的认同。在大名相互竞争的战国时代，家臣具有选择主君的可能性，如果与其意见不合，便能去侍奉其他主君。但这一协约在大名之间得到认可便意味着，只要家臣在侍奉一家大名时出现问题，便失去了去其他所有大名家任职的机会。于是，家臣无法在主君面前轻易提出批评，这也就确立了大名集团对家臣集团的绝对优势。也就是说，《武家诸法度》不仅使幕府确立了对大名

1 给人，从藩主那里得到知行地的家臣。
2 战国家法，也称分国法，是战国时代的大名用于统治领国的基本法典。

的统制，也冻结了家臣针对大名的“下克上”，这一协约恰好迎合了各大名对家臣集团的忌惮。如果忽略这点，就无法理解德川幕府这一举措并非单纯为了德川一族，而是为了建立“公仪[1]”或与大名联合。

第五条禁止其他领地的武士与自己领地的武士交流，这是为了防范像大坂之阵那样诸国浪人抱团的情况，但这一举措不符合这个时代全国性人口流动的实际情况，到宽永六年（1629）发布修改后的法度时便被废除。

第六条规定，即便是修补居城，也必须呈报幕府，并且禁止营造新城。这是在只保留居城的《一国一城令》基础上，进一步强调在修复居城时必须上报，是对《一国一城令》的强化。它将个别大名在自己领地内拥有的军事设施建造权以及发起军事行动的交战权，都置于将军管理之下并对其冻结。由此，这条规定使得大名不再备战，转而对领地进行日常管理。

第七条规定，邻国中若有人结党谋反，应当尽早禀报。第八条禁止私自联姻。在丰臣政权时期的文禄四年（1595）颁布的《御掟》中，就有禁止大名之间私自联姻的条例，但家康在秀吉死后打破该规定，擅自与伊达家、浅野家等联姻、过继养子，由此遭五奉行[2]责难，这在当时已经众所周知。该条例还

---

1 公仪，中世到近世对公权力的称呼，在江户时代一般专指幕府。

2 秀吉当政时设有多位奉行，其中有五位尤其重要，合称为五奉行。前述家康讨伐的石田三成便是五奉行之一。

在说明中强调“以姻缘成党者，奸谋之源也”。这条与第七条一样是幕府针对谋反者的对策。第五至第八条，是幕府为了防止大名下克上。

第九条是“诸大名参勤之作法”，有关这一条的解释较为混乱。它并不是指大名去往江户的参勤交代[1]，而是去往京都朝廷参勤时的规定。它引用了《续日本纪》中记载的天平宝字元年（757）六月制敕中对平城京参勤“不得二十骑以上集体行进”的规定，规定百万石以下二十万石以上的大名只能带领二十骑，不得率领大批兵马，而且要求“公役时亦据该规定执行”——这是将军上洛[2]、觐见天皇以及供奉神社时须遵守的军役规定，“不得二十骑以上集体行进”则是针对大名各自上京的规定。庆长时期，从江户参勤回领地途中，诸大名可以相当自由地滞留在京都；大名在被授予官职之后，除常规的谢恩外，还可自行前往皇居谢恩，如今则不得不禁止这些行为。《武家诸法度》并非由江户城而是由伏见城颁布，也暗示了当时的政治状况[3]。在后水尾天皇行幸和紫衣事件（见第三节）之后，第九条在宽永六年被废除，到宽永十二年改为“大名小名

1 参勤，指从自己的领地去往幕府所在地。参勤交代制度则是要求大名轮流在江户和领地居住，原则上一年一轮换。

2 上洛，在战国时代特指大名率领军队进入京都、宣示霸主地位，在江户时代则指将军前往京都、被天皇授予将军一职。

3《武家诸法度》是金地院崇传在大御所家康命令下制定的，但为树立秀忠的威信，法度以秀忠名义发布，于伏见城宣读。

皆在江户交替"，即成了江户参勤交代制的条例。

第十条是对着装的规定。第十一条是有关乘车的规制，例如只允许身份在国持大名[1]以上的人乘车，这条在武士内部划分序列的条例在秀吉所定的《御掟》《御掟追加》中就有了。第二条所禁止的"群饮佚游"也与《御掟追加》中禁止大肆饮酒的规定类似，是对武士不正当行为的规制。第十二条令诸国诸侍节俭，基本因袭了室町幕府的方针纲要《建武式目》中包括注释在内的内容。武士身份的序列划分在战时编组军团、组织战斗中自然必不可少，但此时对武士身份的划分则是为日常的德行条例服务。

最后的第十三条"国主当选政务之器用"也因袭了《建武式目》"诸国守护人尤当选政务器用之人"的要求，认为应当选用适合做"政务"的人才。所谓"政务"，自然包括向幕府提供军役的能力，但正如注释所述"凡治国之道……"，如今比起守护领国的能力，治国能力被看得更重。这也显示出从战时转向和平时期的结构性转变。

如上所述，《武家诸法度》要改变的是政治架构，它试图将大坂之阵中通过战时动员实现的武家大名集团的统合，转变

---

1 除根据与德川家的亲疏关系划分大名外，还可按领地规模将大名划分为五类：一是国主（国持大名），领地覆盖一国甚至以上或与之相当的规模；二是准国主，领地不及国主，但待遇与国主相同；三是城主，只拥有居城的大名；四为准城主，不拥有城池但与城主享受同等待遇；五为无城的大名（阵屋），也称"小名"。

为和平时期的正常体制，即转变为下克上不再可能的武家国家。战争时期，围绕着取胜而实行的军事性要求是所有命令的根据；到了和平时期，则必须在武士间确立基于一定的一致同意基础上的规范。终结国内战争时，为了维持武士团的统合，秀吉在发动对外战争之际仍持续对大名课以“无限制军役”。对于目睹了秀吉这一疏漏的家康而言，歼灭丰臣家的大坂之阵，并不意味着解决全部问题。如何在战争结束后将军事霸权落实为新的武家制度，其中一个解决办法便是用律法来规范被统合的大名集团。

《武家诸法度》全文为汉文，调查发现，正文与各条注释不仅征引了《续日本纪》和《建武式目》，还引用了《十七条宪法》《易经》《诗经》《春秋左氏传》等各类古籍。

庆长十六年（1611）的“三条誓约”中，第一条称“当如奉仰右大将家后历代公方之仪式般奉仰之[1]”，要求今后必须坚守由江户颁布的法度，这句话的前半部分就取自北条泰时的《御成败式目》。众所周知，家康曾将《吾妻镜》放在案头，借鉴源赖朝的执政方式。在确立“三条誓约”时，他还令金地院崇传、林罗山抄录并讨论《群书治要》《建武式目》《延喜式》《续日本纪》，并命令崇传起草《武家诸法度》。如此征引古典条文的做法，到宽永十五年（1638）家光颁布《武家诸法度》

1 右大将家指源赖朝，公方指幕府将军。

时才消失不见。从战时体制转换到和平国家制度的过渡时期，为保证这一飞跃的正当化，延续自镰仓幕府以来的传统是必要的。正如事前知晓要制定《武家诸法度》的细川忠利发出“上下武士皆应尊奉，如仰奉往昔公方之法度”之言一样，武家也经由这种方式接纳了新的规定。

《禁中并公家诸法度》[1]——规制天皇

《武家诸法度》颁布之后，七月十三日改元为“元和”，七月十七日身居二条城的家康与秀忠一同召集前关白二条昭实、前右大臣菊亭晴季及武家传奏广桥兼胜、三条西实条四人[2]。广桥宣读十七条《禁中并公家诸法度》后，二条昭实与菊亭晴季答以“此番颁布之御法度最为神妙，无遗漏之处”，二条率先在日期下署名，其次是将军秀忠，最后是大御所家康。誊写原文的是家康身边的出头人[3]公家日野唯心。原稿之后藏于宫内，万治四年（1661）由于宫内失火而被烧毁。到宽文四年（1664），该法令由将军家纲和摄政二条光平在没有修改原本内容的基础上联合署名，再次交于朝廷，一直发挥效力至幕末。

---

1 禁中指宫廷或皇居，也称禁内或禁里。公家指侍奉于朝廷（天皇）的人，与武家（武士出身或在幕府中任职的人）相对。

2 关白是摄政一职在天皇成年之后的称呼，右大臣为朝廷最高机关太政官的一员，武家传奏则指负责为朝廷传达武家奏请的官职。

3 出头人，指在幕府或大名家中，在主君身边参与政务的人。

菊亭晴季时年七十七岁，在公卿集团中最为年长。当时担任关白的是鹰司信尚，时年二十六岁，二条昭实六十岁，在这两个担任过关白的人中选择年龄更大的后者担任公卿代表，并非没有道理。之后二条昭实又于二十八日再度担任关白。到七月三十日，在皇居的清凉殿内，广桥兼胜再度于所有门迹[1]和公卿面前宣读《禁中并公家诸法度》，听者也各自抄录并带回家中。

以“天子诸艺能之事，第一御学问也”开篇的《禁中并公家诸法度》，在日本历史上首次通过法律规定天皇行为，而制定该法度的主体是幕府，这也可以看作将军权力业已确立的标志。

以下将用现代文忠实翻译法度的首条条例：

> ①在诸多艺能之事中，天子应以研习学问为先。《贞观政要》曾明确记载，“夫不学，则不明古道，而能政致太平者，未之有也。”在（平安时代宇多天皇赠予其子醍醐天皇的）《宽平之遗诫》中，也有“虽无法遍读经史，亦当默诵《群书治要》”的记载。
>
> ②和歌自光孝天皇以来发展至今，虽然只是谋求修饰语言的技艺，但也是我国习俗，不能舍弃。
>
> ③以上两点皆载于《禁秘抄》，专注研学最为重要。

1 门迹，指由皇族或公家担任住持的寺院，或该寺院的住持。

《禁中并公家诸法度》①和②的全部内容，都是从《禁秘抄》的“诸艺能事”条目中征引抄录而来。《禁秘抄》为镰仓时代顺德天皇所著，是针对朝廷礼仪及政务的有职故实书。该法度的首条条例用法律规范天皇行为，但它不来自将军的直接命令，而是引用《禁秘抄》，将中古时期天皇对后代天皇的训诫作为条例，可见家康的深谋远虑。

世人大多将该条例解释为将天皇限定在学问与和歌等文艺活动中，令其疏远政治，但《贞观政要》其实是唐太宗所撰的政治治理著述，《群书治要》集结群书中有关治国的记录编撰而成，《禁秘抄》中的“御学问”也关乎国家统治、朝廷礼仪政务等。家康自己也从儒者藤原惺窝那里学习《贞观政要》，并刊行骏府版的《群书治要》。《武家诸法度》便是在上述书籍的基础之上形成的结晶，因此家康自身应当十分清楚这一点。引用“诸艺能事”，却又在“第一御学问”与“和歌”中间省略所有“第二管弦”的部分[1]，还有意删除将和歌评述为“幽玄之仪，好色之道”的部分，由此可见，单纯将它理解为让天皇致力于文艺而疏远政治是不合适的。

后水尾天皇模仿《禁秘抄》和后醍醐天皇的《建武年中行事》，著写《当时年中行事》，致力于复兴荒废的古道，这是因为他深知身为天皇有专治学问的责任。由此可见，天皇也充分

1《禁秘抄》在第十六项“诸艺能事”中指出，天子须习得艺能，第一是学问，第二是管弦（即音乐），第三是和歌。

理解《禁中并公家诸法度》的意味。天皇所谋求的“御学问”是以朝廷的“御政事”，即国家的祭祀、仪式、典礼等为目的的学问。在这个意义上，天皇所做的事情便与家康将学问作为手段运用到政治之中的做法实现了完美并立，从另一个侧面补充了新的国家体制。

但同时毋庸置疑的是，就像大坂冬之阵时朝廷的讲和敕使被家康以“天皇之调停无用”一句话拒绝一样，朝廷直接干预武家政治的可能性已被否定，剩下能做的也就只有祭祀、礼仪等侧面。

这一时期，朝廷礼仪中最具有政治意味的问题是武家官位的确立。《禁中并公家诸法度》第七条规定，武家的官位与公家官位的裁定无关。实际上，家康在庆长十一年（1606）就曾向朝廷提议，武家官位若无自己的推荐一律不成立。这一举措可能是模仿《吾妻镜》中的源赖朝。但在大坂之阵前，丰臣秀赖及其推选的大坂众官位都未经家康推荐，可见朝廷为了牵制将军，将秀赖放在了天平的另一侧。幕府对官位执奏权的独占，因歼灭丰臣而得到实质性的确立，也在形式上将武家官位的名额从公家中分离出来。左卫门大夫或佐渡守等朝廷官位的人数，也开始由幕府自由决定。但这并不是说将军夺取了朝廷的任命权，可自行赋予官位。向武家授予官位这一仪式性的行为本身，仍被保留为朝廷的功能之一。

朝廷机构与公家社会秩序的再编

《禁中并公家诸法度》的第二、三条，规定现役的三公（太政大臣、左大臣、右大臣）官位在亲王之上，曾任三公的大臣在亲王之下。第十三条规定，亲王出身的门迹位于摄家[1]出身的门迹之上，而为了平衡，摄家一族往往具有就任三公职位的优先权。相比于天皇兄弟血缘的关系，《禁中并公家诸法度》优先考虑的是朝廷机构所发挥的职能。

第十一条规定，无论堂上（可允许上殿议事的公卿）还是地下（没有上殿资格的官员），只要违背关白、传奏、奉行职事等宣布下达的命令，都将被判流放，罪行的轻重则由第十二条规定来判定。也就是说，辅佐天皇的关白、协调联络朝廷与幕府的武家传奏和主管推进朝廷诸仪式的奉行职事（藏人头[2]等）虽然在战国时期已经形同虚设，但如今又被重新确立为朝廷机构。由于只有摄家才能参加朝廷的仪式，而朝廷机构由“朝仪、关白（摄家）和武家传奏”三者构成，这便使得天皇个人的意志难以直接成为朝廷的方针。从近世国家在法律制度上制约天皇的行为来看，相比《禁中并公家诸法度》的第一条，对机构的规制才是限制天皇的真正秘诀。

1 摄家，又称五摄家，是镰仓时代出自藤原嫡派的五个家族，即近卫家、一条家、二条家、九条家、鹰司家，是公家中最高的门第。

2 藏人头，类似于天皇的秘书，负责传达圣意，撰写文书。

而后，灵元天皇与关白近卫基熙对立，还憎恶关白为“私曲邪佞之恶臣”，以及明治维新发布“王政复古大号令”之际便同时废除摄家、关白与武家传奏，从中可见这一机构设置对天皇的限制。

因为公家官位的执奏需要通过摄家，出身一般的公家便会到五摄家当中的一门成为家臣，结成主从关系。庆长十八年（1613）的《公家众法度》规定，违反法度之事将由五摄家或武家传奏传达至京都所司代[1]，由武家施行处罚，因此一般的公家在官位执奏和处罚通报这两方面上从属于摄家。第九条为了再度确认公家社会的秩序，区分规定了天子、仙洞（上皇、院）、亲王、公卿以及地下各自的礼服。

第四和第五条规定，即便是五摄家出身，要担任三公和摄关，也应当是具备“器用之仁体”的有能力者，只要具备能力，任用或再度任用老年人（再任用的首例是二条昭实）也无妨。这一规定成为幕府依照是否“器用”这一标准统管官员任免的根据。另外，第十条关于公家晋升的条目还十分强调能力主义，它指出，虽然应该恪守旧例，但如果有在学问、有职、歌道等勤学奉公方面劳苦功高者，也应当给予特别晋升。这一内容与《公家众法度》的“家家之学问”、“行仪”、宫内值守的勤务状态等相对应。

1 京都所司代，幕府在京都的代表，一般由谱代大名担任。

原本，公家的“兵卫府”“近卫府”中就有武官，如近卫前久这样擅长骑马和鹰猎的公卿。天正十年（1582）在宫内东南方举行的由织田信长领衔的“武者聚会”中，还有骑马而来的“公家阵参众”。兴福寺的僧人多闻院英俊也曾记载近卫信尹（近卫前久之子）奔赴肥前名护屋，“以武力为秀吉奉公”的事迹，之后信尹也为此被发配到萨摩。针对如此状况，家康于庆长十七年（1612）向朝廷提议禁止公家狩猎。这表明，不管在官位裁定还是“仪式行为”层面，家康都意图实现武家与公家的分离。今天我们形成的武家勇猛、公家柔弱的印象，实际上就是在江户时代确立的。

关白和武家传奏由此被确立为对普通公家进行统一管理的机构，同时也为幕府介入朝廷的人事与公家的行动提供了根据。从这个意义上看，这一法度确实成为幕府统管朝廷的手段。当时，针对伏见宫邦彦亲王和准后[1]二条昭实围绕座次而展开的争论、公家与官女秘通事件以及禁中值守懈怠等一系列事件，天皇和朝廷自身无法确立秩序，只能请家康来审理裁定，可见朝廷方面也有必要且具备充分理由接受这一法度。这一时期，家康还亲自前往朝廷，和亲王一起与被称为“武家昵近众”的家康派公卿交换有关法度内容的想法，并请求书面的意见，因此《禁中并公家诸法度》绝不是幕府单方面强加给朝

1 准后，待遇相当于三后（皇后、皇太后、太皇太后）的皇族或贵族。

廷的法令。但不久后，元和五年（1619）的“四辻御寮人”事件导致公家受罚，宽永六年（1629）让位事件致使武家传奏中院通村更迭等（见本章第三节），这些原本为了恢复公家秩序的条例，却在实际操作中违背了天皇的意志。

第八条是关于改元的条目。当下还是从汉朝年号中选用年号（元和改元），而该条例规定，不久后当根据《本朝先规之作法》，在菅原等人提供的备选的基础之上决定年号（宽永改元之后）。

第十四到十七条确定了天皇对寺庙神社的权限，与《诸宗寺院法度》联动。第十四和十五条针对的是门迹和院家[1]的法印和法眼等僧位的授予，以及僧正、僧都、律师等僧官的任命。第十六条针对被授予紫衣（朝廷方面所能授予的最高位袈裟）的寺院住持职务。第十七条针对上人号[2]，规定沿用先例，但也应当考虑其器用程度、学问、修行和僧龄等。这一规定虽然只是重复了庆长十八年（1613）颁布的《敕许紫衣法度》中的内容，但为幕府干预僧侣能力评价提供了依据，这一转变由紫衣事件触发而成。

综上，《禁中并公家诸法度》规定，天皇与公家集团的国家性机能是负责朝廷的各类仪式与典礼、授予将军与大名官位官职、授予僧位僧官，以及改元。此外还有祈求国家与国土安

1 院家，指皇族或贵族出身的僧侣，也指他们出家的寺庙。
2 上人号，佛教中对高僧的敬称，也称“上人”。

宁、为将军健康进行国家性祈祷、向日光东照宫和伊势神宫等派遣奉币使[1]、制定历法，以及通过门迹和公家处理神职、阴阳师和修验者的编制等内容，由此可知，朝廷所扮演的角色与国家的仪式性方面、宗教性与巫祝性方面密切相关。

元和二年正月拜贺

元和元年（1615）[2]七月七日，德川幕府颁布《武家诸法度》，七月十七日颁布《禁中并公家诸法度》，在七月二十四日进而颁布针对室町幕府官寺“五山十刹”的法度，除此之外，还一并下达了针对大德寺、妙心寺、永平寺、总持寺、真言宗、净土宗、净土西山派等的《诸宗寺院法度》。

自镰仓、室町幕府延续下来的日本中世国家体制，以天皇或上皇为中心（治天之君），在此基础上，公家、武家、寺社这三大权门势力分别发挥统治、守护、祈祷的功能。这一整个支撑国家的体系被称为“权门体制”。通过颁布规范三大权门的法度，家康将这三者之上的“将军权力”作为权力顶点，确定了新的武家国家构架。

这一权力结构的原型在秀吉时代的《御掟》《御掟追加》中便出现过，但在《御掟追加》中，规制诸公家、诸门迹、诸

1 奉币使，奉天皇之命向神社或山陵供奉币帛的使者。
2 庆长二十年（1615）七月十三日，日本改元为“元和”。

寺社的条目和规制武家的条目混杂在一起，仍处于新国家体制的摸索阶段。

经过庆长十六年（1611）颁布的针对诸大名的“三条誓约”、庆长十八年的《公家众法度》和《敕许紫衣法度》，以及庆长六年以来针对寺院的法度这一不断试错的过程，分别规范各大权门的法度终于得以同时颁布。

但是，与以秀忠之名在伏见城颁布的《武家诸法度》不同，《禁中并公家诸法度》是在二条城以家康、秀忠和前关白二条昭实之名联署颁布，《诸宗寺院法度》则是在秀忠离开伏见城之后，单独以家康名义颁布的。这里需要注意几点，首先，秀忠作为武家权门的统帅者无法在江户城颁布《武家诸法度》；其次，针对公家和寺家的法度，在形式上都没有将军出面，而由大御所家康颁布，可见这一时期“将军权力”是有限制的，这对于并不以武家栋梁为目标，而是要成为一国之主的秀忠而言，是一个重要课题。

据《德川实纪》等史料记载，元和二年（1616），大坂之阵后的第一个正月年头礼，“今年年始拜贺之众，着乌帽子、直垂、狩衣、大纹，其余则着素袄，皆登门拜谒”，江户城举行了官员身着正装的仪式。这是因为，在元和元年末预先颁布了“诸士当着乌帽子，装束出仕”的命令，“年中诸节之礼仪，尚未备全，故据去年会议所定之仪，自今日始施行，应为当家历代之永式”，之后，如此的礼仪成了定式。

元和二年正月礼仪[1]

元日		
黑书院	家光（世子）、忠长（次子）	
白书院	本宗	尾张义直（参议从三位中将，52万）
		骏河赖宣（参议从三位中将，50万）
		水户赖房（从四位下少将，25万）
		松平忠直（松平秀康长男，从三位中将，越前68万）
	国持大名	前田利常（从四位下少将，加贺120万）
		池田利隆（从四位下侍从，播磨42万）
	谱代大名	松平忠昌（松平秀康次子，从四位下侍从，常陆下妻3万）
	（本宗、外戚）	松平直政（松平秀康三子，无官）
		松平忠良（久松康元嫡子，从五位下，下总关宿4万）
		松平定胜（久松，从四位下，伏见城代5万）
	（近臣）	酒井忠世（秀忠年寄，从五位下，下野厩桥3万）
		土井利胜（秀忠年寄，从五位下，下总佐仓7万）
		安藤重信（秀忠年寄，从五位下，下总小见川4万）
		永井尚政（秀忠近习，从五位下）
		青山幸成（秀忠近习，从五位下）等等
大广间	3000石以上的谱代大名、诸番头、近习、外样	
	布衣并寄合、书院番头、诸役人、大番头、小十人组	
	松平（大给、樱井、深沟等）诸大夫	
白书院次间	小姓组番士	
二日		
大广间	外样国持大名	池田忠雄（从四位下侍从，备前32万）
	（侍从以上）	岛津义弘（从四位下少将，萨摩61万）
		浅野长晟（从四位下侍从，纪州38万）
		毛利秀就（从四位下侍从，长门37万）
		细川忠兴（参议从三位少将，丰前40万）
		森忠政（从四位下侍从，美作19万）

1 表中的黑书院、白书院、大广间、白书院次间和御廊下溜都是将军宅邸的不同部分，能够入内的诸侍等级逐次递减。

		蜂须贺至镇（从四位下，阿波 26 万）
		立花宗茂（从四位下侍从，陆奥棚仓 3 万）
		宗义成（从四位下侍从，对马 1 万）
		锅岛胜茂（从四位下侍从，肥前 36 万）
	外样国持大名	佐竹义宣（从四位下，出羽秋田 21 万）
	（诸大夫）	伊达秀宗（从五位下，伊豫宇和岛 10 万）
		黑田长政（从四位下，筑前 52 万）
		京极忠高（从四位下，若狭 9 万）
	喜连川赖氏（旧关东公方末裔）	
	外样诸大夫	
三日		
白书院	国持大名尚无官位的子嗣	
御廊下溜	无官的大名、诸大名证人	

石高未满 1 万石的按四舍五入计算，无记载则为不满 1 万石

（参照二木谦一《江户幕府将军拜谒礼仪与大名的格式》制成）

该年，幕府细致规定了拜谒人员的顺序、日期、场所、座席、太刀目录[1]等进贡方式、演奏者、赐酒方式等方面，其概要可参考上述表格。按照规定，元旦当天首先由世子和本宗成员，以及与将军关系亲密的有力外样大名（如秀忠女儿的夫家前田利常、家康女儿督姬的继子池田利隆，见上表）拜谒将军，其次是作为近臣的谱代大名（包括作为幕府阁僚的年寄众）与其他谱代大名，再次是旗本[2]德川直属家臣团（诸番头、

1 太刀一般与马匹一同上贡，但马匹可能造成混乱，因而一并先以目录的形式进贡。

2 旗本，原指在战场上守护军旗的武士，在江户时代指直属将军，俸禄在一万石以下，有资格直接觐见将军的家臣。

近习[1]、诸差役等)。次日是外样国持大名分成侍从以上、四品官员和诸大夫前往拜谒。第三天则由国持大名尚无官阶的子嗣以及无官位的大名拜贺。血缘亲疏、外样大名的顺次(谱代、近习)、是否为国持以及官位上的区别等,构成了整个仪式参谒顺序的标准。这一规定通过加入官位的区别,也与室町幕府正月拜贺礼仪区分了开来,除此之外规定还要求侍从以上身穿直垂,四品穿狩衣,诸大夫穿大纹,诸差役穿布衣,平侍穿素袄,将官位制运用到了衣着制度中。

如此一来,幕府对武士家臣团进行军事性统合的同时,也在仪礼方面将武家官位制作为统合的重要因素建立起来。为何要这样做?光从表面来看,相对于外样国持大名高水平的石高,谱代的年寄众和近习众的石高明显很低(此时谱代大名中石高最高的是井伊直孝的近江彦根藩二十万石)。尽管幕府为了达到平衡,提拔了御三家[2]等本宗大名,但像家康第六个儿子松平忠辉[3](越后高田藩六十万石)在斩杀秀忠的家臣之后被流放到伊势朝熊,德川家中的纷争也成为影响提拔本宗的不安定因素。尽管年寄众与近习众在石高上低于外样国持大名,但在这一规定中,两方在官位和礼仪序列中却处于

---

1 近习,在主君身旁侍奉的人,也称近侍。

2 御三家,除德川本家外拥有将军继承权的尾张家、纪州家、水户家三支分家。

3 松平忠辉,生来不受家康喜爱,在家康去世后被兄长秀忠处以改易,理由之一是在大坂之阵中斩杀秀忠的直属旗本。

相互抗衡的关系。这点正是新武家国家的创新所在。新国家不仅需要战争时期编组的军团秩序和石高制，还必须在和平时代建立起礼仪性秩序。因此，《武家诸法度》必须与将武家官位制从朝廷官制中分离出来的《禁中并公家诸法度》同时制定。

得到神祝的家康

在京都颁布完诸法度后，元和元年（1615）八月四日，家康离开二条城回到骏府，接着从骏府出发一边鹰猎一边赶赴江户，到江户给予秀忠各种政务上的指导，随后没有参加正月的拜谒仪礼就回到骏府。回骏府途中继续鹰猎，顺便造访了伊豆三岛的泉殿，并决定将这里作为“隐居所”。

元和二年（1616）正月十九日，原本将由藤堂高虎组织圈划宅邸，但因前述官方停止修缮一事被叫停，将需要兴建的屋宅改为骏府竹腰山城守的宅邸地，由中井正清担任监工。作为家康的大工头，中井正清统管诸工匠，主持了对二条城、伏见城、江户城、名古屋城、骏府城以及朝廷宫内的修缮。他也是关原之战之前，在军事技术方面为家康提供支持的出头人。

然而，正月二十一日，家康在前往鹰猎途中倒下，暂时康复后回到骏府，之后病情一直时好时坏，秀忠也于二月二日赶回骏府。朝廷于三月二十日任命家康为太政大臣（之后被称为“相国公”），并昭告天下。

四月二日，家康召集本多正纯、南光坊天海、金地院崇传于枕边，嘱咐他们将自己的遗体葬于骏河久能山，在江户德川家的菩提所[1]净土宗增上寺举行葬礼，将牌位安置于松平时代的菩提所三河的大树寺，还嘱托他们在七日忌之后于日光修建一座小庙堂，意在“镇守关东八州”。根据该遗言，家康成了神道上的镇守神，但又举行佛教葬礼并安置牌位，与神佛的关系显得模糊不清。为此秀忠于四月十五日传唤京都吉田神社的神龙院梵舜询问，并于十六日决定依神道迁位至久能山，不举行葬礼。

当时梵舜所主张的吉田唯一神道是在应仁、文明之乱时由吉田兼俱所创，废止了之前以佛教为中心的神佛习合，转而以神道为中心并加以体系化，在信长、秀吉时代由吉田兼右、兼见继承，在吉田神社内再兴神祇官八神殿，并请公卿列席，在确立名实的同时，其神官也被公认为朝廷的神祇官。梵舜就是吉田兼见的弟弟，曾在祭拜秀吉的丰国神社担任神宫寺别当[2]，后被家康招纳，于伊势神宫、二十二社、大尝祭之神社等地广泛宣讲神道，还曾于庆长十八年（1613）向众官员解读吉田神道的奥秘，传授神道思想。而秀吉之所以否定佛教葬礼，正是

1 菩提所，为安葬祖先，安置历代牌位，祈其冥福而建立的寺庙。

2 别当，在神宫寺中掌管寺务的僧官。

因为吉田唯一神道。对此，崇传也表示支持，这也是因为吉田神道已被公认为朝廷的神祇官。

四月十七日早晨，时年七十五岁的家康去世，该夜下起小雨，其遗体按照遗言被移至久能山。家康的近臣本多正纯、松平正纲、板仓重昌、秋元泰朝随行，秀忠的代理土井利胜、义直的代理成濑正成、赖宣的代理安藤直次和赖房的代理中山信吉尾随其后，梵舜、天海和崇传也在其中。本多正纯率领的是家康身边的诸年寄，与很早便跟随秀忠的土井利胜不同，成濑所率领的、本都是家康的近习，之后成为后任御三家的义直下面的付家老[1]。以心崇传是南禅寺金地院的僧人，在家康手下负责寺社行政、草拟外交文书、协助起草《武家诸法度》等法典，被称为“黑衣宰相”。天海是仙波喜多院（武藏川越）的僧人，后为家康招纳，居于比叡山延历寺南光坊，成为探题[2]之后恢复天台论道，在家康出台的寺院政策中发挥了重要作用。

十八、十九日之内，大工头中井正清建造了三间四方形的神庙殡宫、鸟居、斋垣等。十九日深夜，在神龙院梵舜的主持下，家康遗体依吉田神道的法式下葬，并供献镜子。梵舜念诵祈祷文：“家康公之御仪形奉葬于久能之高岭，备御神供、后菜，以此状安平镇坐，镇守天下静谧、弥安繁盛、国运长久之

1 付家老，在大名分家后，由本家派出监视和监督分家的家老。
2 探题，研读经文时负责选定议题，判断问答妥当与否的僧人。

基，以此祝言诚惶诚恐奉于神前。”

二十日清晨，年寄纷纷下山，到骏府金地院由崇传招待沐浴，其中包括中井正清、茶屋清次、龟屋荣任、长谷川藤广、林罗山等人。林罗山当时是与崇传一道协同起草外交文书和法典的僧侣，茶屋清次与龟屋荣任都是担任代官的豪商，代表了京都的町人。长谷川藤广也是商人出身，曾担任长崎奉行和堺奉行等职务。他们都是家康亲自提拔的，并在如此受重视的情况下，在各自的领域内被赋予巨大权限，支撑着家康的统治，即所谓的出头人。除这些人之外，还有代官头大久保长安、京都所司代板仓胜重、公家的日野唯心、外交顾问威廉·亚当斯（三浦按针），由此可见家康身边聚集了各种各样的出头人。他们因为与家康建立了良好的个人关系而受到重用，但是这层关系并没有延续到秀忠。由于出身低下且权限巨大，他们时常招致三河时代以来门阀谱代的反感，本多正纯不久后的下台就是标志性事件（见第二节）。从这个意义上说，家康的死也标示着在这天早晨于金地院聚集的出头人的政治生命将告一段落。元和二年的葬礼，可以说是以出头人为中心的一场密葬（同年九月，武家昵近众的公卿二十余人曾试图奔赴骏府，但受到后水尾天皇的限制）。

家康已经“被神所祝”，也就是说他并没有死而是成了神，是件值得庆贺的事情。因此，在他的神所被建造得“金碧辉煌”之前禁止参拜。虽然秀忠自己在二十二日就去参拜了，但随行的就只有义直、赖宣、赖房三个弟弟，是一次“秘密参拜”。中井正清受命负责神庙建造，在梵舜的指示之下兴建“大明神宫”。

另一方面，江户增上寺仅进行了“御中阴之法事”，以此替代原本应该举行的葬礼，而诵经等佛教法事则作为“御内之仪”在德川家私下开展，从上方[1]赶来的僧人无用武之地，诸大名奉上的香炉费也一律没有受领。在宫中，也没有专门的哀悼活动，贺茂的赛马和深草祭照常进行。家康的去世和一般人的死不同，是获得了神性的“祝福”。而在佛教里，人死后到再度进入新生命之间，亡魂处于徘徊游荡的状态，在这七七四十九天之间，需要诵读佛经为死者祈祷冥福，如此便与“神祝”仪式相矛盾，但家康的遗言本身就包含着矛盾。

进入五月，为了决定家康的神号，主张依吉田神道命名为“大明神”的梵舜和主张依山王一实神道命名为“权现”的天海，展开了激烈辩论。由于被称为“丰国大明神”的丰臣秀吉这一先例中蕴含的不吉意味，天海的主张最终得到通过。山王一实神道原本是天海将比叡山的日吉山王神和天台宗教义结合起来的奇特产物，由于秀忠的支持，家康的神格化也逐渐朝着神佛习合的方向发展。

元和三年（1617）四月，家康一周年神忌之时，日光建

1 上方，以京都、大坂为中心的近畿地区。

造的神庙成为“权现造[1]”，天海违背家康的遗言，将其棺柩（遗体）移至日光，并基于神佛习合的山王神道，以住持身份动员三千五百名僧侣，举行了所有大名列席的盛大佛事。四月十六日夜，棺柩被移至本社殿，天海施行密教的法事，朝廷派来的宣命使宣读追加家康为“东照大权现”并授予正一位[2]的宣命书。“赐护佑抚恤，天下升平，海内静谧”，“令日本武威光辉，惩治逆乱，使庶民安闲……据此倍感在世之忠义，仰为神灵，敕命东之守护神”，在这一宣命书中，天皇已承认家康作为幕藩制国家的守护神“东（武）之守护神”的地位。

在十七日的神舆祭典后，十八日，作为敕使的武家传奏日野资胜以下的所有公家武家全部列席，供奉由后水尾天皇亲笔所书的佛经，并举行舞乐。二十日至三十日，三千五百名僧人一齐供奉万部《法华经》。

如此，家康的“神祝”仪式就在天皇、公家、寺院、诸大名都参加的情况之下，成为全国性的仪式。

1 权现造，日本神社建筑的样式之一，特征是本殿（安置神体之所）与拜殿（祭司参拜之所）一体化，两殿之间铺有石块。

2 正一位，日本品秩制度中最高的品阶，通常在去世后追封。次一阶为从一位、正二位、从二位、正三位、次三位，以此类推。

第二节 | 将军上洛与大名改易

权力继承的课题

秀忠于庆长十年（1605）继任将军职位，接管江户城本丸，并在该年年初接受诸大名的拜贺之礼。但是，在失去家康这一后盾后，很难说秀忠已经向世人证明自己具备成为“天下人”的实力。因为，历经战国动乱的武士团的主从关系是依靠情谊、信赖关系和现实的御恩奉公[1]关系而建立的人格性关系。这种主从关系无法简单地从父亲手中直接继承，最典型的例子就是秀赖，无论秀吉如何费心地“再三嘱托”，并让大名反复在神佛前起誓，也没有对秀赖继承这种关系起到任何作用。

丰臣秀吉所建立的政权呈现出双重构造，包含了两种类型的武士团。一种是秀吉一手培养的家臣团和提拔的大名所组成的丰臣武士团，即丰臣“家中”；另一种则是以德川家康为首的岛津、伊达、佐竹、上杉、毛利等人，他们曾作为同辈人与秀吉争夺天下霸权，是在传统门第上比丰臣家更有资历的外样大名，但他们选择暂且服从，在秀吉统治之下形成“公仪”。丰臣政权之所以是这种构造具有多种原因，最直接的一大原因

---

1 御恩奉公，武士基于互惠建立的主从关系。御恩指主君为手下武士提供领地等利益，奉公则指武士提供军役等。

是天正十二年（1584）秀吉在小牧、长久手之战中败于家康，由此重新审视自信长以来依靠军事实力征服全国的“天下布武”战略，决定自己担任关白，利用天皇权威施行天下统一。这一新战略的基础就是总无事令。根据研究者的调查，以“丰臣和平令”为名的总无事令，将“天下静谧”归结为“睿虑”（天皇的旨意），向全国领主和大名发令，要求他们停止领地和国境纷争，随后九州岛津和关东北条被讨伐也是因为他们不顾命令擅自扩张领土。

与被困于小田原城、抵抗到最后才灭亡的北条相比，岛津在秀吉军队进入萨摩之后随即投降，伊达政宗也在攻取北条之际便请求谒见秀吉，在行属臣之礼后得到原谅。也就是说，只要接受总无事令，就可以避免与秀吉直接交锋。与其因军事性败北和被占领而导致军团解体，各大名选择在保持一定的自立性和敌对性的同时，服从并加入秀吉政权。这样一来，丰臣政权就获得了作为谱代的丰臣家臣和奉“公仪”之名集结的外样大名这两大要素。

秀吉一边给外样大名赐姓羽柴，试图将其组建为虚拟的“家中”，另一边则将高官赐予丰臣一族的大名，使之与外样大名抗衡，还将关白职位移交给外甥秀次，使自己从官职体系中独立出来，成为太阁，并为出兵朝鲜而动员军团，最后到文禄四年（1595）秀吉又不得不肃清秀次[1]——这些都是秀吉为克服权力的二重构造而进行的多次试错。秀吉在世时以“天下人”的威慑力统合家臣，但当秀吉一族的秀长、秀保、秀胜皆因病去世，秀次又被肃清之后，年幼的秀赖便明显实力不足。在秀次事件之后，秀吉颁发《御掟》和《御掟追加》，数次要求作为有力外样大名的五大老[2]与丰臣家中的五奉行相互起誓，希望借此使二重构造如一个完整的机构般运行，并延续到下一代。

秀吉临终嘱托作为“发小”的前田利家作秀赖的监护人，又恳请以“婚礼之仪”让秀赖成为家康的孙女婿，但这样的遗言无法保证权力的转让，丰臣政权到最后也没能克服二重构造。

通过关原之战和大坂之阵将丰臣家歼灭并取得绝对军事胜利的家康，也不得不面临同样的问题。正如近年研究注意到的那样，关原之战中因统率德川谱代大名主力军的秀忠延误参战，由家康率领的福岛正则等丰臣系有力大名成了战争主力，战后的论功行赏增加了他们的俸禄，令他们在西国站稳脚跟，大坂之阵也是如此。在德川的“公仪”麾下，旧丰臣系大名成

1 文禄四年，秀吉称秀次企图谋反，命他切腹，秀次一族亦被处刑。关于这次肃清的原因尚无定论，多数学者认为，是亲生儿子的出生令秀吉后悔将秀次立为继任者。该事件被视为丰臣政权瓦解的关键。

2 大老，辅佐将军的非常设职位，只在重要决策时参政，地位在老中之上。一般只有一位，但秀吉在执政末期设置了六名大名（德川家康、前田利家、宇喜多秀家、毛利辉元、上杉景胜、小早川隆景）辅佐年幼的秀赖，小早川在秀吉过世前病故，因而实际只有五人，后合称他们为五大老。

为新的大名势力，隐藏着实力。这在元和二年（1616）正月拜谒将军的仪式中就已经有所体现。如此形成的德川政权也具有双重构造。从家康到秀忠，再从秀忠到家光，他们也不得不努力解决权力继承这一课题。

然而，在家康去世之际，秀忠的起点已经和秀吉死后秀赖的情况有了几点区别。

第一，家康在庆长十年（1605）就把将军职位和江户城以及关东的谱代家臣团移交给秀忠，这时距离家康去世还有十年有余，但国家政治的实权、确认和分配领地所属的权力自然还掌握在家康手中。在关原之战时，秀忠率领的只有关东的谱代大名，到庆长十年为就任将军一职而上洛之时，手下便增加了东北和甲信（今山梨县与长野县）的外样大名，共率十万或十六万大军。此时，江户开始建造诸大名的宅邸，秀忠专门正式造访外样大名的宅邸，与他们直接会面并赠予太刀和马匹，建立起人格性的主从关系，到了大坂之阵又统率这些大名参加战斗。这当然与大御所家康的从旁协助有密切关系，秀忠通过统率德川谱代家臣团，与东国外样大名建立主从关系，已经构建起一定的统治基础。

第二，前述《武家诸法度》业已对武家集团的“公仪”做出规定，这在某种程度上也克服了人格性要素。更为重要的是，“公仪”运作的核心不再是丰臣政权时期有力外样大名五大老的合议，而由德川谱代大名独占。这一点很重要，但此前没有得到太多关注。关原之战后家康作为“公仪”领班的地位由于“太阁样御置目”还模糊地保留在伏见城，而秀忠在江户城已形成幕阁。结果，秀忠得以避开五大老和五奉行围绕“公仪”而产生纷争的构造。

第三，丰臣家被歼灭之际，集结起来的反德川势力便丧失了政治核心。丰臣家在庆长十六年（1611）没有在三条誓约上署名，秀赖的官位也不是经家康执奏而授予的，因此大坂之阵就成了完全统合武士团路上的必经之处。但这并没有解决所有问题。以西国大名为首的外样大名之间的矛盾、德川家内部的权力斗争、德川家臣团中门阀谱代和新加入的出头人之间的矛盾等等都有可能借机爆发。

第四点则是天皇、公家、寺社势力的问题。如前所述，《禁中并公家诸法度》和《诸宗寺院法度》已经确定基本战略，只是还未经秀忠之手得到实际运作。

就在元和、宽永时期的政治为秀忠创造这些可能性的同时，幕府把将军上洛一事渲染为以天皇之名的军事动员，还通过外样和德川本宗的改易来实现大名的转封和再配置，并如此反复数次。

元和三年与五年的上洛

在日光的家康一周年忌法事之后，秀忠即刻于元和三年

(1617)六月上洛，进宫谒见天皇。此次上洛，除伊达政宗、上杉景胜等东国大名以及土井利胜、本多正纯所率的谱代大名之外，还有西国的蜂须贺至镇等人随行，岛津家久、福岛正则等在府的西国大名纷纷奔赴京都，其他在国[1]的大名也与秀忠一同上洛。对于岛津家久、黑田长政、福岛正则、毛利秀就、细川忠兴等领地尚未得到幕府认可的西国大名，秀忠此次发出了领知朱印状和判物[2]。但这些朱印状并非一齐颁发，而是以上洛、进宫为名目动员诸大名，在大名尚在伏见城期间发放，由此实现对西国外样大名的军事动员与领知分配。门迹、公家众、寺社也被统一颁授领知朱印状，标示着秀忠掌握了领知分配权。此外，秀忠还于伏见城召见了平户的英国商馆长、葡萄牙人理查德·科克斯和朝鲜使节吴允谦，这也标示着秀忠已经将外交权揽在手中。

此时，秀忠将播磨姬路（四十二万石）的藩主池田光政转封到因幡鸟取（领地为因幡和伯耆，三十二万石），随之又依次将因幡、伯耆、石见和伊豫的外样小、大名转封。

另一方面，在播磨，秀忠又将“德川四天王[3]”本多忠胜的

1 在府指大名或家臣在江户幕府内执勤，在国则指身居领国。

2 领知，意为占领并支配，也作“知行”；领知朱印状则指确认领主的知行权、盖有朱印的文书。判物是将军或大名给予下级的文书的总称。

3 德川四天王，确立政权过程中功绩卓著的四位德川家臣，分别是酒井忠次、榊原康政、本多忠胜、井伊直政。

长男、武功派[1]的直系本多忠政封入姬路（二十五万石），还将一些谱代大名封入明石（十万石）和龙野（五万石）。实际上在大坂之阵之前，上方地区只有京都所司代板仓胜重（一万石），近江彦根的井伊直胜（十八万石）、膳所（三万石）、长滨（四万石），丹波筱山（五万石）、龟山（三万六千石）这几处谱代大名。大坂之阵结束后，大坂城被交给松平忠明（十万石），再加上伏见城代（五万石）、大和郡山（六万石）、摄津尼崎（五万石），上方地区的基干部分得以控制，并扩展到播磨。

随后，在秀忠元和五年（1619）的上洛期间，统治着安艺和备后（四十九万石）的广岛城主福岛正则被改易。就在上洛之前，秀忠得知福岛正则从去年以来未经幕府许可便修缮广岛城，违反了《武家诸法度》第六条。上杉景胜、伊达政宗、佐竹义宣为传达处分消息，本不用随行上洛，但到第二天，正则主动表示要破毁本丸以外的城池，暂时得到原谅。幕府命令正则留在江户，其子福岛忠胜从领地赶赴京都。秀忠五月八日从江户城出发，二十七日上洛，进入伏见城，此时接到报告，得知本丸只被“掘取城壁，抚落少许土砂”，“仅除上石”，二之丸也如此进行中，于是决定没收正则的两国领地，并将其转封到津轻（堪忍五万五千石）（之后又变更到信浓的高井野）。六月九日，江户的正则和京都的忠胜得知该决定。这大概是因为

1 武功派，担任军务的将领，如加藤清正和福岛正则，与负责政务的文治派相对。

福岛正则除去本丸上石的行为沿用的是战国时代形式上投降的做法，而秀忠要求的是“连二之丸、三之丸、远城在内一律破毁”，与大坂城媾和时一样，要实质性地破毁至裸城状态。在正则收到的老中奉书中写有“此次广岛修缮之事，违背御法度”，六月十日，秀忠于伏见城召集诸大名家老，说明此次改易。由此，诸大名的独立性为法度所约束，这也是最早违反《武家诸法度》而遭改易的事件。

此时，福岛正则被留在江户，忠胜被召唤至伏见城，其家臣团则留在领地，福岛的军团一分为三。趁大名本人与留在领地的家臣团分离这一时机进行改易，原本是家康的手法。

六月二十日，幕府年寄被任命为上使，上洛的池田忠雄（备前冈山三十一万五千石）之下包括中国、四国几乎所有大名受命为收回广岛城而出兵。秀忠由此成功通过军事动员使上洛和进宫的西国大名行动起来。

接着，纪州和歌山的浅野长晟被封至改易后的安艺广岛（四十二万石），德川赖宣则从骏府进驻纪州和歌山（五十五万石），与尾张（义直）、水户（赖房）一并确立为御三家。对骏府城实现直辖化后，幕府进一步将大坂城的松平忠明移至大和郡山（十二万石），将曾为伏见城主的内藤信正任为大坂城主，开始在直辖化的大坂城开展大规模修缮工程并瓦解伏见城。其后，元和宽永时期又反复对上方地区的谱代大名进行再配置，形成以大坂城为中心的军事配置。如此，上方地区的外样藩领地除了两万石左右的小藩之外，其他领地全都变成了谱代藩所有。另外，大和郡山的水野胜成被封入备后福山（十万石），谱代大名的前线又从播磨移动到了备后。

元和八年和九年的政治危机

下一次的上洛是元和九年（1623）家光奉旨成为将军时。在此前一年，秀忠还改易了自家康以来便一直担任老中的本多正纯。

元和八年（1622）十月，山形最上被改易，本多正纯作为上使与永井直胜前往回收山形城，并指挥伊达、上杉、佐竹等受命回收城池的诸大名，然而却从后来赶上的秀忠上使那里得知自己被改易，直接被流放至出羽由利。根据时为佐竹家臣且身处山形的梅津政景的日记和情报通细川忠利的信件，在要对福岛正则进行改易之际，本多正纯认为改易正则可能会引发十名大名的反抗，因而想阻止秀忠改易，但秀忠认为正纯是在“威胁”自己。也有不少人认为改易原因在于本多正纯向上禀告，元和五年受封的宇都宫城和十五万五千石的俸禄对自己而言“不合时宜”，因而请求奉还。但归根结底还是“未合公方之御意者多”，“万事奉公之下无礼之事多”，与秀忠关系的恶化才是正纯流放的核心原因。出头人通过同主君建立的情谊关系活跃于世，而正纯与家康的密切关系自然很难维系到秀忠这一代。

撰写《三河物语》（此书详细记录了德川一家自三河以来的发迹与家康的事迹，以及大久保一族的忠诚勤勉）的旗本大久保彦左卫门忠教还曾特意在书中追加记载了正纯改易事件，并认为正纯在办事过程中遭改易，与自己的侄子大久保忠邻在受命前往京都解决天主教问题时因正纯父亲的谗言而遭改易，是同样的情况，正是所谓的因果报应。忠教保持了三河以来强烈的谱代意识，“谨奉公仪，于宅邸内徘徊之勤政者”，“精于计算，为代官身形不离之人”，他们为出头而苦苦思虑，是贯穿该书的一大基调。但谱代阶层内部分裂的政治危机最终演变成改易，也是那个时代的一大特质。本多正纯被改易后，为秋田的佐竹所监管，“四方设栅，掘沟，配看守”，他在如此环境下被幽禁了十三年，于七十三岁在流放地横手亡故。

《德川实纪》中也有记载：该年四月，宇都宫城主本多正纯在途中迎接在日光筹办完家康七年忌法式的秀忠，试图通过在其居城中设置活动的天花板（“钓天井”）执行暗杀，“看似万分可疑”。但已经在路途上花费四日的秀忠并没有在宇都宫驻留，而是花了两天时间回到江户，并于途中和日光布置了严密的警戒。在一手史料中还有关于秀忠在江户城严防“下毒”的记载，想必这也证明确实发生了有必要如此戒备的事情。

实际上，越前福井六十三万石的松平忠直因不参谒秀忠而

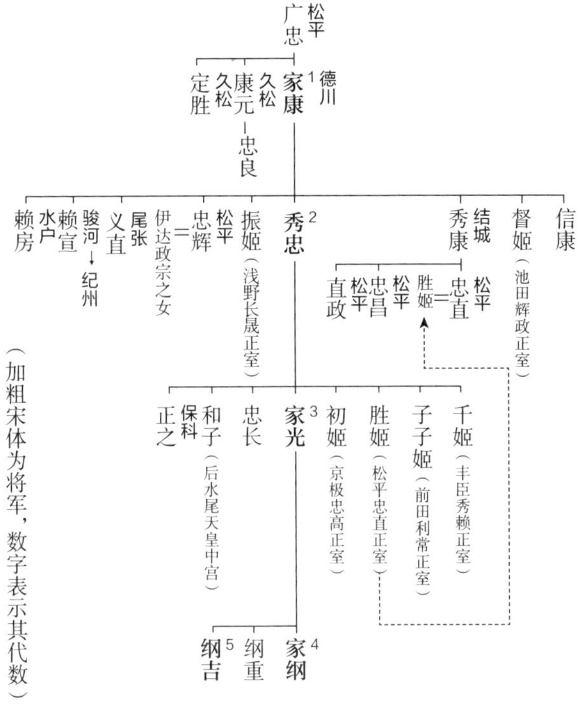

德川将军家谱系略图[1]

遭改易一事，也构成了元和八年（1622）的政治危机。忠直是秀忠的侄儿，是其兄结城秀康之了。秀康是家康次子，之后被丰臣秀吉收为养子，之后成为结城家的继承人，由此三子秀忠便成为德川家的继承人。秀康在关原之战后复返松平姓并受封

1 家康原姓松平，之后经朝廷获准自取姓氏“德川”。在江户幕府建立之后，只限将军本人和特定亲族可使用德川一姓，其他分支使用原姓。

于越前北庄（福井），于庆长十二年（1607）病死。继承了秀康领地的忠直，娶了秀忠的三女胜姬为正室。在大坂之阵时，他率领越前藩将士首先攻破大坂城，向幕府献上真田幸村等人三千七百五十颗首级，但在战后论功行赏时却只被授予从三位参议的职位，世间传闻忠直一直对此十分不满。

元和七年（1621），忠直为赴江户参勤率人马从福井行进至关原附近，但之后又称病返回居城，这一做法引来外界诸多猜测，甚至还有传言说他斩杀了胜姬等若干人。该年夏秋之际，在江户执勤的东国大名没有时间返回领地，忠直请求让在领地执勤的大名也有机会来江户，试图在江户集结全国所有的大名。从中还传出“转封或行越前之仪”的传闻，细川忠利听闻后便在自己的领地通知幕府“备战”。

元和九年五月，秀忠在上洛之前便决定将忠直流放至丰后萩原。最后，忠直五十六岁于庆安三年（1650）在丰后的住所亡故。幕府为监视忠直而安插的官员便常驻于丰后府内，并与在元和二年（1616）被安排到丰后日田任职的石川忠总（六万石）一同直接掌握九州大名的动静。

家光“在位之始”的改易

宽永九年（1632）正月，五十四岁的秀忠去世，继任将军的家光开始了他的亲政生涯。与家康把将军一职移交给秀忠时相同，权力继承问题再度涌现。

是年五月二十四日，家光召集伊达政宗、前田利常、岛津家久、上杉定胜到江户城，下令改易肥后熊本五十二万石的加藤忠广，并强调这是“在位之始的御法度”。加藤之所以遭改易，是因为他居于江户宅邸的嫡子加藤光广把土井利胜企图谋反的机密文件传了出去，这一传闻在四月时就传播了开来。作为秀忠年寄众首把交椅的土井利胜，在权力移交给家光之际，也让许多人想起了当年本多正纯的处境。但在所有人以为土井利胜会和加藤忠广一道遭受处分时，土井没有受到半点责罚甚至审讯。

家光传召居于熊本领地的忠广到达品川，给了忠广辩解的机会，但也趁他与家臣团分离之际发出改易的命令。六月一日，该命令从老中传至诸大名，为了接收熊本城，家光还令年寄众的稻叶正胜为上使，动员九州的外样大名。对旧丰臣系大名所进行的改易是以福岛正则的先例为参考，但此次已经不必趁上洛之际施以改易，而且以幕府年寄众为上使进入九州还是第一次。

对肥后加藤的改易，使九州的大名配置格局发生了巨大变化。加藤之后，忠实于德川家的细川忠利从丰前小仓进驻熊本，受禄五十四万石。而细川的旧领地，则由播磨明石的小笠原忠真镇守丰前小仓（十五万石），播磨龙野的小笠原长次镇守丰前中津（八万石）。小笠原一族是武功派，常驻守于谱代大名的最前线，由此幕府完全掌控了东九州。西九州则是在岛原之乱后被实际掌控，但在此之前，家光已经完成对谱代和外样的重新布局，这一格局之后也无太大变化。

到十月二十日，接到家光登城命令的诸大名奉命没收家光弟弟德川忠长的领地，并将其流放到上野高崎的偏僻之地。忠长一度深受父母尤其是其母崇源院（阿江与夫人）的喜欢，一时也有传言称忠长将继任德川家，但最终还是家康出面裁断家光为继承者。

此时，忠长是从二位权大纳言，因被授予骏府城而被称为骏府大纳言，统领甲斐、骏河、远江五十万石，与御三家待遇相同。然而，宽永八年（1631）二月开始，忠长亲手斩杀近臣等异常行动逐渐引人注目，还时常“天明时又唤斩杀之人”，看似已经失去理智，还曾在骏府试刀杀人。家光曾三度派遣使臣，自己也曾两次直接提出意见，但都只是一时好转之后又恢复原样。根据细川忠利的情报，四处开始传言忠长的下场将和被家康处置的松平忠辉和被秀忠流放的松平忠直一样。最后，秀忠与忠长断绝父子关系。五月二十九日，家光暂且将忠长幽禁于甲斐，但“恶行”依然没有改善，在处置加藤忠广之后，家光在宽永九年十月将他流配到高崎。到秀忠过世之后，忠长于宽永十年十二月在高崎自杀，相传是常患病的家光病情恶化，为防止他谋反而做出的决定。同年，家光也将御三家的妻儿迁移到江户。

全国领地的确定

从上文所述的过程来看，从家康到秀忠、再从秀忠到家光的权力继承过程中伴随着不安定要素，为了克服它，会有一段过渡期由大御所监护辅助，此外将军还可利用上洛的机会，对福岛正则、加藤忠广等丰臣系的有力外样大名处以改易，对池田光政、细川忠利等亲德川的外样大名进行转封，让谱代大名进入西国地区维护幕府统治。

其间，谱代大名的前线从大坂之阵后的摄津、丹波，到元和三年（1617）进驻到播磨，元和五年到备后，宽永九年（1632）则推进到丰前和丰后的东九州，到了宽永十五年岛原之乱后高力忠房（四万石）被派往岛原，前线由此得以到达西九州。在东国方面，关原之战后鸟居忠政入主陆奥磐城平，以此为开端，鸟居因元和八年出羽山形的最上义俊被改易，从磐城平推进至山形，鹤冈则由酒井忠胜（十四万石）、上山由松平重忠（四万石）驻守。到了后述的宽永大饥馑，幕府于宽永二十年对陆奥会津的加藤明成（四十万石）进行改易，此后会津由保科正之（二十三万石）、白河由榊原忠次（十四万石）进驻。这一系列的划时代举措基本确立了幕府对全国外样大名、谱代大名的重新配置。

对谱代大名而言，直到18世纪初为止，他们之间陆续交替更换的情况都十分常见。以在幕府就任要职的大名家为例，他们在就任老中等要职之后，便会被转封至武藏忍、岩槻、川越、下总古河、下野壬生、上野厩桥、相模小田原等特定的关东和东海地区，一旦卸职便腾出领地。而被置于军事要塞的武功派大名若后继者过于年少，缺乏军事统率能力，也会面临被转封的境遇。

后两页另附两幅领地配置图。第一幅所描绘的是元和二年（1616）末家康在大坂之阵后完成处置分配时的情况。第二幅展示的则是经过前述秀忠与家光的改易、转封之后，宽文四年（1664）家纲统一分发领知朱印状时的状况。

幕府的直辖领地在庆长末年大概是二百三十到二百四十万石，到宽永末年时业已达到将近四百万石的水准，之后则维持在四百几十万石左右。领地的分布主要以关东、上方、甲信为中心，还分布在东海、北陆等地，基本上与谱代大名的领地分布相重合。

关东经过天正十八年（1590）德川家康入主之后的转封，东海、甲信经关原之战后的转封，上方经元和三年和五年的上洛，几乎都变成了不包括外样大名、由幕领与谱代大名和旗本的领地构成的“幕府领国”。特别在关东，有许多旗本和御家人[1]的小知行所[2]，还存在一个村落由数个领主拥有的“相给

1 御家人，江户时代直属于将军，俸禄不满一万石，且没有资格直接觐见将军的家臣。

2 将军或大名将某块土地的支配权作为俸禄授予家臣，该土地被称为知行地，俸禄不满一万石的家臣的知行地被称为知行所。

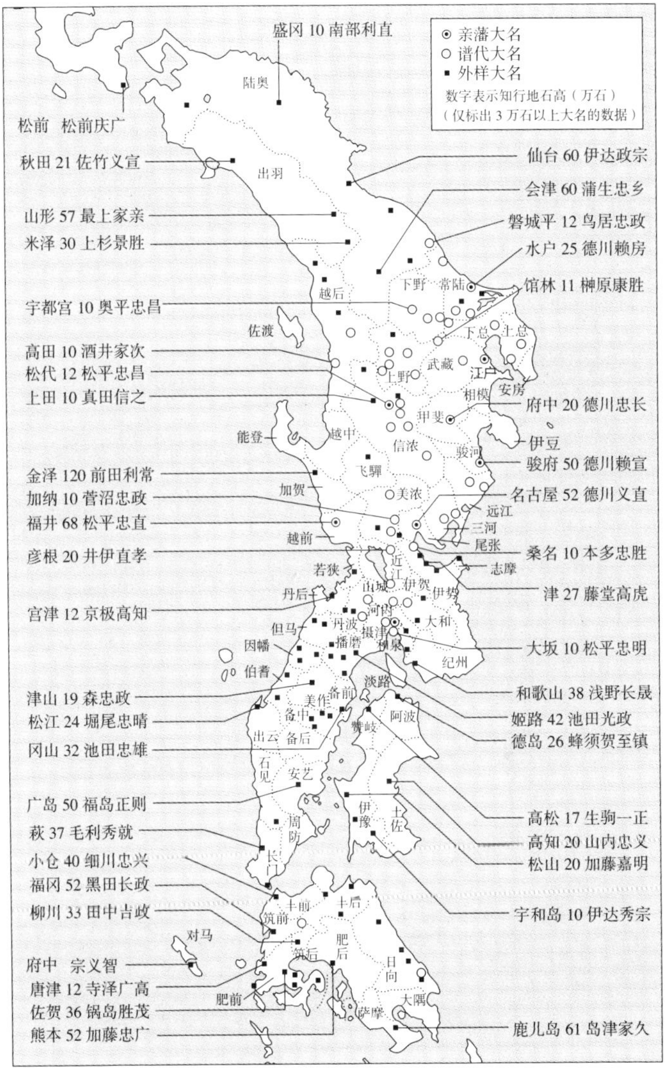

元和二年（1616）末的大名配置

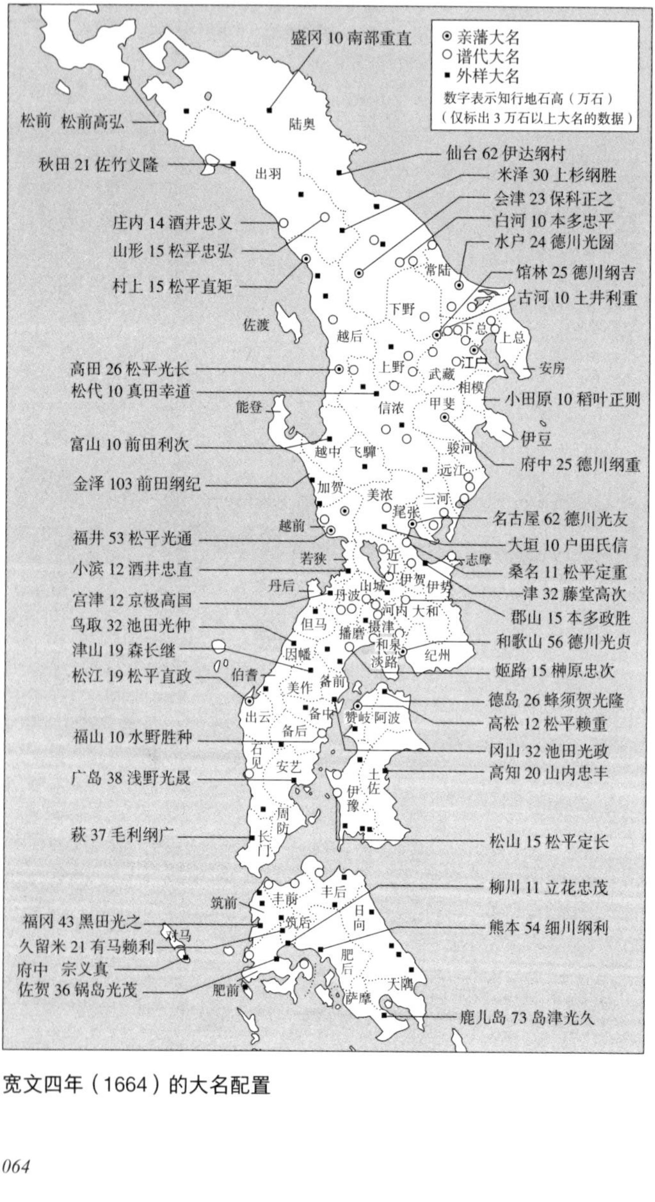

宽文四年（1664）的大名配置

村落”。上方地区则夹杂着自中世以来就是权贵势力的朝廷领地（家康供奉的宫内本御料、秀忠供奉的新御料、纲吉供奉的增御料各一万石，共计三万石，除领地外还时而会受赠仙洞御料、女院料等）[1]、公家领地（包括门迹在内共五万五千石）、寺社领地以及在上方任职的奉行的役知领地，大名还不能完全统治自己的“领国”，因此有不少地区还属于“非领国”地带。这些地区的相给村落及领地的分布错综复杂，无法以领地为单位统计人口流动和物资流通。各领主除了收取年贡外，也有必要跨领地进行广域行政，上方地区的京都所司代、京都和大坂地区的町奉行所、关东的江户町奉行所和勘定奉行所等，不仅负责管理京都、江户、大坂三都和幕府领，还要在广泛的地域上处理行政与诉讼。

1 宫内本御料、新御料、增御料等都是幕府向天皇敬奉的领地，仙洞御料是上皇的领地，女院料则为三后（太皇太后、皇太后、皇后）或地位与之相当的女性的领地。

第三节 | 朝廷与幕府

和子入宫

元和六年（1620）六月十八日，秀忠之女和子进宫成为后水尾天皇的女御[1]。其实早在庆长十七年（1612），家康拥立后水尾天皇即位之时就曾提议让和子入宫，到庆长十九年四月，天皇才正式宣旨。让女儿入宫，自己则成为下一任天皇的外戚，在平安时代就有藤原和平清盛之女德子的先例，但对于以《吾妻镜》为典范的家康而言，令他产生这一构想的契机大概是源赖朝当初想让他和北条政子所生的女儿大姬入宫（但没有实现）。但在宣旨之后，由于大坂之阵爆发、家康去世以及后阳成院（后水尾天皇之父）去世等一系列事件，和子入宫就延期了。

元和四年（1618），幕府终于开始准备和子入宫事宜，但在营造女御宅邸之际，发生了一起"四辻御寮人[2]"事件。四辻御寮人是公家四辻公远的女儿，她在成为女官后得到后水尾天皇的宠爱，并产下皇子贺茂宫。侍奉天皇的女官产下皇子皇女，在当时其实是十分普通之事。但由于产下的是男孩，而秀

1 女御，日本古代宫廷中天皇嫔妃位阶的一种，地位仅次于皇后和中宫，之后又有皇后和中宫从众女御中选出的惯例。

2 御寮人，对权贵子女的尊称。

忠的正室崇源院（和子之母）在男女关系上十分严格，使问题变得尖锐起来。元和五年五月秀忠上洛的目的之一就是解决入宫问题，但就在上洛期间，四辻女官于六月二日又产下皇女梅宫。此时，秀忠参谒了天皇，但完全没有提及入宫之事，直到在京都停留的最后时刻才有所反应——于九月十八日将天皇的近臣万里小路充房流配至丹波筱山，将四辻季继和高仓嗣良流配到丰后府内。四辻季继和高仓嗣良分别是四辻公远的次子和三子，也是四辻女官的兄长。之所以处置他们，是因为他们在宫中招揽倾城、白拍子和女猿乐，违反了《公家众法度》。在宫中招揽艺能舞者本来是稀松平常之事，只要酒宴结束便无从追究，但容许此事发生的武家传奏广桥兼胜因此被公卿土御门泰重斥为“三百年以来之奸臣残贼”。

被该事态激怒的天皇表示要退位（即取消和子入宫的计划）。幕府让板仓重宗取代之前与朝廷交涉的京都所司代板仓胜重（其父），并派遣藤堂高虎施行恫吓；朝廷方面则派出后水尾天皇的同母之弟近卫信寻和叔父八条宫智仁亲王等人参与谈判。最终，天皇回复“处置任由公方之意”，只待决定和子入宫的日期；幕府对朝廷所做的妥协则是，在和子入宫后，将被流配的公家召回京都。

元和六年（1620）六月十八日，和子作为女御入宫。从二条城出发的队伍中有数百名随行者，第一番队是装着衣物的大箱子共一百六十个，第二番队是十箱装有食物的容器

（行器），第三番队是屏风三十双，如此一直到第二十九番队。《东福门院入宫图屏风》便描绘了该华丽的景象。那年，和子十四岁，后水尾天皇二十五岁。

其后，因后水尾天皇的生母中和门院（近卫前子）的关照，和子与天皇的关系进展顺利。元和九年（1623）六月，秀忠为宣布家光就任将军而上洛之际，和子已经怀孕，并于该年十一月生下皇女。这第一个皇女（女一宫）正是之后的明正天皇，而四辻女官所生的皇子贺茂宫在元和八年十月二日五岁时夭折。

此次上洛，秀忠奉上了新的宫廷御料一万石。为与家康之前所奉的一万石御料相区别，世人称之为新御料。

第二年，宽永元年（1624）十一月，天皇册立和子为中宫。原本女御不过是天皇后宫的女官之一，绝不会得到如此高的地位，但到平安时代藤原家族的摄关家之女成为女御后，其地位便逐渐提高，并在正式进宫时举行“入内”仪式。该仪式在南北朝之后曾遭废除，到后阳成天皇时期近卫前子（中和门院）入宫时得到恢复，紧随其后的便是和子的入宫仪式。另外，“中宫”原本指的是皇后的居所，之后成为皇后的别称，而同样在南北朝被废除的中宫（皇后）册立仪式在此时得到恢复。入宫和册立两件大事，都是后水尾天皇试图恢复旧有仪礼的理想中的一环。宽永二年（1625）九月，和子生下第二位皇女（女二宫）。

而在元和九年（1623）十二月，像是与和子入宫进行等价交换一般，前关白鹰司信房的女儿孝子下嫁江户，成为刚刚继任将军的家光的正室。那年家光二十二岁，孝子二十四岁。虽然这种婚姻从夫妻关系而言是不幸的，但历代将军的正室都出自宫家或摄关家（家齐和家定的正室出自岛津家，但也都是五摄家之一的近卫家的养女）。而第七代将军家继迎娶天皇的皇女内亲王时，虽然八十宫吉子内亲王已决定下嫁，但因家继早逝而未实现。到了幕末，和宫亲子内亲王下嫁第十四代将军家茂，是将军迎娶皇室的唯一一例。如此联姻的结果是，正室所生的男孩将成为下一任将军，也达到了德川家血脉贵族化的目的。

二条城行幸

在幕府与朝廷逐渐融合的过程中，宽永三年（1626）九月，后水尾天皇行幸二条城。在这之前，秀忠就下令对二条城进行大改造，在本家一族和谱代大名的课役之下扩大为原来规模的一点五倍，拥有双重护城河，成为如今规模的城郭。幕府又命小堀政一与五味丰直担任作事奉行，将伏见城的天守移建到二条城，并修造天皇行幸时的居所。而今二条城中留存的建筑就只有家康时期所建并于此时改建的二之丸御殿，但已足以让人想象过往的模样。

六月，上洛的大御所秀忠进驻二条城，将军家光进驻淀城。其后的仪式准备事宜则交给了所司代板仓重宗和金地院崇传。到八月二十五日，家光也进驻二条城，自此之后，秀忠居于二条城本丸，家光居于二条城二之丸。

九月六日上午，前一晚的小雨停了，中宫和子首先来到二条城。大番头水野忠直率二十名衣冠束带的骑马武士为先导，随后是公家十六人、传奏三条西实条和日野资胜，以及包括内大臣二条康道在内的公卿八人，和子乘坐的牛车之后，还跟着中宫付天野长信、大桥亲胜等随身武士十一人。接着是中和门院御驾，以公家十八人、公卿六人为先导，然后是两位皇女由公家十四人和公卿三人为先导入城。

其后，家光为恭迎天皇从二条城出发入宫。此次入宫的行列以与中宫和子一同到二条城的公家、公卿为前驱，由板仓重宗领头，谱代和外样诸大夫一百六十八骑跟随其后。诸大夫行列的最后部分由松平信纲等年寄组成，土井利胜、酒井忠世跟随其后。在先驱行列之后，还有由番头与旗本守卫的家光牛车，之后是御三家与松平忠长的本宗大名，左右都有付家老跟随，再之后是伊达政宗、前田利常、岛津家久、越前松平忠昌、池田忠雄等中纳言与参议六人，再紧随以中将、少将、侍从等国持大名为中心的三十二人队伍，之后是四品官阶的大名二十二人。各个大名都配有持长刀者、戴乌帽者、引马者、白丁[1]、持伞者等侍从十人。除去要留在江户负责警备的人员外，全国几乎所有大名都基于武家官位制的顺次跟随其后。家光在到达宫中后上奏要迎接天皇行幸，于是再次返回二条城，恰好成为天皇行列的先导。

天皇乘坐凤辇出宫时一并带上了御剑和神玺（即三种神器中的草薙剑和八尺琼勾玉），上下辇时由关白近卫信寻为其整理衣裾——这也是关白的职责之一。天皇的队伍在五十名乐人吹奏的雅乐中出发，其后是五十名白丁、五十名持伞者，然后是二十名隼人[2]兵士，左卫门尉、左卫门佐、左兵卫佐以及少纳言、内大臣二条康道所率的公卿十六人，之后还有左大将与右大将、中将和少将七人跟随，接着是驾舆丁抬着的凤辇，之后跟着中将与少将九人、职事等十一人、右兵卫府与右兵卫佐二人。在天皇的队伍之后是由五名诸大夫、五名骑马人随从的关白队伍。除此之外，还有“奉公大番头九人”作为幕府方面的护卫随行，但他们的队伍与前述队伍是分开的。天皇的凤辇到达二条城正门时，神祇官进行祓除仪式，再度奏起雅乐。行至中门，天皇下辇，大御所秀忠和将军家光上前迎接。

后水尾天皇的队伍以隼人为先导，由卫门府、近卫府的武

1 白丁，负责撑伞、引马、持鞋的白衣随从。
2 隼人，原为日本古代九州南部的住民，时常反抗大和政权，臣服后的部分人成为宫中的侍卫和歌舞表演者。

官护卫，文官同时跟进，关白的队伍在尾部跟随，这与室町时代天皇赴室町行幸完全一致，可见确实是效仿了先例。

与之相对应，天正十六年（1588）四月后阳成天皇行幸聚乐第时，秀吉时任关白，在他自聚乐第入宫参见天皇时，也曾作为关白为天皇整理衣裾。关白秀吉的队伍跟随在天皇队列的最末端，之间是武家诸大名长龙般的队伍，看上去天皇队列像是秀吉队伍的先导一般，而先行到达的天皇又花费了很长时间等待秀吉到达。在当时的公卿中还混杂着武家的家康和秀次，他们本应该在天皇座驾前头行进，但由于他们后到，就夹杂在与关白的行列队伍之间了。

与二条城行幸相比较可以看到，此次天皇的行列仅由公家集团及其随从构成。根据《禁中并公家诸法度》，武家的官位、官职已经完全与公家的官位脱离，因此武家不再在天皇队伍中占有位置。整个主队伍长达 2600 米，两侧还密集配有 3327 人组成的警备武士队列（平均每隔 1.5 米就有一名武士），将军家光以下的大名也不再跟随在天皇之后。只有中宫和子的队伍中既有公家又有武家，前有旗本二十骑为先导，后有中宫付的武家天野长信。大御所秀忠没有进宫迎候天皇，也不在跟随天皇的行列之中，而是待在二条城内。

天皇到达的第一天，幕府先奉上恭贺的膳食；第二天（九月七日）进行舞乐；第三天则陪同天皇乘马御览、看蹴鞠演出、品和歌管弦之道；第四天欣赏猿乐并庆祝重阳。第三天陪同天皇登二条城天守阁，但当时天气多云，于是在最后一天再度登阁。二条城的五重天守是伏见城原有的天守移建而成的，为了让居于二之丸的天皇不用出到屋外便到达位于本丸边上的天守，幕府还专门修筑了跨越护城河沟的“廊桥下”，即空中长廊。

七日早晨，将军家光赠予天皇白银三万两、时服五十件、沉香一件、褴绢百卷、红线二百斤、玳瑁三十块、麝香五斤，八日大御所秀忠赠予天皇黄金两千两、时服百件、绯绫百卷、伽罗十斤、麝香五斤、蜜六十斤。女院也收到了幕府供奉，关白收到白银三千两，地下的诸大夫四十一人每人收到白银百两，光是白银总额，幕府就开出了十九万两的巨额。

此时和子正怀孕，十一月十三日行幸结束后就产下一名男婴，被封为高仁亲王，由此便有可能诞生出流着德川家血液的天皇，公武融合也因此达到顶点。崇传与岛丸光广效仿《聚乐行幸记》撰写了《宽永行幸记》，但与只留下了抄本的《聚乐行幸记》不同，后者刊行了古活字本、整版本等多个版本。此次行幸作为一种“政治表演”，由此不只是一种具有时效性之物，而且通过书籍这一载体，在不断扩大的读者群之中快速传播并积淀下来。

此次行幸是公武融合的一次大游行，虽然一次就结束了，但通过在队伍中展示武家栋梁不再是天皇的侍从，也昭示着将军权力往后没有必要再成为天皇的侍从。而之后历代天皇除了火灾避难外，也只是去临近的女院御所和仙洞御所行幸，不再出宫行幸。

紫衣事件与“顷刻让位”

宽永四年（1627）七月，秀忠在江户城召集京都所司代板仓重宗、金地院崇传、土井利胜审议《诸宗出世法度》。之所以如此是因为近年朝廷向禅宗僧侣颁发紫衣敕许，向净土宗寺院颁发上人号敕许，违背了《禁中并公家诸法度》，秀忠想通过两位传奏请天皇重新考虑僧侣的“器用”程度。紫衣和上人号敕许原本就由天皇授予，但幕府在元和法度[1]之后让天皇重新考虑，实际上废除了天皇敕许的有效性。

受到巨大影响的大德寺、妙心寺反对声音十分强烈，宽永五年春，大德寺的泽庵宗彭、玉室宗珀、江月宗玩三人联名向幕府提交抗议书。其后，幕府方面为了表示达成妥协，承认五十岁以上的出家者享有这些敕许，同时妙心寺、大德寺也撰写了道歉的承诺书，但泽庵等人仍不屈从，到宽永六年七月，江月被赦免，泽庵被流配到出羽上山，玉室被流配到陆奥棚仓。关于此项决定，天海主张宽刑，而崇传主张严刑，当时世人大都认为崇传的评判十分不当。在细川忠兴的书信中，也有

1 元和法度，元和年间颁发的《武家诸法度》《禁中并公家诸法度》和《诸宗寺院法度》一系列法度的总称。

“金地院所断之事，日本国上下万民皆恶口相传，实乃拙劣之举也”的记载。

然而，与幕府根据《武家诸法度》改易福岛正则等人，以及根据《禁中并公家诸法度》即便违背天皇意愿也要流配万里小路充房等人一样，幕府也明确指出，寺社若违反法度将不会被赦许。家康作为大御所针对除武家之外的权门制定了法度，秀忠则作为现任将军负责实施。将军权力随着和子入宫达至公武融合，但这种权力与平安时代藤原作为外戚来支配天皇不同，是通过国家制度将包括天皇在内的诸权门置于法度之下达到自立。而“嫁女入宫→外戚→将军血脉的天皇”这一战略虽然是藤原做法的延伸，但在这时，法度的问题优先于公武融合。

然而，旨在复兴古典时代朝廷礼仪的后水尾天皇对此举却无法理解。宽永五年（1628）八月紫衣事件发生之际，天皇就曾表明让位的意向。然而，同年六月十一日，高仁亲王仅三岁就夭折，幕府无论如何必须挽留天皇。九月二十七日，和子生下第二个皇子，但仅过八天便夭折。宽永六年八月二十七日，和子再次分娩，但所生的是女婴。

此时，天皇背上长出囊肿，正苦于治疗。而且那恐怕不是一般被称为疥的脓疮，而是在当时被视为不治之症的痈疽，其父后阳成天皇就是因此过世，其叔父八条宫智仁亲王也在宽永六年（1629）四月七日刚刚亡故。医师通仙院虽然开出了处

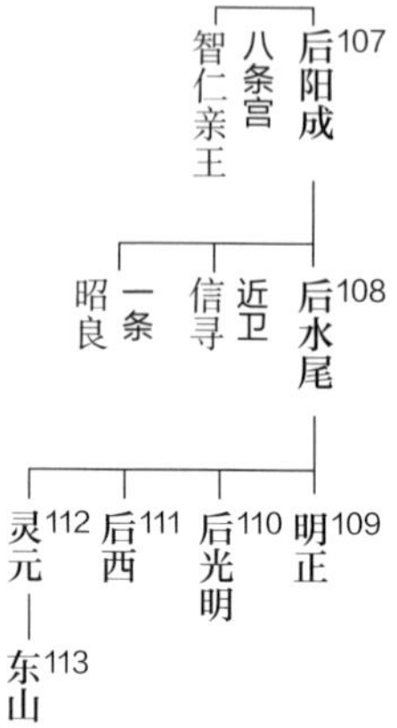

（加粗宋体为天皇，数字表示其代数）

17世纪的天皇谱系略图

方，但天皇并没有马上痊愈。而在天皇在位期间，在其身上针灸又是不被允许的。到五月七日，天皇表示“欲行御灸，然在位期间不得，欲思让位一事”，并提议“可奉女帝之仪”，明确显示出让位的意愿。

令天皇让位的导火索无疑是紫衣事件激发了天皇对幕府做法的愤怒，但使得天皇几度表达意愿并最终让位的，还是疾病问题。而且，当天皇询问群臣意见时，包括武家传奏在内的所有公家众都答以“让位也是无奈之举”。

最后令天皇做出决断的，是十月十日无官位的家光乳母阿福以传奏三条西实条的妹妹身份强行拜谒天皇事件（也有说法认为阿福的目的是打探天皇的病情）。此次拜谒，阿福受赐天杯，并得到“春日局”之号。

十月二十九日，朝廷宣布女一宫为内亲王。十一月八日早朝，公家群臣突然受命穿着束带进宫，天皇随即决断实行“顷刻让位”。除中御门宣衡之外，无论是摄家还是武家传奏，就连正室和子事先都一无所知。

根据情报通细川忠兴在京都得到的消息，天皇退位的原因除了因紫衣事件中自己任命的僧侣长老“被迫脱衣”且遭流配而感到耻辱，“谕令一度七八十则均无所用”的境遇“深感耻哉”之外，还有如下几个原因。其一，公家没有授予官位的自由，这是受到《禁中并公家诸法度》所限而致，尽管宫内御料有所增加，也有幕府供奉的金银，但却无法自由支出，这是因为与和子一同入宫的中宫付武家天野与大桥等人作为奉行执掌了对御料的管理权。在官位授予和财政上都无法自由，也就无法对公卿进行褒奖赏赐。还有传闻称奉行以收取利息的方式借给天皇米粮，“王曾几度借取米，多次借贷金银”，此种诋毁令天皇“十分委屈”。另外还有一个隐蔽的理由，那大概是“虽令众女官几度身怀六甲，然却无所得”，“凄惨至极，无以悔恨”。

幕府在沉默一个月之后，最终认可“顷刻让位”。第二年九月十二日，举行了仅八岁的女一宫兴子内亲王的即位仪式。她是自奈良以来时隔八百五十九年的女帝明正天皇。此外，幕府责难传奏上报不及时，令日野唯心之子日野资胜顶替后水尾院的近臣中院通村，并声明此后若不及时上报，责任由摄家承担。而为了提防后水尾院恢复院政[1]，幕府恢复了当年用来限制几乎没有实权的后阳成院的措施，并事先叮嘱妥当。

如此一来，在《禁中并公家诸法度》等法度、摄家与传奏组成的朝廷机构以及所司代、禁里付、京都代官对朝廷财政的

1 院政，幕府政治之前的政治体制，天皇禅位予子侄，以上皇的身份摄政。

管理之下，不仅官位的任命权，还有对公卿与寺社的支配权也都统合在了将军的权力之下。

家光最后的上洛

宽永十一年（1634），秀忠去世之后，家光亲政并施行“御代更替的上洛”。此次上洛，加入随行行列的谱代大名和东西外样大名共三十万七千人。六月一日，以伊达政宗为首，诸大名陆续出发奔赴京都，家光在六月二十日从江户城出发，他所率领的上洛行列在东海道延绵耗费了三十天以上。家光“身着绮丽绫罗，供奉之辈皆饰以狩衣绫罗锦绣”。如果将上洛行列看作“政治表演”，此次上洛则是为了让众人知晓将军家光的“威仪”。

七月十一日进入京都二条城的家光，在十八日参见天皇。上洛队伍最前面的是京都所司代板仓重宗，他率领从五位以下的诸大夫武家一百八十四人分两列作为前驱，家光的车马之后是幕府的年寄、侍从和四位官阶的武家。家光入宫后，先后拜谒了侄女明正天皇、后水尾院与其妹东福门院和子，并向后水尾院献上仙洞御料七千石。家光此举也是为了修复自秀忠时代以来因和子入宫、二条城行幸、紫衣事件、顷刻让位等事件而剧烈恶化的公武关系。家光在秀忠去世后施行恩赦，赦免了之前流配的泽庵等人，此次上洛之际还许可泽庵回归大泽寺，并在上洛途中召见了他。

上洛过程中，幕府还向五万石以上的大名颁发领地朱印状，而不是再像之前那样对大名进行改易和大规模转封。七月二十三日，家光还下赐京都町人五千贯银两，并造访了刚刚修缮完成的大坂城，永世免除大坂、堺、奈良地区的地子钱[1]，回到江户府内后也下赐江户町人五千贯银两，给世人留下泰平之世业已到来的印象。

以统合武家集团为目的的上洛到此已经结束，自第四代将军家纲之后的将军皆从江户城发号施令，直到幕末将军家茂为止都不再上洛。

第四节｜幕府机构的确立

将军直辖军团——德川“家中”的编成

江户幕府的军事力量由本家一族和谱代家臣团构成，但在将关东纳入直接控制范围之后，则被分化到作为直属家臣的旗

1 地子钱，领主将所有地租借给农民耕种时收取的费用。

本、御家人和一万石以上的谱代大名身上。谱代大名姑且算是独立的大名，但与外样大名明显不一样的是，他们具有强烈的德川家谱代家臣意识，与旗本共同组成德川的“家中”。

由旗本阶层编成的直辖军团中，由番头统率大番、书院番、小姓组、新番、小十人组，这五支部队合称为“五番方”；还有徒组、百人组等构成的步卒部队，以及由先手铁炮[1]组、先手弓组、枪组等持特定武器并接受物头指挥的特科部队。

大番是最早编成的队伍，也是最基础的骑马精锐部队，在家康入主关东之际被编成了六个组。率领这支队伍的大番头最初大多是“十八松平[2]”谱系出身或家康外戚所构成的自三河以来的家臣。幕府将江户城西北近郊的麹町和市谷附近的台地按家宅面积进行划分，建立起“番町”，并陆续在神田山、小川町等地建起屋舍，江户十至二十里内所谓“一夜宿”之地都被设置为知行地授予大番众，他们负责加强江户城警备、在城中安排巡逻的同时，也随从家康一道上洛。

大番原本作为直属于家康的精锐部队与家康同行，但之后，家康成为丰臣政权的大老，进而成为将军驻留于伏见城，而后又在秀忠继任将军一职后移交江户城、迁至骏府，大番就发展成为在江户和其他新直辖城郭中负责护卫的在番部队（伏

1 铁炮，日语对枪械的称呼，广义上也包括火炮等大型火器。

2 十八松平，一般指在家康一代以前分有松平血脉的松平家。有说法称“十八”是对“松”字的拆解，并非实指。

见城两组、骏府城一组）。其后在元和五年（1619），伴随着伏见城被废、大坂城被直辖化，伏见城代便逐渐变为大坂城代，伏见城的在番部队也成为大坂城的在番部队。当初的六组军团最终增加到十二组，自宽永十二年（1635）起又开始在二条城设置两组在番部队。而元和九年（1623）家光成为将军之际，秀忠将十组大番众移交给家光，使得大番从直属家康或在任将军本人的军团转变为直属于将军家的军团。

而且，由于在番部队已经离开将军去守卫城郭，维持原有的规则也变得困难。例如庆长十四年（1609）伏见城的在番规定中，不仅禁止打架争执，还规定没有番头的许可绝对不可出城，不得入澡堂洗澡，不得与番众以外的人往来，不得与在上方奉公的武家结党。

另外，幕府还有两个名叫书院番和小姓组的近卫队，负责护卫将军本人，常常近侍于将军左右，与将军本人保持着人格性关系。之所以叫书院番，是因为他们常驻守在江户城白书院的“红叶之间”（宽永二十年居于“虎之间”），小姓组则常驻于黑书院的“西湖之间”，因其庭前有片花田，也被称为“御花田番”（明历三年［1657］大火之后取代书院番居于“红叶间”）。宽永二十年还设立了新番，因驻扎于“土圭间”（后为“桐之间”）而得名“土圭间组”。

这些近卫队是随着大番开始在诸城郭驻守而发展起来的，

雏形是伏见城时代家康的“马回众[1]”，以庆长十年（1605）秀忠就任将军和完成江户城本丸为契机，被设置为驻守在江户城内附属于秀忠本人的部队，进而在元和八年（1622）十一月被分割再编为书院番六组、小姓组六组。此时，书院番头（兼任小姓组番头）是秀忠年少时的近臣井上正就、永井尚政、青山幸成以及家康的近臣松平正纲、板仓重昌、秋元泰朝六人，在家康过世后又吸收了家康的“马回众”，进而在之后的上洛中又召集旗本家中的次男和三男，对部队进行增强和再编。

家光的近卫队先是由他在元和二年（1616）十三岁之际从秀忠近卫队中选出的六十一人组成。元和九年（1623）家光成为将军，秀忠将大番十组全部转交给家光的同时也将近卫队移交给他，之后余留下来的部队则作为大御所秀忠身边的护卫移居到西之丸。此时，近卫队就被分割为家光和秀忠两大部分。宽永九年（1632）秀忠去世之前，与家光的本丸书院番共四组九十三名、本丸小姓组共六组一百二十二名相对，秀忠所率西之丸书院番共六组一百二十六名，小姓组共六组一百四十六名，秀忠方的人数还要更多。

宽永九年四月，秀忠的葬礼告一段落，家光将之前秀忠所率书院番全部解任，统合了两支近卫队，人数增加到原来的一点五倍，重新以五十名为一组，再编为书院番八组、小姓组六

1 马回众，大将骑马时在大将周围护卫的骑马武士。

组。书院番于宽永十年，小姓组于宽永十八年（1641）都增加到十组，宽永二十年又新设四组新番（之后扩展到六组），将军的近卫队于家光时期大幅增强。

至于近卫军番头人选，原本是由将军身边的年寄众兼任，他们的军事指挥官地位也因此得到提升，但到了宽永十五年（1638）幕府通过提高番头俸禄并任以谱代大名，不再让年寄众兼任，将大番、书院番、小姓组确立为纯粹的番方组织，使得年寄众和番头都专门化。由此，书院番、小姓组也从直属于将军个人的军团变化为附属于将军家的军团。家光之子家纲于庆安三年（1650）进入西之丸之际，从家光所率的队伍中分得书院番和小姓组各四组，往后两番本丸六组、西之丸四组的配置就这样固定下来。

宽永十年军役令

家光再编直属军团的过程中，还在宽永十年（1633）二月重新修改军役令。军役令的对象是将军直属的军团和谱代大名（要求外样大名自发遵守）。与庆长十年（1605）的对象是从五百石到五千石的大名，元和二年的对象是从五百石到一万石的大名相比，此次针对的是二百石到十万石的大名，这也反映出适用于军役的谱代大名规模和势力得到了扩大。

此时，旗本番士的平均石高如下：大番二百八十五石，书院番八百四十九石，小姓组三百四十七石。该军役令的最小单位对象是二百石的旗本，他们需要在自备马匹出阵的同时，配置一名辅助他骑马打仗的战斗要员“若党侍[1]”，以及两名马夫、一名扛矢者、一名持甲者、一名持箱者、一名持鞋者和一名驮兵粮者共八名“中间”或“小者”[2]，率领这八人的是骑马的武士。到了六百石的级别，战斗要员的“若党侍”又增加四人，同时配置一名铁炮足轻[3]，驮兵粮者、持枪者各增加一人，总共需配齐十五人。上了千石，则还需要备齐一门铁炮、一张弓、三支枪，以及若党侍、足轻、中间、小者、小荷驮合计二十三人跟随出阵。

为了完成军役，配齐规定所要求的人员，旗本番士不得不在自己的知行地内动员当地人，若不如此就必须确保在江户雇足人员。宽永十二年（1635）针对旗本的《诸士法度》中，有“如军役所定，须皆具旗、弓、铁炮、矢、甲胄、马及诸色兵具，并聚齐人手，当谨慎遵行”的记载，这也标示着上文幕府对旗本的要求。然而，幕府同时又规定旗本“除兵具之外，不得喜好无法入手之具以满足私欲，万事当以俭约为用”，要求在建房、嫁娶、宴请、通信礼仪方面都以节俭为准，因此大名、旗本在居住江户期间也有不少人由奢侈变为穷困。

---

1 若党侍，非武士身份，在主人身边负责杂务或警卫的仆役。

2 中间和小者都指武家中负责杂役的仆人。

3 足轻，平时用于杂役，战时则充当步卒的最低级武士。

为此，家光对番士几乎一律增加了二百石俸禄，给在番人员分发“合力米[1]”，还将“一夜宿”之地作为授予番士的知行地，这些措施都是为了确保能够“凑齐”奉公人[2]和夫役。但对那些没有知行地、靠幕府拨予给米[3]和扶持米的俸禄微薄的旗本而言，因为无法确保幕府所要求的“人”，幕府转而赋予他们地方知行权，取代原先用米粮分发俸禄的制度。

修改《武家诸法度》——“公仪”的编成

统率三十七万军团的家光在最后一次上洛的第二年，即宽永十二年（1635）六月，重新修改《武家诸法度》。被召集在江户城大广间的在府诸大名听取林罗山宣读新法度。除了第一条被原原本本地保留之外，其余内容全部更换为假名与汉字的混杂文，并大幅修改了家康在世时候制定的元和法度。

主要修改的第一个方面是，如果江户城及周边有事，在国大名不得私自出动军团，而应该在得到幕府命令之后行事（第四条）。实际上，自大坂之阵以来，大名并未在没有幕府命令的情况下私自发起军事行动，但在元和八年（1622）和宽永九

1 合力米，作为加俸的米粮。
2 奉公人，住在主人家中的用人，由于江户初期禁止人身买卖和终身制用人，因此奉公人一般指有一定契约期的仆人。
3 给米，作为俸禄分发的米粮。

年（1632），正如细川忠利号令“准备出阵”一般，仍然存在可能爆发内乱的政治危机。这或许就是为何要再度规定把大名的交战权统合在将军的管辖之下。此项规定专门针对在国大名，因为几乎所有大名家眷移居江户住宅的工程已经完成（第五章第二节），身在江户的在府大名与领地的家臣团分离，在实际操作时不可能发起内战。这让人想起元和八年忠直没有参勤之际，幕府趁在府大名无暇出兵，要求在国大名离开领地，将他们全部召集在江户。

之后在宽永十四至十五年（1637—1638）岛原之乱时，受该条令限制的大名没能及时出兵镇压，为此幕府便重新修改解释，面对“违背公仪”和“违背国法”之事时，无须幕府命令，与近邻合议之后便可出兵镇压（第二章第三节）。

第二，元和法度中原本有赴京都参勤的条目，到此时幕府将它定为大名、小名须到江户参勤，即所谓的参勤交代制度（第二条）。只是谱代大名可以不遵循该制度，到饥馑盛行的宽永十九年（1642），幕府规定谱代大名也要执行参勤交代的义务。

第三，元和法度中“国主当选政务之器用”的条目，在此时改为：

> 知行所务必清廉，不得致非法之事，不得令国郡衰微疲敝。

国、郡处处之万事皆当遵行江户之法度。

这一规定明确表明，江户的法度适用于全国，且政务的内容关键在于领国的民政。在同年针对旗本的《诸士法度》中也有同样的规定：

知行所务诸事，除征缴规定年贡之外，不得行非法之事，不得致领地为流亡之地。

在确立对领主阶级的统合的同时，构建“公仪”的重心已逐渐转移到领国内部的统治问题和与农民阶级的关系问题之上。上文中提到岛原之乱后对法度阐释的修改以及针对宽永大饥馑的措施，都说明时代已经开始逐渐转变。

第四，规定了“公仪”的构成成员范围及其机构。例如，“本家一族、国主、一万石以上大名”才有乘轿资格（第十一条），“国主、城主、一万石以上及近习、物头”禁止私下联姻（第八条）。此次还清晰界定了之前模糊的大名身份，规定一万石以上即为大名，同时还将“公仪”范围扩大到幕府的“近习、物头（近臣奉行和近卫队长）”。

其他一些改动则已经在《诸士法度》《番众法度》中频繁出现，《武家诸法度》所针对的大名身份与《诸士法度》所规定的旗本身份被明确地区分开来，但与此同时，这两者的身份在普请役[1]和参勤交代上的区别也在逐渐消失。在这个意义上，“公仪”的范围与性质基本上被逐渐纯粹化为诸大名的联合体。

例如，决定依据“公仪”对福岛正则、加藤忠广等大名处以改易之际，将军需要多履行一道程序，那就是面对“公仪”的构成成员宣布决定，并明确说出其理由。如改易加藤之际，便须对伊达、前田、岛津等有力大名事前说明并取得他们的认可。宽永十二年（1635）致朝鲜的国书遭到窜改，对马藩的藩主与藩中家老柳川调兴的对质也是在召集所有在府大名的情况下进行的。当然，这并不是过去秀吉政权五大老那样的恒常性机构。

那么，“公仪”日常决策的主体到底是谁？根据该法度，决策主体是个被称为“奉行所”的机构，它负责给出居城修缮的许可（第三条）、上报诸国主或领主间的纷争等。此时的“奉行所”，是仅由谱代大名的年寄众、“近习、物头”组成的幕阁或“评定所”。如此一来，便可排除一族大名专政的可能。“公仪”虽然是诸大名的联合体，但它的运营机构由谱代大名和近习、物头所独占，形成了一种双重构造，而这也正是幕藩体制的关键所在。之后，外样雄藩以幕末开港问题为契机，开始参与幕政，导致这一双重构造走向解体。

---

1 普请役，大名、武士或百姓要履行的夫役，专指筑城或修造宫殿、寺社、河道等劳役。

幕府机构的确立

如前所述，家光成为将军的前一年即元和八年（1622），老中本多正纯遭到改易。此时，跟随秀忠的年寄由酒井忠世、本多正纯、土井利胜三大家臣组成，土井和酒井是秀忠年少时就陪侍在身边的近臣，本多则原本是大御所家康身边精通万般政务的年寄。对本多正纯改易之后，秀忠的近卫队番头井上正就、永井尚政等人便加入到了秀忠的年寄众之中（井上在宽永五年［1628］因私怨在江户城内被杀害，其职位由青山幸成接任）。将年幼时就跟随自己一起行动的近习变成常侍身边的近卫队番头，进而升任年寄，这也是新将军掌握幕府中枢的途径之一。改易本多正纯，是秀忠从家康手中继承权力所绕不开的一大举措。

家光从秀忠手中继承权力也同样如此。元和九年（1623），家光继任将军、秀忠成为大御所之际，土井利胜留驻西之丸陪侍秀忠，酒井忠世留驻本丸侍从家光。在这前后，酒井忠胜、内藤忠重和稻叶正胜被任命为跟随家光的年寄。稻叶正胜是家光乳母春日局之子，在家光年少时就作为小姓侍于身边，之后历任书院番头和小姓组番头。他比家光年长七岁，成为年寄时才二十七岁。

宽永九年秀忠去世，侍从于秀忠的青山、内藤、永井相继被提拔，分别转封到远江挂川、志摩鸟羽和山城的淀藩，远离家光。另一方面，稻叶正胜在第二年被提拔为上使，前去没收被改易的加藤忠广的熊本城，其后又受赠相模小田原城（八万五千石），逐渐与酒井忠世、土井利胜、酒井忠胜等年寄并驾齐驱。接着，家光又将自己的小姓组番头松平信纲、阿部忠秋、堀田正盛、三浦正次、太田资宗、阿部重次立为“六人众”，之后又将人称“智慧伊豆”的松平信纲、阿部忠秋和堀田正盛提拔到与年寄等同的地位。家光与家康、秀忠一样，意在选拔任用自己认可的“出头人”来运营幕政。

但在多个偶然事件叠加的情况下，幕政开始朝着另一种路径发生变化。首先是家光的疾病，相传是过度饮酒导致的忧郁症。从宽永十年（1633）下半年至十四年（1637），家光长时间几乎不公开露面。提拔“出头人”的前提是将军自己主导幕政，若没有达到这一条件，依照原来的惯例和形式，旧年寄众的主导权便无法被动摇。另外一件令家光备受打击的事是，宽永十一年正月稻叶正胜病死。从年龄结构上看，在酒井忠世等旧年寄众与松平信纲等“六人众”之间的过渡人物稻叶正胜的过世也是一件大事。

在这种情况之下，家光首先于宽永十一年（1634）上洛之前制定规定老中、“六人众”、町奉行等各自职务的法度。针对酒井忠世、土井利胜、酒井忠胜三大年寄的法度规定，这三人负责掌管禁中方、公家、门迹众、国持众及一万石以上的大名的事务及诉讼，对奉书的审批（法令的发布），御藏入代官方御用（直辖领地的支配与年贡收入），金银纳方与大分御遣方（幕府财政），大规模的修缮工程与寺院建造，知行地的划分，寺社奉行及其下属，异国（外交），诸国绘图这几大项目，此外还引入每十五天便轮换的值勤制度，以保证权力不会集中在某个年寄手中。"六人众"则掌控旗本的事务及诉讼，诸职人的御目见[1]和辞任，医师的公务，一般的房屋修缮工程，一般的赏赐物，京都、大坂、骏河等地的值守（在番的大番）与诸役人的事务以及一万石以下武士的事务和诉讼。也就是说，在无法替换掉旧年寄阶层的情况下，将年寄众一直以来无限定的掌管事项明文化，由此规范限制其权限（下文将这一职责有所限定的职位称为"老中"）。

在家光上洛过程中，江户城的西之丸被烧毁，留驻江户的酒井忠世也因此下台，松平信纲、阿部忠秋、堀田正盛等人升任老中，他们原本兼任的小姓组番头职位被解除，专门负责老中事务。宽永十二年（1635）十一月，幕府又将十五日轮番制改为每月轮换的月番制，从老中专任的职务中又分离出留守居、寺社奉行、勘定奉行、作事奉行等事项[2]，由将军直辖管理。由此，将军设立了听取老中、"六人众"及以下诸职的公务与诉讼的日子，以及"评定所"评估奉行之间协调情况的日子，并使其例行化。其中，由于町奉行、勘定奉行、

1 御目见，指旗本参见将军，或指这种资格。
2 留守居，将军出行时留在城内守卫的人。作事奉行则指普请的负责人。

作事奉行等属于旗本的职务，因此在修改《武家诸法度》后，这些官职也被作为“公仪”的构成者，“近习、物头”也加入进来。

其后，受命去镇压岛原之乱的松平信纲有功，地位得以上升，到宽永十五年（1638）末和土井利胜、酒井忠胜一道从老中升任为大老。此时，阿部重次代替因疾辞任的堀田正盛成为老中，老中由松平信纲、阿部忠秋、阿部重次三人担任，三人的石高分别加增为武藏川越六万石、武藏忍五万石、武藏岩槻五万九千石，并获得居城。如此一来，所有老中都是家光的近臣，在这基础之上，对大名的支配以及留守居以下的诸职与诸奉行则被安排统筹在老中的管理之下。

从整体来看，老中管理“公仪”的政务，“六人众”（之后的若年寄[1]）则管理书院番、小姓组等诸役人，掌管着将军家的“家中”与“家政”，这两大机构分担着各自在幕府的职责。

宽永早期推进的改革，在权力继承过程中并没有顺畅地实现“出头人”交替的情况下，为了分化秀忠“出头人”的旧年寄众各自的权限，成立了职务不同的诸奉行，而导入老中月番制和评定所合议制，也意在用机构和制度达到规范限制的目的。但就结果而言，尽管家光的“出头人”之后得以独占老中的职位，但这一改革最后使得幕政运行依赖的不再是个别“出

1 若年寄，幕府中直属于将军的职务，仅次于老中，管理老中职权范围以外的旗本、御家人等，由谱代大名中俸禄较少者充任。

确立期的幕府役制

役方（行政部门）的构成

- 将军
  - **大老**
  - **老中**
    - 高家（朝廷相关的仪式典礼）
    - 留守居（证人的管理、大奥的管理）
    - 大目付（大名的监察与宗门改等）
    - 町奉行（江户町方的管理）
    - 勘定奉行（幕府财政、幕领的管理）
    - 作事奉行、普请奉行（江户城等的修缮）
    - 长崎奉行（长崎町方、外国贸易的管理）
    - 京都町奉行 *1（京都町方的管理、上方地区的诉讼）
    - 禁里付 *3（宫中诸门的警备、公家的监察）
    - 大坂町奉行（大坂町方及周边的管理）
    - 骏府町奉行、堺奉行、奈良奉行、山田奉行等
    - 勘定吟味役 *5
  - **侧用人** *4（传达将军与老中的命令）
  - **若年寄**
    - 目付（旗本、御家人的监察）
    - 典药头、医师、小姓、腰物奉行、鹰匠头等
    - 纳户头、贿头、台所头等
    - 林大学头 *6（学问所的管理）
  - **寺社奉行** *2（寺社管理）
  - **奏者番** *2（传达大名、旗本拜谒将军的消息）
  - **京都所司代**（朝廷、公家、西国的管理）

番方（军事部门）的构成

- 将军
  - **老中**
    - 大番头（江户、大坂、二条城的警备）
    - 旗奉行、枪奉行
    - 骏府城代、骏府定番
  - **若年寄**
    - 书院番头、小姓组番头、新番头 *3（将军身边的警备）
    - 使番（上使、巡检使等）
    - 百人组头、徒头、小十人组头
    - 持筒头 *2、持弓头 *2 等
    - 船手 *2、川船奉行 *2
  - **大坂城代、大坂定番**

加粗字体所示职位由大名担任，其他的基本由旗本担任

*1 原先的上方郡代　*2 宽永十五年时由老中支配　*3 宽永二十年时设置

*4 延宝八年时设置　*5 天和二年时设置　*6 元禄四年时设置

（该表大致展现了 17 世纪下半叶的编制。役方与番方中有部分职位存在重合的情况）

头人”或年寄的个人力量，而是交由老中－奉行这一整套机构和制度。新机构被确立为幕府的基础，由此就基本回避了更替将军时也更替“出头人”的政治危机，而且还使幕政得以在没有将军个人力量干涉的情况（例如尚且年幼，无法承担天下人责任）下仍然正常运行。

之后虽然也出现了像纲吉和吉宗那样对抗老中合议，欲发挥亲裁的主导性的将军，但他们都已经不再将个别老中提拔为“出头人”，御用取次或侧用人也都只在将军与老中、评定所之间负责传达信息。从这个意义上看，以老中与诸奉行为中心的幕府机构也与番方一样，逐渐从对将军的人格性从属机构被确立为独立的机构。

第二章

『锁国』——虚构的华夷秩序

第一节 | **走向"锁国"的道路**

日本型华夷秩序的形成

关原之战之后家康时代的对外关系，基本上是在处理秀吉侵略朝鲜后余留的战后问题，并恢复同明朝的邦交往来。这一系列"外交"措施的目的都是确认国家主权不再在秀赖手中，而是在家康或幕府的掌控之下。

当时与明朝交涉的窗口是对马 – 朝鲜路径和萨摩 – 琉球路径。

在第一条路径中，最开始与朝鲜交涉的是对马的宗氏。对仅持有一万余石耕地的对马宗氏而言，再度开展与朝鲜的贸易是事关存亡的问题。对马的宗义智和家臣柳川调信以送还朝鲜俘虏为由派遣使节，德川家也强调在文禄、庆长之役中他率领的关东将士并没有侵略朝鲜（实际上驻留在肥前名护屋）。朝鲜方面也全面送还了日本俘虏，但为试探日本再侵略的可能性提出了交涉的两个条件，一是要求家康先发出国书，二是交出"犯陵贼"，即文禄、庆长之役时破坏朝鲜先王陵墓的犯人。但先发国书意味着向朝鲜方投降，所以家康不可能同意，不知如何是好的对马随便找来对马内的一名罪犯安上"犯陵贼"之名，并伪造家康的国书。由此，到庆长十二年（1607），朝鲜方面派遣了“回答使兼刷还使”，即为了答复国书并归还俘虏而派出四百六十名使节，他们在江户谒见将军秀忠之后，又在返城途中于骏府与家康见面。但由于朝鲜国王所答复的是被捏造的国书，对马方面也窜改了朝鲜的回复。

其间，交涉之际被送还的朝鲜人俘虏超过六千人，最终合计超过七千五百人，但依然有许多人留在日本。众所周知，这些俘虏之后为日本带来了制陶和印刷技术。

庆长十四年（1609），对马向朝鲜派遣名为“日本国王使”的使节。尽管使节奉家康之意希望赴首都汉城并请朝鲜在幕府与明朝之间调停的请求被拒，但最终还是与朝鲜缔结《己酉约条》（又称《庆长条约》）。最终，除了“日本国王使”，还让朝鲜允许对马岛主派遣二十艘岁遣船[1]、三艘特送船赴釜山的倭馆（日本人居留区）开展贸易。对马得以独占与朝鲜的贸易。

元和二年（1616），幕府向朝鲜发出信号，声明大坂之阵后已经歼灭丰臣，相当于为朝鲜报了仇，于是要求朝鲜派遣前来祝贺的使者。朝鲜方面则要求日本先致送国书，向明朝上报之后再派出“回答使”，此时对马又伪造了日本国书。元和三年秀忠上洛之际，在伏见城接见朝鲜使节吴允谦，此时的回书由金地院崇传撰写，仅仅署名“日本国源秀忠”。崇传如此撰写的原因是“高丽较日本为戎国，日本国王与高丽国王之间无

1 岁遣船，室町至江户时代日本每年向朝鲜派遣的若干船只，实际目的是为了贸易。

须互致国书”，即没有必要在落款中加上“国王”的称号。但朝鲜认为应当与同样被明朝册封为国王的日本正式统治者缔结平等的外交关系，这时对马又将秀忠的落款改成“日本国王”。在宽永元年（1624）家光就任将军之后派送“回答使”之际，对马也窜改了国书。日朝关系就这样在对马藩走钢丝般的窜改国书过程中得到修缮。

第二条琉球路径的媒介是岛津。在丰臣秀吉侵略朝鲜之际，岛津就曾强行干涉琉球内政，为兵粮而在琉球征税，之后在关原之战战败后又因财政困难向幕府请求侵占琉球。幕府当时也试图通过琉球与明朝恢复邦交，但遭琉球王尚宁拒绝，于是幕府同意了岛津的请求。庆长十四年（1609），以铁炮为主力的岛津军仅用一个月就降服了琉球。第二年，成为俘虏的尚宁被岛津带着拜谒秀忠和家康。岛津将琉球北部的奄美五岛编入直辖领地，强行对琉球进行检地[1]，将琉球作为萨摩的“附属国”并赐予尚宁八万九千石，还规定了要缴纳的贡物。然而在这之后，幕府为了与明朝实现邦交往来，承认琉球对明朝的朝贡，维持了琉球分别对明和对日的两属关系。到了庆长十八年，幕府让岛津家久起草与大明福建军门的贸易书信，并试图让尚宁送至明方，但由于幕府出兵琉球一事让明朝疑心大起，该交涉以失败告终。

1 检地，由领主调查农田面积和产量。其中，天正十年（1582）丰臣秀吉下令进行的全国性检地，被称为“太阁检地”。

这时幕府也逐渐与北方的阿伊努人确定关系。庆长九年（1604），家康向松前藩授予黑印状，“自诸国赴松前出入者，不告知志摩守（松前庆广），则不可与夷人（阿伊努）直接贸易”，认可了松前藩独占与阿伊努的贸易。松前藩并没有知行石高，但这次幕府赐予其同阿伊努人的交易权，也就相当于确认了该领地的知行权。同时，幕府颁发的黑印状又强调，“夷人何时往行渡江，当任由夷人自行决定”，“停止对夷人行非分之事”，给予阿伊努人以法律方面的保护，这也意味着幕府将阿伊努人所居地区纳入国家的范围。

如此一来，幕府让对马、萨摩、松前藩负责“外交”，通过它们确立起了同朝鲜、琉球、阿伊努的关系。

家康在这一时期也向大泥、安南、吕宋、柬埔寨、占城、暹罗等东南亚诸国发出国书，表示日本内乱已平定，请求各国保护持有家康所授朱印状（渡海许可证）的日本船并允许其通商。借此，德川幕府也向东南亚诸国昭告自己是日本的中央政权，并通过获得对方回致国书，谋求外部的认可。此举被评价为家康与各国缔结外交关系的“积极和平外交”，但值得注意的是，此时发给诸国的国书与给朝鲜时的落款一样，只署“日本国源家康”之名。在萨摩攻占琉球的庆长十四年，暹罗、柬埔寨等远国也“向日本致礼，每年往来贸易船只”，而距离更近的中国台湾（日本称“高砂”）则与幕府不通往来。家康不快，命令有马晴信计划攻取台湾，元和二年（1616）长崎代官村山等安率十三艘军船远征台湾（因暴风而失败）。

在缔结《己酉约条》并攻取琉球的第二年，即庆长十五年（1610）时，在林罗山所书的对明邦交的国书草案中，表示家康已经平定日本，进而称“教化之所，已令朝鲜入贡，琉球称臣，安南、交趾、占城、暹罗、吕宋、西洋、柬埔寨等地之蛮夷君长酋帅，各致书输宝”。但事实上，且先不说被攻取的琉球，不管是“朝鲜入贡”还是安南诸国朝贡，明显都只是日本方面极其自以为是的曲解。而此时，幕府要求恢复对明邦交，也就是将明置于自身之上的位置，但至少在日本的主观意识上，以“武威”为背景、以日本为中心的华夷秩序已经逐步拉开帘幕（藤井让治《17 世纪的日本》）。

天主教禁教的展开

16 世纪，在日本与实行海禁的明朝之间事实上承担贸易活动，并负责运输大量中国产的生丝的，是被称为“唐船”的中国船，在其中负责中转的是琉球，葡萄牙在占据澳门之后也逐渐加入到这一贸易活动之中。家康为了掌控同葡萄牙的贸易，于庆长九年（1604）设立丝割符制度[1]，另一方面又通过厚待在庆长五年乘立弗德号漂流到丰后的威廉·亚当斯，试图与

1 丝割符制度，指幕府授命特定的商人集团垄断生丝的输入权和批发权，该集团被称为“丝割符行会”。

新教国家英国、荷兰建立邦交。

此时的欧洲，随着 1588 年西班牙无敌舰队被英国击败，新教与旧教的势力均衡被打破，于 1600 年和 1602 年相继建立东印度公司的英国、荷兰也逐步进入东亚，频繁攻击掠夺在这一地区活动的西班牙和葡萄牙船只。获得家康朱印状的朱印船也在这些区域展开贸易活动，围绕着日本所需的中国生丝与绢物、东南亚苏木和鹿皮等商品，欧洲新旧两大势力以及日本朱印船三者之间展开了激烈的竞争。其中旧教国家将贸易和传教融为一体并谋求领土扩张，这就必然引起幕府对天主教问题的深切关注。

家康于庆长七年和十年致菲律宾总督的国书中，就向其表明禁止天主教的意向。但实际上，家康又接见传教士，采取了贸易优先的妥协态度。此时的禁教还从属于贸易。

而以冈本大八事件（家康近臣本多正纯的家臣冈本大八收受大名有马晴信的贿赂，且二者都是天主教徒）为契机，幕府首先搜查并罢免了骏府家臣团中的天主教武士，到庆长十七年（1612）八月，家康将禁教的对象扩展到庶民，全面禁止天主教。庆长十八年十二月，幕府方面称“日本原本为神国”，而天主教“弘邪法、惑正宗，欲以此改域内之政号（颠覆国家）”，因此要崇传起草排除“神敌佛敌”这一“国家之患”的《伴天连[1]追放文》。到庆长十九年年初，持《伴天连追放文》的上使板仓

1 伴天连，源于葡萄牙语 padre，意为神父或传教士。

重宗上洛，“总奉行”大久保忠邻在京都、大坂强制天主教徒改宗。细川领地、大村领地等西国诸藩也开展改宗，致使高山右近、内藤如庵等没有弃教的天主教大名和一百四十八名传教士被集结于长崎，流放到澳门和马尼拉。

《伴天连追放文》是关于流放传教士的对外声明，但在大坂之阵实现武力统一后的庆长二十年（1615）六月，日本的邦交请求最终得到明朝“不受理一切事务”的回绝，从结果上来说，这使得前述的日本自以为中心的华夷秩序内核，逐渐被神国思想所代替。

对天主教的改宗其后因大坂之阵而暂时中断。但到元和二年（1616）八月，秀忠根据年寄众的上书通告诸大名，命令“下至百姓”禁止天主教。葡萄牙、英国因为属于基督教国家，其船只只能停泊在长崎和平户（但“唐船”可自由停泊）。此时，原本从属于贸易的天主教问题发生了决定性转变。秀忠于元和五年上洛之际，命令京都所司代板仓胜重再度赴京都，搜查抓捕“德乌斯町”等京都城区的天主教徒，八月二十九日，五十二名天主教徒于七条河原遭受火刑。对福岛正则改易之际，秀忠在上洛的诸大名面前表示对天主教决不妥协，以此昭示天下。

元和六年（1620）七月，日本爆发了平山常陈事件。元和三年荷兰在马尼拉施行封锁作战，元和五年，荷兰与英国缔结以平户为母港的共同防御协定，围绕东亚海上霸权的竞争呈现出炽烈状态。在如此状况之下，贸易商人平山常陈的船只在从马尼拉回日本途中，于中国台湾近海被英国船捕捉，英国人在船底发现了两名西班牙传教士，故将该船拖拽至平户港。荷兰、英国两商馆馆长一同赴江户参谒幕府，诉告朱印船中秘藏传教士，并要求对其进行规制。常陈方面则表示那二人是商人，并指责英国、荷兰此举是海盗掠劫行为。

幕府首先在元和七年（1621）五月发布号令，禁止赴异国的商人买卖男女和武器，同时，对英国、荷兰提出“日本近海禁掠”的要求，即禁止在将军的领海内开展海盗活动。此时活跃于海外的日本人之中，以阿瑜陀耶王国的山田长政最为有名。当时日本的杂兵中也还有很多武勇者，虽然没有像山田那样从阿瑜陀耶国王那里获得官职，但也受雇于东南亚诸国、荷兰和葡萄牙，被投入到当地进行战争（山田长政也卷入当地战争，于宽永七年 [1630] 被暗杀）。幕府在利用此次事件禁止输出武器的同时，也相当于在将军的领海区域颁布了海洋和平令。

元和八年（1622）七月，在长崎招供的两名传教士和常陈被处以火刑。该年八月，幕府又将之前逮捕拘留的二十一名传教士（耶稣会八人、多明我会九人、方济各会四人，其中有十三名是日本人神父和传教士）以及四名庇护者共二十五人处以火刑，还将三十名普通信徒斩首。此次被行刑者中还包括一名中国人和三名朝鲜人，可见当时长崎驻留着各国人等。后世称此次天主教徒受害为“元和大殉教”。此时正逢松平忠直的

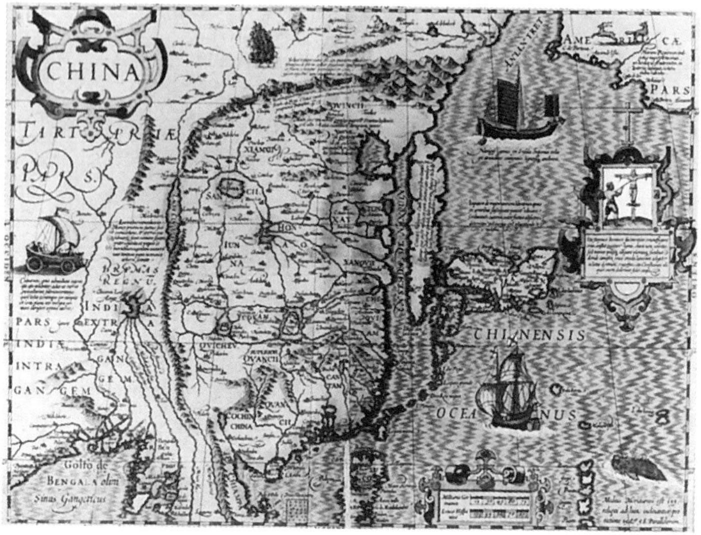

中国图 右端的处刑图中写有说明文字："日本人对犯罪者采用磔刑……将手足用钢索捆绑起来，再将他们立在十字架上，用枪刺穿他们的腹部。若干名天主教徒因此为信仰而死。"本图所展示的应该是处刑"二十六圣人"事件。在此后发生的"元和大殉教"后，西欧对日本的印象就从"黄金岛"转变为"殉教岛"（洪迪厄斯·墨卡托绘，1606年刊行，京都大学附属图书馆藏）

不参勤交代事件，江户正处于戒严令之下。

施行火刑的地点长崎西坂之丘，也是秀吉对"二十六圣人"处刑之处[1]。殉教一事传到欧洲，一时间却煽起传教士潜入日本的热潮。

元和九年（1623）上洛完回城的秀忠，又在江户对五十

1 庆长二年（1597），秀吉下令在长崎处决二十六名天主教徒，是日本首例因信仰而处刑的案件，这二十六人被天主教会追封为"二十六圣人"。

人处刑。同年十二月，幕府开始禁止葡萄牙人在日本定居、过年，并流放混血男子。长崎也开始大规模镇压天主教，宽永六年（1629）丰前府内藩主竹中重义成为长崎奉行之后，反复在云仙岳地狱谷对天主教徒严刑拷打。为竹中提供云仙岳这一场所的岛原藩松仓重政，也于宽永四年至八年对天主教徒施行苛酷镇压，最后导致岛原之乱。如此一来，几乎所有传教士都被搜罗殆尽，信徒也被迫改宗，传教士也基本不再试图潜入日本。

禁止日本人海外渡航

宽永五年（1628）在阿瑜陀耶王国，长崎町年寄高木作右卫门的朱印船被西班牙舰队击沉。当时，葡萄牙在西班牙的支配之下，幕府便将长崎两艘葡萄牙船只的货物扣押，作为此次击沉的代价，并于宽永七年中断与葡萄牙的贸易。此时的荷兰在中国台湾南部建了热兰遮城，并且对以前利用该港与中国开展贸易的朱印船课税，引发了幕府与荷兰的冲突（滨田弥兵卫事件），自宽永五年至九年，幕府与荷兰的贸易也由此中断。

将军的朱印船遭到攻击，朱印状的权威遭到侵害，因这一系列事件，幕府于宽永八年（1631）开始实施由老中奉书的“奉书船”制度。这一制度规定，渡航许可令由长崎奉行根据老中奉书下发，船只携带该许可令方可出航。但这事实上只是将之前的将军朱印状改成了老中奉书和奉行的证明，并没有从根本上解决问题。只要荷兰、葡萄牙等国势力没有退出，日本船就会不可避免地卷入各种纷争之中（当然日本船也有武装）。将军的权力仍然宣称要保护这些船只，那便有必要采取报复行为。若办不到这点，就只能终止海外渡航，必须尽快做出决断。

宽永十年（1633），家光让今井村正和曾我古祐两名旗本担任之前由外样大名负责的长崎奉行职位，并颁布了长崎奉行需要遵行的十七条职务规定。之后每年，长崎奉行都由江户派遣，并在派遣之际颁布规定。从宽永十年至十二年的内容来看，可以看到第一次至第四次锁国令的变化。

锁国政策首先涉及日本人的海外往来，一开始是禁止奉书船以外的船只往来海外，到宽永十二年（1635）则禁止所有船只渡海。一开始，幕府允许在国外居住不满五年的日本人在接受调查之后回国，但到宽永十二年则一律禁止居住在海外的日本人归国。宽永十三年，幕府又下令放逐所有葡萄牙混血儿。

其次，该政策涉及取缔天主教，奖励举报伴天连者，并命令对所有外国船只施行严厉的改宗。幕府赋予长崎奉行即便在大名领地内但只要是有天主教的活动便可直接发出命令的权限，实行“日本国一同之改宗”，家光试图借此断绝日本的天主教。

最后则涉及贸易，运输白丝的外国商船只能在五个地方

（起初是堺、京都、长崎，后来又加上江户和大坂）交货给丝割符商人，丝之外的商品则需要全部换算为丝的价格才能交易，运输白丝到达萨摩、平户等港口的商船也要按长崎交易的价格贩卖，禁止在长崎方面决定价格之前交易。由此，平户的荷兰商馆也卷入丝割符贸易之中。此时的“萨摩、平户等地”还是“唐船”自由进出的停泊港，但到宽永十二年之后，“唐船”也只能停泊于长崎。

其间，宽永十三年（1636）长崎有力町人修筑的出岛专门收容葡萄牙人。在全面禁止日本人海外渡航时期，幕府禁止所有日本人与国内外的葡萄牙人接触，天主教问题由此基本得到解决。

第二节 宗门改制度的成立

初期的改宗

对天主教进行改宗的方法发生巨大转变的，是宽永时期。

庆长十七年令否定了普通信徒的信仰，自庆长十八年（1613）末至十九年在京都和九州开始的初期改宗，到宽永时期之后又发生了巨大变化。天主教改宗往往被认为是揭发潜藏的教徒，但最初的改宗并非如此。

在初期改宗时，虽然制作了“全天主教徒名簿”，但并没有制作所有住民的名簿。根据天主教方面的记载，在名簿上登记之后，传教士为了不让信徒对信仰产生自我否定，让他们不畏惧殉教，还会一户户地走访信徒，激励他们。当时的京都相传有七千信徒，在三十日内有四千名信徒被登记上此名簿。京都所司代板仓胜重通过拷问等强制改宗措施，令登记在册的教徒减少至一千六百人。而那些到最后也未放弃信仰的人则被流放到了津轻。

这一改宗的过程只针对登记在册并在之后改宗的信徒，并且还要求提供证明其已经改宗的证文，包括本人的证文、町人的保证，以及成为佛教徒之后寺庙提供的证明（寺请）。

> 此度遵从御町众忠告，我等诚以改宗，投于本能寺，绝无瞒骗，若上有寻察，则于其时率其他信众出家，诚恐申告，其后日之状与此文相同。
>
> 丑（庆长十八年）十二月十九日 久八（画押）
>
> 足袋屋町总町殿收

这是京都绫小路足袋屋町的天主教徒久八本人的改宗证文，由町人出示的证文更为详细一些。从中可以看出，根据

"奉公仪之御改"（大概是登记名簿），町人派人监视并说服久八，最后久八夫妇与孩子一道依据法度改宗（从名簿中删去自己的名字），成为日莲宗本能寺的施主，并为了表明改宗决心写了上述证明。

南蛮起请文

若以京都为中心来看往后政策的进展，可以看到元和三年（1617）便已经下达禁止藏匿传教士或信徒的町令，到宽永八年（1631）改宗天主教徒和浪人之际，有天主教徒向寺庙谎称自己已经改宗，因此此次搜罗还调查改宗者亲兄弟年忌日的记载，看这数年内是否都照常进行，以此避免伪装改宗者的出现，确保改宗者例行年忌佛事。

宽永十一年（1634）闰七月，上洛的家光命令西国大名搜罗伴天连。而在这之前的五月，幕府就对大坂全境持有房屋或租房的町人进行改宗。所司代板仓重宗在改宗之际，一旦对"立刻投向寺庙"者产生怀疑，便派人调查其双亲的诞辰忌日等，若是移居者则去其此前居住的地方调查。在该流程中值得注意的是，为了防止无法区分伪装改宗者和普通居民，幕府也逐渐规定普通居民也要出示寺请，并接受幕府在宗教生活上的监视。

而熊本藩主细川忠利认为，常规的调查无法得知改宗者是否伪装，因而向长崎奉行询问调查时的情况，以及判断是不是伪装的证据。结果，在威胁改宗者伪装会被罚款之外，还令其踩踏画有上帝或圣子的画像（影踏）。

宽永十二年（1635）十月，幕府颁布了新的南蛮起请文[1]。

南蛮起请文究竟是什么？虽然有多种类型，但不管哪种都需要写明以下两条：第一是自己从何年起到何年止是天主教徒，何年改宗，现在又属于何宗派；第二是表明后悔成为天主教徒，并保证不再返信，不受他人劝诱，而且之后不管伴天连如何让改宗者忏悔和告解，只要写了起请文就不得返信天主教。若出现返信的情况，便要接受处罚，处罚方式如以下“罚文”所记：

> 若上奉圣父、圣子、圣母玛利亚，蒙受各天使之责罚，则死后至地狱，其地狱之所由诸天狗掌守，永置于五衰三热之苦，难返现世（患癞疮者），为世人所唤白癞黑癞之人。若不遵行，则如此可怖誓词所述。

这份“罚文”是以天主教徒的身份向天主教神明起誓的文书，针对的是改宗者，若是普通居民则遵照前述的第二条处理。持有房产者、借住房屋者、一家上下以及负责侍奉的仆

1 起请文，专指订立约定时向神佛起誓的文书。

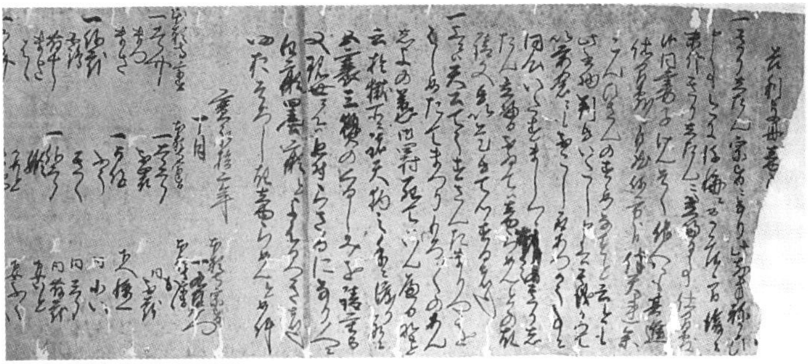

近江国小泽村的南蛮起请文 写于宽永十二年（1635）十月（京都大学综合博物馆藏）

人，所有民众都要向町、村单位递交起请文。本节附上的照片，就是近江国小泽村村民全员的证文，上面记载了一家男女以及下人下女的名字，还记录了当时的个别教义宗旨。

毫无疑问，该罚文所记的向神起誓的文字对于佛教徒而言没有任何意义，但佛教徒一旦改信天主教并伪装改宗且返信天主教之时，该罚文便将在他成为天主教徒的那一刻成为巨大的障碍，成为“切支丹[1]不情愿见到的书文”。与上文的久八证明相比，该罚文是进一步深入到信徒内心深处的一大对策。

为了搜罗天主教徒，幕府此时采用了举报者赏银制度和五人组、十人组相互监察措施，这些措施和针对浪人与一般人的强化治安政策也是共通的。此外，幕府还开始探查和监视墓地的状况、人们埋葬与送葬的方式、佛事的进行、安息日等节日

1 切支丹，日语中对葡萄牙语 Christan 的音译，指日本国内的基督教徒，尤指天主教徒。

时的行动，并且利用影踏和南蛮起请这一系列措施，惩治伪装改宗者，这些都是为搜罗并揭发“作为思想主体的个人”而开发的手段。

幕府采取这些措施的背景之一，是天主教徒方面已经跟以往有所不同。如前所述，镇压初期，天主教徒都被劝导表明信仰，但却造成了凄惨又光荣的殉教，教会方面也有明确记载。

多明我会的传教士科拉多编纂的《忏悔录》便记载了庆长末年至元和年间九州地区的状况，采取了听信徒忏悔的问答体形式。

> 弟子：在这期间要遵从将军大人的法度，由奉行和都城下达命令，要求天主教信徒集体改宗，大家被频繁劝说“依据判处，先把天主教教义放到一边，至少在表面上改宗”，我们为了保全女人和孩子，最终口称改宗。

针对信徒如此的忏悔，传教士则认为“即便是表面改宗者也不能再度信教”，表面上的改宗也否定了天主教信仰，于是训诫教徒必须在持有改宗判定“日记”的奉行和已知改宗一事的“眷族和周边人等”面前宣誓恢复信仰。如此正统的信仰不能容忍伪装的改宗者。

但到了宽永时期，细川忠利指出：

> 无论多么难查之事，而今已查明。往昔寻问是切支丹否，皆隐匿不报。今自南蛮来者云：曾七度归来隐匿。故已无可详查之状矣。

也就是说，当时伪装改宗已经被合理化。当然，这里说的“南蛮来者”尚存疑问。不仅传教士已认可这一权宜之计，而且因元和、宽永实行镇压，传教士几乎灭绝的情况下，信徒也纷纷伪装改宗。南蛮起请、影踏以及对全体居民的改宗，也是在天主教徒方面发生质变之后，在不断试错之中产生的新对策，而非对天主教政策逐渐强化的产物。

宽永十二年（1635）的改宗已经发展到了全国。前文已经交代，在前一年将军家光上洛之际，幕府已经下令要求西国（九州、中国、四国）改宗，到该年十一月一日至十二月中旬，细川忠利又向老中建言“日本国应一举改宗切支丹”。南蛮起请正是此时导入的举措，而其他方面的一些决策虽然没有以幕府法令的形式进行，但也由长崎奉行和京都所司代传达给诸藩。

到了宽永十二年“日本举国一同改宗”之时，已经规定全体居民都要取印判证明改宗。也就是在登记改宗名簿之后还要加上各自宗派、檀那寺[1]的记录、寺请印等，才算在形式上完成改宗。从岛原之乱后直至宽永末年，全国每年都要实施如此的改宗流程。

作为日本型“户籍”制度的改宗

幕府于宽文三年（1663）在《武家诸法度》中加入禁止“邪稣宗门”的条目，宽文四年设立宗门改役，将改宗纳入全国性的制度化建设之中。然而正如前所述，改宗的实质其实是宽永年间天主教成为现实的威胁之际，幕府在之前揭发天主教举措的试错基础之上创造的新措施，而正是这一点决定了这一制度的特质。

第一个特质在于，新制度开始将个人思想视为需要解决的问题，将所有人纳入“考察”范围，不管百姓还是非人[2]、女性还是儿童。然而该制度是通过检查居民是否操办“亲兄弟的年忌”、是否遵照“先祖的宗旨”和守墓等所谓“檀家制[3]”来确认个人的思想，推进思想统治，但这种形式无法将个人作为考察单位，只能以“家”为单位来推行。当然也存在“半檀家”

1 檀那寺，“檀那”为梵语中“布施”之意，檀那寺则指信徒所皈依、布施的寺庙。

2 非人，处于社会底层的贱民，只能从事处刑、卖艺、乞讨等职业。

3 檀家制，要求檀家（信者）一家都归属于同一寺院，并以家为单位支援并服从寺院，寺院则替檀家出示非天主教徒的证明。

夫妇，夫妻两人所奉行的教义有所不同，但幕府通过逐渐将妻子纳入到丈夫的“家”中解决了这一问题。

为了防止个人思想发生变化（返宗），每年定期调查就成为必要，这种调查使得幕府完全掌握家族的再生产和变动（出生、死亡、婚姻、养子、世代关系、奉公）成为可能。

不仅是家长和土地所有者，家族内的妻儿、下人，以及包括整个地区内的寡妇、鳏夫、非人、乞丐在内的所有住民都在幕府的掌控之下，除了虚假申报之外，没人能逃脱夫役和课税。反过来说，登记在册也就成了日本人身份（属于“不得滥杀”的法律保护对象）的证明。

第二，新改宗制度并非将百姓束缚在土地上，而是容许居民移动的制度。婚姻、收取养子、奉公之际，都要提供“宗门送手形[1]”，这已经成为众人知晓的制度，来源于宽永初年为了搜罗揭发伪装改宗者，幕府派人赴改宗者之前的住地调查状况的举措。宽永十七年和十九年（1640 和 1642），幕府法令以已对天主教徒完成“人口调查”为由，命令“自此取消往返的不自由”，由此，除了改宗者的旅行、贸易等活动外，婚姻、奉公等移居活动也得到承认，居民的移动和移居基本上都得到允许。这令人想到宽永六年《武家诸法度》删除禁止收容其他领地之人的条目，以及宽永十八年幕府禁止将江户

1 宗门送手形，说明移居者不属于被禁宗派的材料，有了这一证明，移居者方可得到当地人的承认与接受。手形，指用以证明的票据。

住民召回出生地的举措。

如此一来，日本国内所有人自呱呱落地到下葬都在幕府处登记在册，这在当时整个世界中都十分少见。现代国家拥有管理国民的各种制度，但将住民以“家”为单位登记在户籍上，是日本和受到日本殖民时期影响的朝鲜所仅有。在日本，“作为思想主体的个人”在面对国家和“家”时薄弱的独立性，以及夫妻别姓问题等，渊源都在于此。

第三节 | 岛原之乱

起义——起身反抗

宽永十四年（1637）十月二十四日，在岛原半岛松仓胜家的领地有马村，百姓三吉、角内召集村民做礼拜，松仓藩士林小左卫门奉家老之命率二十名足轻逮捕二人。据说此时七百名男女立刻返信天主教，因逮捕一事而激愤的民众杀死了好几个村的代官。

三吉、角内二人行往天草的领地大矢野村，被益田（天草）四郎接纳为伴天连，并从四郎那里得到天主教的绘画。相传益田四郎十五六岁，居住于肥后国宇土的江部村，有人称他是切支丹大名小西行长旧臣益田甚兵卫之子。根据天草赤崎村庄屋[1]的证词，四郎父子于九月和十月活动于大矢野岛、天草上岛的上津浦村、岛原半岛的有马村等地。这一活动范围内的海域中央的汤岛被称为“谈合岛”。在四郎父子的手下，以号称为“天草切支丹之头目”的大矢野岛的渡边小左卫门为首，聚集着好几个浪人团队。

他们说，天草上津浦的伴天连在“大流放”中被放逐到国外时有预言称，二十六年后将有一名善人降世，他幼时无须学习便能识字，天空中会出现印记，树上会长出包子，野山坡上会竖满白旗，人人的头上将竖起十字架，火烧云将漫及东西两端，人们的住所和野山坡上皆被火烧云覆盖。他们说这名善人就是益田四郎，民间还流传着关于他的各种神迹。民众认为四郎是“天使”，他通过聆听生活不顺的信徒的忏悔，让他们“迷途知返”，人们也因此“重新站起”，“抬起头来”。三吉等人便是从四郎那里得到天主教绘像并号召民众做礼拜，这说明，四郎的团队正试图独立培养神父，将信众组织起来。

然而，事态的发展比他们计划的更快。十月三十日渡边小左卫门正试图与驻留在江部村的四郎母亲和妹妹取得联络时，却被抓到了熊本藩。四郎他们原本计划壮大组织，但被捕一事

1 庄屋，即一村之长，在代官手下负责村内政务。

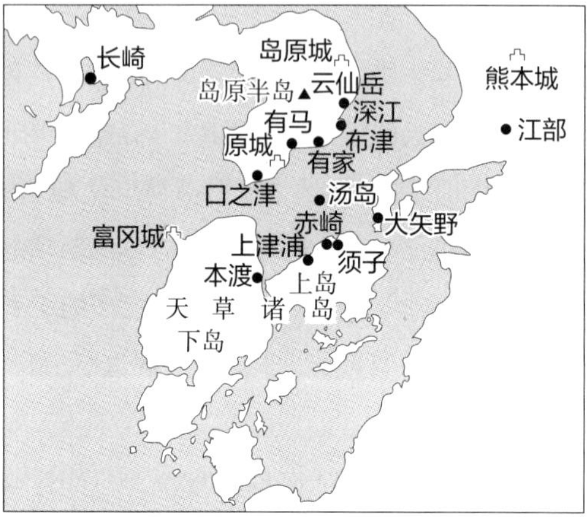

岛原 · 天草关系地图

致使岛原半岛南半部（南目）的各个村落一揆起义，在天草的大矢野岛、上岛北半部也发生起义，四郎等人没能如愿将活动范围扩大到更广的地区。

松仓领地石高四万三千石，但须向江户城缴纳十万石的修缮劳役，从元和四年（1618）以来民众为修缮岛原城服劳役7年，还使领地内土地在检地账上的石高增加到原先的164%。百姓除要缴纳年贡外，棉花、茶叶、食盐等物资也被课税，就连锄头和铁锹等生产工具、给死人陪葬用的“穴钱”、生孩子用的“头钱”等也被强行克扣，还被官员施以水牢、蓑舞（将人包裹在被点燃的蓑衣中）等酷刑，云仙岳等地的天主教徒也被残忍镇压。这与那些苦于军役的落后地区百姓面临的困境有许多共同点，没有参加起义的岛原半岛北半区也是如此，但事实上如果没有益田四郎的布教，人们就不会起身反抗。

迫害下的孔法利亚

耶稣会传教士科洛斯在元和三年（1617）针对被镇压的信仰，从“指导性地位”出发所起誓的证文，如今在日本还保存有四十七篇。大矢野村的证文中就有“总代渡边·洛连佐·小左卫门”的名字。尽管这发生在起义的二十年前，但这大概与上节所述的渡边小左卫门是同一人。除此之外，证文上还有庄屋四人以及无头衔二人的署名。在同一张起誓纸中，还有上津浦村的一名庄屋、两名肝煎、一名总代、五名组亲、三名慈悲役、两名看坊[1]和其他四人，共计十八人的署名。

元和四年，传教士罗德里格斯撰成《上天圣母玛利亚之御组规章》，其中展现了耶稣会在日本建立的组讲组织（孔法利亚[2]）的基本运作方式。该组织的基础单位是小组，由五十名男子和其妻子组成，数个小组再整合为五六百人的大组，并将整

1 肝煎是庄屋的别称，总代是町村会成立以前的村民代表，组亲即一组之长，慈悲役是教会中管理教堂、照料信徒的负责人，看坊则指在寺院中负责留守的僧人。

2 孔法利亚，源自葡萄牙语 confraria，意为“友爱、兄弟会”。

个地区的全体信徒组成亲组。每个小组设置两名组亲（组长），在组亲之下再设置两名负责传达通知的总代、一到数名负责祭祀的慈悲役、一名负责收取与分配布施等会计职务的“慈悲之子”，以及由若干女信徒担任的协调员。

从人数上看，上津浦村有多个小组，他们和大矢野村署名在同一张起誓纸中，可知他们同属于一个大组。

起誓纸上的署名几乎都有姓氏，其中还列有益田治部少·西雅卡乌、马场内藏丞·罗伊斯、鬼冢监物·罗伊斯（这些名字大概是日本姓氏与天主教教名的组合）等当地豪族的名字。誓约纸上署名的地区，曾经是小西行长和有马晴信等切支丹大名的领地，因此誓纸上还有不少原先在有马直纯手下的家臣，他们没有跟随放弃信仰并转封日向的有马，而是直接放弃武士身份归农或成为浪人。

组讲在迫害之下得以扩大的原因，可用元和七年（1621）多明我会的“玫瑰经组”众信徒所言来解释：前一年因迫害而改宗的人有很多，“许多人成为出家人，无缘站起，昼夜沉浸于悲哀之中”，多明我会的传教士福莱寿安来到这里，要求岛原、三会及其他村落大部分天主教徒“站起来”，并在之后向同门的祭司告解，接受圣礼，为了在迫害之下仍然坚守信仰，他们还组成了组讲。而对于那些因迫害而改宗的信徒而言，缺乏一位能聆听他们的忏悔并鼓励他们“站起来”的传教士，是十分深切的“悲哀”。这样一位教士和益田四郎所起到的效果是一样的。

而耶稣会的《上天圣母玛利亚之御组规章》是在没有传教士或教会的状况之下，“人人都像组亲一样受尊重，使切支丹之家得以运行”。在组中，人们“念诵祈文、观瞻圣父圣子的御影”，“阅读圣书”，尽可能地让孩子朗诵教理，吟唱诗篇。制定该规章的罗德里格斯指出，一名传教士负责的地区太宽广，而信徒散布各地，人们难以在遭受迫害后立马前往教堂向传教士忏悔，因此需要根据日本的现状制定新的信仰规范，进而还倡导“必须将信教指南付于版上”，即印刷信教指南并分发给信众。虽然这时并不允许地下出版，但传道士还是引入了西欧的印刷术，出版了《基督要理》和《伊曾保物语》等天主教版书籍，对民众的信仰而言具有巨大意义。这些书籍多用罗马字和平假名印刷，在组讲的组亲与慈悲役之下发挥了巨大作用。

然而这些组讲并没有逃过松仓的镇压并存活到二十年后的起义发生之时。但是当三吉等人在有马村拿出“绘像”做礼拜之际，人们肯定回想起了当年的组讲。

以上由学者约瑟夫·舒特和松田毅一发现的文献，事实上是耶稣会不满后发的西班牙托钵会中多明我会和方济各会等派系的扩张，两方由此爆发争论时的证据文献，后被世人保留下来。

元和六年（1620），岛原町的浪人医生加乌斯·治左卫门

岛原城 与领地石高不符的牢固石垣与沟渠保留至今，让人联想到一揆的严酷场面

有如下证言。耶稣会传教士左拉·休庵对他说，“你独具智慧，之后要带领一无所知的百姓走正确的道路”，并且让他从多明我会的“玫瑰经组”中脱离出来。单看这一证言便可知，普通信徒一无所知，完全照地方上的有力者或传教士所说的去行动，或被动员起来参加起义。然而治左卫门和其他人却如此回应：无论是哪派组讲，最重要的都是信心，自身要坚信“圣父圣子是一体的，信仰在何国都是一体的，圣父圣子的律法也是一体，人们要信仰圣父圣子的所有代理人”。

这一时期，不管是村落的有力者还是贫穷者或下人，都会遭到迫害。他们内心一度自立，而后又历经挫折，最终在迫害之下选择跟随益田四郎“起身”，这些人恐怕已经不能被简单理解为“一无所知的百姓”。

展开

宽永十四年（1637）十月二十四日爆发的起义到二十六日已经蔓延到城下，起义的民众开始攻击岛原城。当时正在江户参勤的松仓胜家还一无所知。在包围岛原城两天后，虽然起义方从城下夺取了军粮，但由于弹药用尽而撤退。此时，城内只有七八十名武士，足轻和奉公人“皆与百姓伙同疾行”，试图逃出城。他们大概事前做好了接应起义民众的计划，但因包括三十名铁匠在内的四十人被处斩而失败。起义方因弹药不足和内应失败，加上城池坚固（如细川忠利所述，本丸、二之丸石垣尚好，并有护城河，城池难以陷落），岛原城这才没有被马上攻破。

二十八日，天草也发生起义。根据熊本藩信使的证言，一个叫须了的村庄传言“而今已到圣父圣子统治的时代”，约五十名百姓高举十字架，扬起指物[1]，手持武器，其中还有人持火绳枪。到二十九日，根据赴上津浦的马贩子的证言，同村七百八十名天主教男女教徒中，有一百五十名男子手持武

1 指物，武将背上的靠旗，书写有姓名或绘制着家徽。

器，其中有八把火绳枪、两张弓、两支枪，其余信徒则手持菜刀或竹竿，竹竿的一头削得跟刀尖一般。天草是唐津藩寺泽坚高的领地，当时，富冈城主三宅藤兵卫请求唐津派遣援军一千五百人，守备队伍由此达到两千人。起义方虽然也有攻取长崎这条路，但他们为了向天草增派兵力，又派遣了五六十艘小舟（也有一百艘的说法）渡往天草。十一月十四日，在天草的上岛和下岛之间，起义方与守备军在本渡濑户开战，寺泽方无法控制住起义的势头，以三宅藤兵卫为首的武士皆战死，从唐津过来的船只也被起义军夺取，被击退的寺泽军只能固守富冈城。自十九日以来，起义军对富冈城发动总攻击，但由于“弹药用尽”无法攻取城池。而这弹药的不足，在差一步就能将藏有火绳枪与炮弹的两座城池收入囊中的当时，成了起义军的一大弱点。

十一月二十三日，包括从岛原前来增援的兵力在内的起义军全体撤到岛原，固守在原城之中。十二月七日，终于登陆天草的熊本藩主细川光尚（利忠之子）搜寻了整个山野，但起义军明显已经从天草撤退。

江户得知起义一事是在十一月八日和九日。九日，幕府许可松仓胜家回领地，并派遣板仓重昌（板仓重宗的弟弟）和石谷贞清为上使。十五日，幕府命长崎奉行榊原职直返回领地。九州诸大名虽然也都出兵，但此时被幕府命令返回领地的是以细川光尚为首的在府大名子弟。

十二月五日，上使到达岛原。至此，九州大名只能坐观事态发展。宽永十二年的《武家诸法度》（参见第一章第四节）规定，没有幕府许可，大名不得向领地外派兵。面对不断传来的报告，细川忠利向幕府进言：如此一来，在江户的命令到达之前，九州各大名只能“在家睡大觉”，“对（松仓）见死不救”，致使“一揆获胜”，但将军家光选择恪守《武家诸法度》。

十一月二十七日，幕府决定再次派遣上使，此次的人选是老中松平信纲和户田氏铁，这大概是因为幕府得知十四日的本渡合战中三宅藤兵卫战死的消息。九州诸大名受命返回领地，最终集结为十七家大名，共二百五十三万石、十二万人以上的军队包围原城（德川军在关原之战时才七万五千人，大坂夏之阵时是十五万人）。

一揆的展望

2001 年春，笔者造访了原城遗迹。海拔三十一米的山坡三面为悬崖和海水包围，还有 面是深厚的湿田与泥土，是一座天然的要塞。第一次造访这里已经是十五年前，但这次造访的情况已经完全不同。这是因为发掘调查在十几年间有较大进展，新发现相继问世。在听取当时参与调查的岛原町教育委员会松本慎二的解说时，笔者时常因此目瞪口呆。

在此之前人们大多认为，自有马晴信以来建造的原城石垣

原城全景 眼前的山丘是幕府军队的阵地，从这里看到的海边山丘便是原城。对岸是天草诸岛中的大矢野岛。它们之间的小岛被称为“谈合岛”，这片海域是天草四郎等人的活动区域

在松仓重政修缮岛原城之际就被瓦解了。实际上，在十五年前造访时确实几乎没见到石垣，但之后调查发现，本丸还留存着相当一部分的石垣，只是由于已经分崩离析，整个石垣埋在了土里。崩裂的石垣碎片位于烧土层之上。也就是说，石垣并不是毁于松仓时代，而是岛原之乱之后。原城遗迹还出土了包括花十字纹瓦片在内的大量瓦片和陶瓷器等。有马转封之后，为了处理废城，大概是清理了上方的石垣，但在起义军回到原城固守之时，石垣还存在，建筑在一定程度上还留存着，估计在岛原之乱发生之前还发挥着某种作用。

一揆起义势力是何时进入原城的呢？根据山田右卫门

作——他是一揆指挥部的相关人员和有马时代的旧臣，起义时在幕府军中做内应，最后只有他一人存活——的口述，一揆攻取富冈城失败之后，便计划在十二月初攻取原城。细川忠利在岛原城未陷落之际就得知起义军在“有马古城”中固守不出，可见一揆军除了向天草增援之外，十一月初便准备开始守城。忠利看到城郭在原先基础上扩大了两轮，由此判断守城人数众多，于是下令“护濠与壁皆须加强”。也就是说，起义军在岛原城失守之前，便已经在按计划逐步固守原城。

天草四郎阵中旗 在岛原之乱中天草四郎所用的旗指物，上面还残留着血痕和弹丸的痕迹（天草市立天草切支丹馆藏）

学者服部英雄怀疑一揆势力一开始就决心赴死叛乱，转而讨论起义军的诉求。考虑到他们的军粮有一定保障且可通过海路补给物资，加上益田甚兵卫在暴动发生之时滞留在了长崎，若僵持下去恐怕别处也会爆发天主教起义，最终还有可能招致葡萄牙的介入。在自己领地内逮捕到渡边小左卫门的细川忠利指出，“切支丹之事，不得波及至远国”，“若诸位皆出手，而今之一揆将不复存在也”，幕府命令中国、四国的大名返回领地备战，此时，恰好在江户参见将军的葡萄牙商馆馆长被拘禁，上使松平信纲也令荷兰船只炮击原城。

佐贺藩家老于十月三十日送至江户的书信中曾写道，岛原领地因歉收和政府催收而陷入困局，一度返信天主教，本准备等幕府下派官员，此时一揆众人再“上呈致歉”并发起直诉。对于一揆指导部的浪人而言，这或许是现实可行的策略。但我们无法确定他们的诉求究竟还有哪些，无论如何，既然他们做出了武装守城的决定，即便现在是绝望地困在城中，但至少可以判断他们从一开始并没有殉教的决心。

然而，幕府方面并非如此。在最初知晓动乱是天主教徒的起义之时，幕府便不可能认可他们的直诉。如同熊本藩出台的法令声称“不可显示出与百姓不合的天下”那样，起义军没有直诉领主苛政这条路可走，而是被作为背叛将军和国法的反贼身份捉拿。

城池陷落——在二十九日前斩杀生还者

幕府方面最先的攻击始于宽永十四年（1637）十二月二十日，在得知幕府再度派遣上使后开始焦虑的板仓重昌在第二年元旦的总攻中战死。幕府军并没有抢头功，也没有趁机控制该地区。而益田四郎事前便知晓幕府将于元旦发起攻击（大概是因为有内应），便在两三天前预言了攻击一事，城内百姓皆对四郎敬奉起来，称“非常人所能为”。

第二次的上使松平信纲施行“强行攻城”。他们建起假山，搭起箭楼，并且逐渐在其上加上竹盾等防御栅栏。这是攻城战中常用的战术，但有所不同的是，他要求“同当地百姓一样，不得令武士有所损伤”，为了贯彻让武士与百姓一样不损一兵一将的方针，准备工作花费了一个月以上的时间，而且最后得以彻底施行。

松平信纲建起比城池还高的假山和防御栅栏，最后在距离城墙数米的位置将整个城池包围了起来。但从外围无法观察到城墙内侧动静，他们就在假山上立起桅杆，并在上面建起“能够承受人和箱子重量”的瞭望塔。从瞭望塔内可以看到城内并狙击墙内之人。而起义军之所以没有阻止这距离城池如此之近的工程，是因为弹药已经用尽。一揆军沿着城墙内侧挖掘堀壕，并穿行其中。这众多的沟渠除了作战壕用外，也是防止幕府军入侵的陷阱。

面对急着立功攻城的诸大名，松平信纲回应说“一揆之事若处理不当，则不得再奉公”，细川忠利也对此表示赞许，认为“万事皆须沉着……家光之出头人亦明了”。一揆军最终食粮用尽。幕府军利用物资上的压倒性优势，在几乎零损伤的情况下将起义军逼到绝路。这就是公仪在对付百姓时的作战方式。而在前线打头阵的板仓重昌不过是鲁莽乱冲的“猪武者”而已。

二月二十八日被定为总攻之日。然而，前一天的二十七日，在锅岛的军队已经爆发小规模的冲突，由此进入总攻。而细川的军队从三之丸突入，一举经过二之丸并攻取本丸，取了四郎的首级。

在原城发掘的徽章 固守城池的人们所持有的东西（南岛原市教育委员会提供图片）

从二十八日早至二十九日，“未被大火烧死的切支丹”连同被生擒者皆被斩杀。“藏于死人之下者及凡牵连涉及之女子、童子、隐匿者，当皆于廿八日一日内斩杀”，“生还者亦于廿九日前杀尽”，幕府对起义军施行彻底屠杀。不仅如此，在本丸的细川军还目击了许多天主教徒点燃自己的衣服，或是将孩童推入炽火之后自己也随后进入的自杀场面。细川忠利还写道，“此皆下者之死，绝无须言语。”这也是公仪对付百姓的作战方式。

此次发掘调查渐次发现了这些受难者的骨骸。混杂在其中的还有用熔化的铅屑制成的粗糙十字架、通过 X 射线发现的印有圣母和圣体礼拜图的青铜牌，以及葡萄牙制造的念珠等。

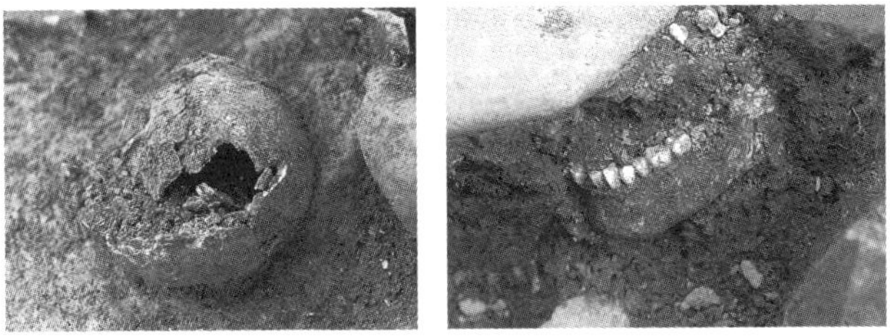

被石头砸碎的头骨和下颚部的人骨

十字架　通过融毁铅球赶制而成（南岛原市教育委员会提供图片）

幕府方面的损失也是巨大的。一般来说，在军队进入城内之后，都会以城墙为盾，逐步将阵地向前推进。但从锅岛军抢头功开始，全军为了争功而竞相疾走乱窜，最终造成幕府军一千四百人死亡，九千二百九十七人负伤，共一万零九百三十七人死伤。这与起义军在战败后被屠杀的两万或三万七千人的死亡人数相比，也是巨大的损失。实际上，起义军方面事前已经知道此次攻击的日期，为此在前一天“出海捡取石块与食物，八千男女皆出海，不在城内”。

城池陷落之后，原城的石垣被破坏，与数名死者一起埋没在地表之下，并在此后的三百六十年间都处在封印状态之中。

战后处理

岛原藩松仓胜家被追究此次暴乱的责任，领地被没收，自身也被处斩。唐津藩的寺泽坚高也被没收了其领地中的天草四万石，而后引咎自杀。佐藤藩主锅岛胜茂因违反军令而被命令闭门思过。大久保忠教因此也说，“往昔带头冲锋必获恩赏，而今则因破坏军法招致闭门，世道确已变矣”，说明公仪的战争本身已经发生变化。

宽永十五年（1638）四月，滨松的谱代大名高力忠房入驻岛原，石高为四万石。他与长崎奉行一道成为防御长崎的核心，天草地区自宽永十八年起成为幕府直辖领地，唐津自庆安二年（1649）由播磨明石的谱代重要大名大久保忠职入驻，石高八万三千石。如此一来，幕府完成了谱代大名西进的大业。

宽永十六年七月，幕府全面禁止葡萄牙船来航，并命令取缔所有入海口。宽永十七年五月，为了谋求恢复贸易的葡萄牙船只从澳门驶入日本，幕府则将船中的七十四人监禁起来，于六月对除十三名黑人和澳门当地水手之外的全员处以极刑，并用唐船将生还的十三人返送回澳门。幕府预想到葡萄牙会报复，要求九州诸大名设置瞭望番所，命令富冈黑田和佐贺锅岛加强警戒，巩固日本沿海的防卫。

在决定禁止葡萄牙来航之前，幕府曾向荷兰探询是否有意向取代葡萄牙，为日本提供生丝、绢织物、药品等货物。他们认为在排除最大竞争对手葡萄牙商船和朱印船之后，荷兰应该想将对日贸易据为己有。而且平山常陈事件和原城炮击，令幕府觉得“荷兰人尽忠节”。但是在宽永十六年（1639）五月，幕府决定放逐荷兰人的混血儿，十七年九月，在天主教改宗问题上手段毒辣的大目付[1]井上政重来到平户，下令捣毁刻写着西历年号的石造荷兰商馆。十八年五月，继被放逐的葡萄牙人之后，荷兰人也纷纷去了出岛。

原城陷落之后的宽永十五年（1638）五月二日，幕府向诸大名宣布修改《武家诸法度》第四条，即如果出现和此次一样“超出将军虑及之外”“违背公仪”的情况，可不用等幕府下达命令，与“近所之众”的邻近大名协力镇压。加上输送兵员耗费工夫，因此解除了只有商船才能建大船的禁令。幕藩领主的军事实力及其统合的原理，也开始将重心转移到作为一个国家总体如何统治民众的问题上来，而不像以前那样着重于德川－外样的对立。

原城陷落之际，细川忠利上书称，“九州此次因一揆而疲

1 大目付，直属于老中，负责监督诸政务，监视诸大名的行动，揭发玩忽职守的官吏。

敝，岛原也与此类似。”从这一年开始，九州的牛群也染上疫病而死，成为宽永饥馑的前奏。由于施行了“百姓之武具当取缔”的政策，岛原之乱成为自播磨国一揆到一向一揆的百姓武装起义历史上的最后一幕。而此次百姓武装起义爆发，有马旧臣等在地留驻的豪族地主和浪人也发挥了巨大作用。他们是所谓“扩大了的百姓身份”，但这时“国中不准出现武士”和建立“百姓所有之国”的历史可能性已经不复存在。放弃武装的民众到底要以怎样的方式与武士共生，又要如何与幕藩领主的国家保持关系？下章将回答这一问题。

第四节 | 东照宫的庄严化

柳川事件

这一时期对外关系上的一个重大改变，是与朝鲜的关系。

前述对马的宗氏通过窜改国书致使日本与朝鲜的关系得以建立（第一节），其中实际负责该工作的是家臣柳川。幕府指定，在为赏赐宗氏而加赠的两千八百石中，柳川分得一千石，柳川调信之孙调兴于庆长十八年（1613）之后在骏府家康手下任职为役，其作用也得到了幕府承认。有如此业绩作为背景的调兴试图通过成为幕臣，从宗氏家臣中独立，并与继承宗义智家督之位的新藩主宗义成对立。这就造就了宽永十年至十二年的柳川事件。在调查审讯过程中，柳川调兴还揭发了宗氏窜改国书一事，事态就此上升为国家的外交问题。

在将相关者传唤至江户接受调查审讯之后，宽永十二年（1635）三月十一日，家光召集江户城御三家以下所有在府的大名列席，令柳川和宗氏当堂对供，并亲自裁决柳川调兴有罪。家光让宗义成于老中手下直接掌管对朝鲜外交的实际事务，并命令第二年派遣通信使进行交涉。这一时期的“御家骚动[1]”基本上都是通过处罚重臣、强化藩主的宗主权解决的，处置柳川调兴也是其中一环，是排除旧家康近臣集团这一系列举措的延伸。正如细川忠利认为如果对柳川和宗氏都施以惩处，会致使“与高丽断交，日本又增人数（军势）”一般，若破坏讲和便不得不出兵，因此强调有必要留下其中一方维系日朝关系。另外由于幕府处置了撰写对马外交文书的临济寺院以酊庵的长老规伯玄方，因此按宗义成的要求，京都五山禅宗寺院的高僧接替玄方的职位。以酊庵采取轮番制，幕府由此直接掌握了外交文书。

幕府通过宗氏向朝鲜传达柳川事件已经解决的消息，并针

1 御家骚动，江户时代大名家因家督继承、争夺权力等引起的内部纷争，在现代常指企业、家族等的内争。

对新国书提出了以下要求。日本方的国书依旧以“日本国源某”署名，此前由朝鲜方发出的国书虽然都将日本统治者默认为“日本国王”，但之后须改称为“日本国大君”。要求使用“大君”的称号，表明日本欲从以明王朝为中心的世界中独立出来，其中看低朝鲜的意味比以往更加强烈。

宽永十三年（1636）派出的使节与发出的国书将会得到什么样的反馈事关幕府的威信，所幸朝鲜方面最终基本同意了幕府的要求。这大概是因为“大君”称谓在朝鲜国内看来是比国王更低的身份（而后新井白石发现了这一问题，于是幕府国书一度使用“国王”这一称谓），而且朝鲜这一年即将正式迎来已将国号改为清的满洲女真族入侵，因此希望尽可能在对日关系上保持稳妥。实际上，派遣使节赴日之际，清的十万大军已经跨越鸭绿江侵入朝鲜，而明王朝无余力派遣援军，该年十二月，朝鲜国王仁祖向清投降，被纳入到清的册封体系之中。

东亚情势的变化致使朝鲜接受幕府的要求，宽永十三年，朝鲜派遣庆贺日本“泰平”的“通信使”而非“回答使”来日。大老井伊直孝将此记为“日本大平之威德”。此时的朝鲜通信使还从江户赴日光东照社参拜。

东照宫庄严

宽永十三年（1636），在家康二十一周年神忌之际，家光全面翻新了日光东照社，投入黄金五十七万两、白银百贯、米粮千石，工匠总人次达六十七万余。之前建造时所需的总人次也才八万余人，可见此次的翻新规模有多大。而今所见的东照宫就是当时翻新过后的样貌。四月，家光率领诸大名和公家、门迹参拜东照社。荷兰商馆馆长还献上了枝形吊灯，宽永二十年又献上阿姆斯特丹生产的回转灯架。

宽永十三年末朝鲜最先派出的“通信使”赴江户之际，家光要求其参拜日光。使节一开始由于是计划之外之事而坚决不同意，但还是在宗氏的强烈要求下参拜了日光。《东照社缘起》（狩野探幽执笔，供奉于宽永十七年）便描绘了此次参拜的情形。在开路用的“清道旗”之后紧随的，是印有龙形、代表国王使节的“形名旗”，持枪的武官与喇叭、太平箫、鼓乐队为先导，之后跟随着乘车的正使、副使、从事官“三使”。而到宽永二十年为庆祝世子家纲诞生而派遣使节之际，朝鲜在一开始就将参拜日光安排在了日程之中，还供奉上仁祖亲笔题写的匾额，以及梵钟、香炉、花瓶等物。而仁祖之所以接受正式参拜的要求，则是为了在加强抵抗清王朝的同时，谋求对日关系的稳定。

另一方面，宽永十一年闰七月，在家光最后一次上洛之际，琉球也与岛津家久一道赴二条城庆贺家光即位。此时岛津家久从家光手中接过的领地朱印状中，批准了萨摩、大隅、日向共六十五万五千石的石高，以及琉球国十二万三千石的领地。此时，琉球便在作为岛津的附属国的同时，又是军役体系之外的“异国”，琉球的尚氏在实际面对岛津时以“琉球国司”的名义从属于他，同时又接受明的册封，在推行朝贡贸易中是“琉球国的中山王”。宽永二十年，琉球与朝鲜一样为庆祝家纲诞生而派遣庆贺使，使节于江户城拜谒家光之后又赴日光，与朝鲜使节一道献上青铜香炉和花瓶。之后，琉球每逢将军换代都派遣庆贺使，每逢中山王换代则派遣谢恩使，来自琉球的异国风俗随着使节传到了日本。（庆安四年［1651］东照宫社殿在宽永寺建成之后，琉球使节的参拜地点不再是日光，而是宽永寺的东照宫。）

如此一来，通过接受朝鲜通信使和琉球使节的参拜——若从日本方面自以为是的想法来说——从“关东八州的镇守”发展到日本的镇守，再到东亚的镇守，东照大权现（日光东照社）已经在日本式的华夷秩序中占据中心位置。而这之所以看似逐渐成为可能，是由于当时正处于以朝鲜、琉球、明为中心的东亚秩序解体的过渡期中。

正保二年（1645），朝廷应家光的邀请，授予日光东照社宫号，进而在正保三年，朝廷恢复向伊势神宫派遣奉币使，同时也开始向东照宫派遣奉币使。之后一直到幕末，朝廷每年都派遣奉币使，未曾中断。

稍微上溯到宽永二年（1625），在天海的建议之下，幕府在江户上野忍冈建造东叡山宽永寺。比叡山延历寺被冠以延历的年号，在平安京鬼门的位置上镇护王城，而为了与之并驾齐驱，被冠以宽永年号、于江户鬼门处镇护幕府并进而成为新的宗教性权威中心的，则是东叡山的宽永寺。天海死后不久，正保四年（1647）后水尾院之女明正天皇同父异母的弟弟守澄法亲王入驻宽永寺，并于承应三年（1654）兼管宽永寺和日光山的轮王寺两寺。明历元年（1655），朝廷授予守澄“轮王寺宫”的名号。自此之后，镇护东照宫的轮王寺和镇护幕府的宽永寺，都成为代代天皇的皇子（亲王）所入的门迹寺院，并且进而兼任住持僧，统辖全国的天台宗寺院，在宫门迹中处于最高地位。

对外武威的虚构化

宽永二十一年（1644），明王朝因李自成起义被推翻。清越过长城入主中原并定都北京。其后，明朝遗族等的抵抗并没有停止（南明政权），其中有一人主张尊立唐王，他就是福建海商郑芝龙。

正保二年（1645），郑芝龙请求日本派遣三千援军，这在历史上被称为“日本乞师”。家光召集老中与御三家反复商议，纪州的赖宣主张出兵，但最终幕府决定拒绝。正保三年九月，幕府令长崎奉行拒绝南明的请求。十月，福建陷落的消息传来，幕府也正式通知诸大名拒绝出兵。

另外，琉球当时本准备向南明政权的唐王派遣使节，但伴随着福建陷落，琉球的宗主国便从明改为了清。庆安二年（1649），面对岛津的问询，幕府的回应是，让琉球从属于清并脱离日本支配一事将成为“日本的污点”。但到明历元年（1655）家纲执政时，岛津主张，当清的册封使来到琉球时，若被要求辫发和遵从清朝衣冠礼仪的话便要予以拒绝，但幕府却主张顺从清的命令，极力避免发生武力冲突。最终所幸清的册封使并没有提出这样的要求，但学者山本博文在考察这一变化之后认为，在向外国展示武威变得逐渐困难之际，将武威作为原则且不能战败的幕府正在通过极力避免动用武力来维持“虚构的武威”。

但在宽永四年（1627），朝鲜首次被女真攻击，不得已将情势传达给釜山的倭馆，请求暂时避难。家光得知此事后，从对马向朝鲜输送了枪八十支、火药八十斤等大量武器。《德川实纪》称，“若王城遭急难，当面命派送援兵。”实际上，这并不可能。对比来看，前述基于武威而建立的以日本为中心的华夷秩序，以宽永前十年为界，已经变得不会在现实中发动武力。此前的战争体制已经无法再继续维持下去。取而代之的是以东照宫为中心的华夷秩序的假象，进一步以天皇权威为后盾，正在逐渐被强调为一种意识形态。

第三章

宽永饥馑

第一节 | 宽永饥馑与大名

藩主的叱责——令我等蒙耻

宽永十九年（1642）二月，大老酒井忠胜从本领地家老处接到令人惊愕的消息。忠胜的领地包括若狭、越前敦贺、近江高岛郡共十一万三千石（除此之外，江户府宅还有一万石）。高岛郡领地自前一年年末开始下大雪，且不说蔬菜和萝卜，就连葛、蕨菜等都埋在积雪之下无法挖取，且不说马的饲料供应是否充足，村民中已有一二十人濒临饿死。由于备后守（忠胜之子忠朝）拒绝救济，当地只好呼求代官牧三右卫门听取情况，并请求获得些许扶持。忠胜得知此事后的回应言辞十分激烈：

> 为什么放任百姓濒临饿死？明明已经找代官听取情况了，为何还迟迟没有行动？如有一名百姓饿死，尔等要对此负责。此事实为罕见，本须派年寄三人其中一人赴当地指挥，或派遣郡奉行，如今又是询问备后守的意向，又是呼求代官听取情势，这又是怎么回事？蓄藏金银米钱正是为此时所用。姑且不论他藩，我等领地中若致使一人饿死，绝不姑息。自熊川米仓运米亦可，若无法用马匹载运，则使人徒步背负米粮运送。若如此亦不可能，则自

大津米仓渡琵琶湖，纵使耗费五十日抑或百日，亦定能延命。若有蔑视处罚、怀有歹意的百姓，纵使有五十人甚至上百人，也可处以死罪（此与致使百姓饿死实为表里不一）。究竟要如何处理？百姓饿死乃我等之耻。年寄共同持有的“国之处罚”之权，此时不用更待何时？纵使自尔等三人之领地没收三千石抑或五千石之米粮，若有所成效亦不为过。

宽永十七年（1640）六月，由于虾夷驹岳火山喷发的火山灰影响，津轻地区开始出现十分严重的歉收，第二年全国又接连遭遇日晒、持续降雨、霜冻和冰雹等异常气象，是爆发饥馑的征兆。武藏川越的商人榎本弥左卫门曾记录，自宽永十九年正月一日起遭受大雪，寒潮致使锅釜炸裂，田地有一尺多厚的积冰，这样的大雪在该年春天出现了七次。到六月份，五畿内、中国地区、四国地区出现了被称为“特殊之日”的干旱，九月份又持续大雨，爆发大规模虫害。奥州会津地区遭遇大雨、冰雹和大雪，秋田则出现八月降霜，丰后臼杵地区遭受大洪水，北陆加贺则持续降雨和刮冷风……宽永十五年，山形藩的年贡为七万八千七百五十五石，到宽永十六年骤减至四万二千六百零六石，之后甚至在这基础上又减少了一半，长时间未得到恢复。而且，自岛原之乱终结的宽永十五年夏开始，九州一带的牛因瘟疫大量死亡，这是宽永十七年牛疫蔓延至中国和近畿地区的前兆。

如果不是看到发给本领地年寄的信件，酒井忠胜无论如何也预想不到自己领地内会出现百姓饿死的事态，真可谓“见书状而惊破肝胆”。

但忠胜即刻做出了以下细致的指示：第一，可能有些村落被迫将作为种子的谷子吃完了，导致无法种植，因此需要调查清楚；第二，若今年的麦作收成不好，恐怕百姓到了秋天就会撑不下去，夏天粮食价格定会高涨，因此要确保大津的储粮不会先行卖出；第三，北国的情况与此相同，输送到城下町小滨的北国米估计难以入仓，因此在秋收期之前须减少造酒与豆腐和面类的制作。

同时，安艺广岛藩主浅野光晟在四月十九日发给本领地藩臣的书信中也有如下的叮嘱：

> 相传江户已有诸多百姓饿死，自亲戚因幡阁下（备后三次藩的藩主浅野长治）处亦听闻其领地内饿死百姓数人的报告，为何不早些通报领地内百姓饿死之情状？此举实在令人困惑……通报为何迟疑？若饿死的百姓人数众多，便应当尽早通报每郡饿死的具体人数。根据情势，众人亦可将事态上报至老中。若真致使饿死，当下无论耗费多大支出和损失，都应设法维系百姓生存。

此外也有藩主斥责领地内的家老报告延迟。江户的大名之间也开始相互交换情报，老中也渐次接到关于饥馑的报告。忠胜关于北国的情报，大概也是从中获取的。

到宽永十九年（1642）五月，在家光的主导之下，幕府渐次出台对策，命令诸大名轮流返回领地应对饥馑。忠胜也被准许自七月至十一月返回领地，在本领地直接采取应对饥馑的措施，该点将在后文详述。忠胜属于谱代大名同时又任老中职位，自宽永十一年入封若狭之后，曾于宽永十三年返回领地达三个月时间，此次返回领地已经是时隔六年之后的第二次返回。

然而，该年小麦收成下降，秋收十分惨淡。根据土佐藩江户留守居收集的情报，八月二十六日会津藩降大霜，除会津藩之外的仙台伊达藩、山形上杉藩的事态比去年更加严重。西国方面，位于萩的毛利藩和佐贺的锅岛藩则因为决堤招致洪水灾害。北国方面，八月份情势尚可，但也因虫害而损失惨重。关东七月遭受旱灾，八月又因积雨而暴发洪水，进而遭受霜害。全国范围内的异常气象持续不断，连续两年收成惨淡，饥馑进一步变得严峻起来。

宽永二十年——饥民、乞丐成群

自宽永十九年（1642）末至二十年春，日本各地饿死者再度增加，饥民、乞丐开始泛滥。加贺藩的记录描述了从江户回领地途中的光景，“自江户至京洛，北国沿线人马皆饿死，道路上躺满了尸体”。

前文中所述的榎本弥左卫门对当时江户的情形有如下记述：

> 此时江户博劳町长约二百间[1]的街道上，乞食者成群，其中亦有头目，乞食者皆跟随之。江户城中乞食者达一万余人，其内若有人死，则投尸于川中，无限制投尸致川中遍及死人。江户町人众于日本桥等施舍粥米，亦为乞食者所偷取，其中惨事不断。

自二月七日起，幕府开始疏散和遣返流入江户的饥民和非人，第一天就疏散了日本桥地区的八百名饥民，其中有三百名不明身份者被移交给各大名的江户宅邸和所辖代官收容，剩下的则收容于马喰町的救济小屋中。被移交者之中，有三十六名饥民来自老中堀田正盛所辖领地下总左仓藩和江户周边，还有来自尾张藩等更远地区的六十人。

土佐藩的江户宅邸也收容了数人。根据土佐藩江户留守居的信件记录，其中有一个叫善右卫门的人，时年四十岁，生于摄津汤山，十五岁受雇于京都一个陶器店，三年后又在大坂工作三年，而后于土佐浦户度过近二十年的泛舟生涯，其后又到大坂当按日雇用的短工，在无法维系生计之后去了江户，最终

1 间，距离单位，原指建筑中柱子与柱子之间的距离，一间约为一点八米。

沦为非人。还有一人叫少兵卫，时年四十九岁，生于伊豫须崎，十五岁时赴土佐鹤见，在那里娶妻后又到伊豆生活了十五年，其后赴大坂营生。在五六年前返回鹤见时遭妻子双亲拒绝，乘舟自大坂赴江户途中遇险，最终也沦为非人。还有一名女性非人，时年五十三岁，生于土佐幡多，在受雇于土佐藩主府宅之际，成为家臣若党经左卫门之妻，而后与经左卫门一同离藩，赴伊豫大洲并在那里成为浪人后前往江户。十二三年前丈夫病死，她只能每日做零工度日，去年因江户町屋发生火灾负伤，成为身体残障者，无法继续做事糊口，最终沦为非人。从中可见，当时以三都作为中转站，已经出现全国性人口流动。值得注意的是，经过土佐藩江户宅邸的询问，很多非人都不太记得出生地，因此无法判断他们是否来自土佐藩，于是没有被领回土佐藩。

几乎同一时间，京都、大坂也开始疏散饥民。京都于一月二十九日开始调查町中饿死者和乞丐的数量。酒井忠胜在二月八日致本领地的书信中谈到京都所司代称“洛中饥民达两千人”的报告已经到达江户，其中有十八名若狭出身者，要求领地藩臣迅速将他们领回领地。彦根藩井伊直孝于二月二十三日致领地的书信中谈到他从京都宅邸的留守居中获得报告，了解到京都所司代再次收容了十七名乞丐，他称“此乃我等无所作为所致之难”，指出这反映出藩主自身在领地管理上的善恶程度。在全国性人口流动之中，每个藩地流入三都的人数成为衡量各大名领地内政策好坏的晴雨表。

处置的责任——小滨藩的对策

当然饥民不仅流入三都，酒井忠胜就为了不让领国若狭和其他领地的乞丐或化缘的高僧进入自己领地，在边境设置禁止通行的番所，自宽永十九年（1642）正月到三月，为了应对不断增加的饥民，还开始在小滨、敦贺、高滨等地施舍粥饭，其粥的制作方法如下：

> 取一斗六升稗磨成六升四合粉，取八升麦磨成四升八合粉，取黑海带、干菜、珍珠菜等一斗四升，取盐四升，兑入一石四斗水中合炊，分为五百份粥（一人一日两餐），供养二百五十人。

酒井忠胜还命令调配一二十具大釜。就算两千人一日两餐，让他们一百五十天都喝粥，换算成银两也不到三四十贯，属于“区区小事”。但如果出现饿死、被迫卖身或去其他领地乞食者，造成“世间流言蜚语”的话，藩主就会被问责。

该年年末，港町敦贺发生大型火灾，烧毁了五百至七百栋房屋。但准确的情报迟迟没有传来，本该派一名家老连夜赴当地指挥，结果整整五天没有任何行动，因此受到酒井忠胜的叱责。

此时，忠胜的对策已经十分体系化。对策的要点主要是“应对国中饥民”和“保证来年春天不歉收”，明确区分为维系领地民众生命和维持百姓经营两大层次，进而将对象分为三类。

第一类是拥有田地、家产者。如果该村落原本拥有田地的百姓遭受饥荒，即便之前没有缴纳年贡，地方政府也要借给他们米谷和稻种，必须让他们继续耕作。总之，让农民耕作是应对措施的根本。即便出借的米谷最后跟农户欠缴的年贡一样多，也不成问题。然而，借出过多的米谷，加上之前拖欠的年贡，便很容易成为“之后措施的障碍”，需要引起注意。

第二类是村中没有田地的百姓。诸如沿街叫卖的商贩和出租劳力的短工若遇到饥荒，则让该村的名主[1]和长百姓[2]借给每个人一合[3]的扶持米，对返还的规定也十分宽松，人们可通过奉公做事来偿还，只要体格健壮便可去修缮井堤、疏通河道、开垦盐田、清理护城河等，视情况还可给予两合米的扶持。拥有田地、家产者如果还有尚无法耕作的荒地，也可以借给没有田地的百姓，并向他们提供扶持米和必要的开支，使其开垦耕作荒地。这也就是通过公共事业进行救济。

第三类则是滞留在小滨、敦贺等“大型町市”的饥民。政

1 名主，掌管村务之人，庄屋的别称。
2 长百姓，村落中的上层百姓或有力农民。
3 合，十合为一升。

策规定给予他们粥饭。纵使这些粥耗费五十贯或百贯，也不算大金额。而且，炊煮配给粥饭属于“一次性的”，不会成为“之后措施的障碍”。

而假报饥荒、将百姓上缴的米粮占为已有的村落自然不会得到扶持米，谎报的主谋还将被判处死罪，如被直诉揭发的野代、生守、飞川、尾崎的庄屋便被处以囚禁，敦贺郡五名私占三千俵[1]米粮的名主中有一两人被绑在柱子上刺死，以儆效尤。村内还打起了推迟返还借米的官司，通过商议，造成小滨城下八幡社紧张不安的主谋——磨刀匠、金匠、造笔匠三人被禁足，此后被公示罪状并被钉在柱子上刺死。

为实行这些对策，忠胜还制作了以下预估清单：

给第一、二类饥民的米谷：一万五千俵

贷给第一类饥民的稻种：一万一千五百二十八俵（其中六千五百二十八俵是每年通常借出的分量，五千俵是增加的分量）

给小滨等地的第三类饥民的救济粥所需要向町中借的米粮：八千七百五十俵

合计三万五千二百七十八俵

1 一俵相当于六十千克。

根据忠胜自己的估算，宽永十九年（1642）的年贡为十八万一千余俵，但到十二月五日还有六万俵未纳取，而到第二年二月仍还有两万余俵未纳，该年真正收入大概为十六万俵。租借谷米、稻种等共花费三万五千余俵，占百分之二十二。实际上，用于家臣团开支的费用通常为七万五千余俵（约三万石），剩下存入大库的为八万五千俵，占藩的实际收入的百分之四十以上，即便加上小物成、运上银[1]等杂税收入，这个比例也相当大。忠胜认为耗费三十贯（以平时米价计算为一千二百石米粮）用来救济的粥饭是“区区小事”，但到二月份他也不得不下令计算预计的年贡在除去家臣团开支和日常性开支，国中借贷谷米、稻种、米粮等费用，以及十月要分配给家臣团的开支之后的余额，并准备好记账的字据。藤井让治指出，以此次饥荒为契机，小滨藩的财政预算制度由此建立。

> 此间，与领国年寄相谈，然无一通“奏效”之言。以土免（为了提高农民积极性，于春季决定年贡率，属定免法[2]的一种）之实施为例，吾令具体探讨其善恶且报告，

1 小物成，被检地的土地除年贡外的杂税总称。运上银，针对工商、渔猎和运输等行业的杂税。

2 定免法，根据过去五到二十年间的收成，事先确定年贡率的制度，与根据每年实际收成确立年贡率的“检见法”相对。土免，则是每年根据前一年的收成事先确定年贡率。

且核对自身之考量以决事，众人皆以无问题为由，未作任何讨论。需粥米之饥民愈增，实为烦恼，且勿论有甚多饥民，到底有如何之前景，预计耗多大之费用，而今已耗费多少程度，其数值皆无所知。小滨城多闻橹之修缮预定于三月始，但国中工匠须重建年末敦贺大火烧失之家宅，此番修缮是否当延期？救济饥民有各自方法，然众人却无任何提案……吾已有病在身，众人如此之举，无非置吾于重压之下，必令吾早因病而死也。

调查饥馑和火灾等情况并迅速应对的处理能力、在“不生即死”的极端环境中制定出具体政策的能力、为实现上述目标而制定预算的计算能力——忠胜的以上信件明显表现出了他对这一系列行政与实务能力的渴求。而这些能力也是所有被幕府命令返回领地做“抚民工作”的大名，以及领地内制定政策主体的老中集团，还有在现场施行这些政策的奉行所渴求的。

大名、老中和奉行为何如此渴求这些才能？这是因为“工作疏忽”违反了宽永十二年（1635）《武家诸法度》第十四条“不可致使国郡衰敝”的条例。而且在饥馑期间，幕府的巡查暂且不说，若是领地内有百姓饿死，或是饥民逃散出领地，流入三都，那领地管理不当也就暴露无遗。诸大名集中居住在首都江户时也会交换信息和相互比较，领地内若是出现恶绩或丑闻便会成为人们茶余饭后的谈资，这一点他们最清楚不过。而这一点，对于拥有四百万石领地的最大的大名——幕府而言，也同样重要和严峻。

酒井忠胜称此次是“一生一度之大饥馑”，事实上，宽永末年的饥馑也是17世纪日本最大的全国性饥荒。幕府与各藩在摸索应对之策的过程中，从以往以战争军事为中心的政治体制逐渐转型为以民政为本的政治架构。

第二节　将军的改革

开端

宽永十九年（1642）四月，家光在家康第二十七回神忌之际，自宽永十三年大规模翻新之后再度赴日光参拜。此时的供奉令中有“各地农民今年若穷困，当轻持行李上供”的记载，而参拜还是按计划举行。自二月份酒井忠胜为自己领地的百姓饿死而感到惊愕以来，各地开始出现相同的状况，上一年歉收的影响逐渐扩大，江户的米价开始上涨，原来洪水和饥馑等灾荒仅是某些大名的个别问题，此次也成了江户的问题。但参拜日光之际，幕府尚未将其视为国家层面的问题。到了四月二十日，从日光回到江户的家光开始着手直接指挥应对饥馑，幕府开始正式应对饥荒。

五月一日，幕府让毛利秀就以下的西国四十五名在府大名返回领地，让其在领地期间对天主教改宗，同时“各应其责，为抚民而计”。为了让他们在路途中不致人马劳累，幕府还令他们逐次返回。五月二日和九日，幕府又依次对大番头以下所有被授予地方知行地的旗本及谱代大名，下达了同样的命令。酒井忠胜时隔六年再度返回领国，就是其中的一环。

旗本、谱代大名是德川家直属的家臣团，基本上常驻江户，以在府为义务，这是为了在面对外样大名时德川家臣团能够实现军事力量的集中。宽永十二年（1635）的《武家诸法度》要求大名交替前往江户居住时，针对的仅为外样大名。但此次面对饥馑，谱代大名也开始需要参勤交代：关东八州内的谱代大名每半年交替，其余的则隔年交替。这虽然意味着为禁止葡萄牙人来航而进行海防，强化沿岸军事力量，但在国内对策上，比起针对外样大名的军事紧张，国政的重心已经转移到领国农民的支配之上。岛原之乱后幕府修改了对《武家诸法度》的解释，认识到农民问题关系着“国家大制”。

幕府令旗本、谱代、外样大名在内的所有领主返回领地，在当地应对饥馑，推行“抚民”体制，也可看作幕府采取对策的第一阶段。

饥馑对策团队的形成

根据《幕府日记》记载，宽永十九年（1642）五月八日、十三日，家光起驾黑书院，召集老中和山城淀城主永井尚政、山城胜龙寺城主永井直清，以及勘定头[1]松平正纲与秋元泰朝、江户町奉行朝仓在重与神尾元胜、目付[2]宫城和甫。幕府命令，畿内西国由永井两兄弟、京都所司代板仓重宗、大坂奉行久贝正俊和曾我古祐、上方郡代小堀政一和五味丰直七人，关东则由勘定头二人加上伊丹康胜、町奉行二人与前町奉行岛田利正等六人组成巡查小组，以宫城和甫为目付，在掌握各地饥馑状况的基础上，与年寄众和议出台救济对策。下页表是上方地区和关东的成员一览表，他们其后联署发布了饥馑对策法令，虽然个别对策上存在若干出入，但他们都是老中手下被组织起来负责制定政策的团队成员，与之前的老中和议及三奉行一道，是大为超出了评定所合议框架之外的体制。

对策团队中的关东众主要由勘定头和町奉行构成。初期的町奉行不仅管理江户市街，还拥有管理包含江户周边农村在内的广阔区域的权限。而勘定奉行不仅管理幕府财政，还有管辖幕府领地和代官的职权，但当时的管辖区域为关东、奥州、北国（包含甲信），尚未对全国的幕府领地形成统一管理。

---

1 勘定头，勘定奉行的别称，管理财政与民政。

2 目付，直属于若年寄，负责监督旗本。

宽永十九年（1642）幕阁与饥馑对策团队的构成

幕阁	
大老	土井利胜、酒井忠次
老中	松平信纲、阿部忠秋、阿部重次
关东方	
江户町奉行	朝仓在重、神尾元胜、岛田利正（前町奉行，9月15日死亡）
勘定头	松平正纲、秋元泰朝、伊丹康胜、曾根吉次
	伊奈忠治（8月16日起为关东郡代）
大目付	宫城和甫（至11月8日为目付），井上政重（9月15日接任）
上方	（八人众）
京都所司代	板仓重宗
山城淀城主	永井尚政
山城胜龙寺城主	永井直清
上方郡代	小堀政一、五味丰直
大坂町奉行	久贝正俊、曾我古祐
堺奉行	石河胜正

上方众之中，永井尚政、永井直清兄弟都曾是秀忠的近臣（尚政为年寄众），秀忠死后他们被排挤出政治中枢，为了压制上方地区，各自入驻山城的淀城（十万石）与胜龙寺城（两万石）。此次参拜，两人恰好被家光召集到江户，但一般而言他们不能同时离开上方，只能参勤交代。上方的行政中心是京都所司代板仓重宗，幕府授予他山城、摄津、近江，以及武藏、常陆共五万石领地，但从其领地配置就可以看出，重宗须大致间隔半年往返于京都和江户。在板仓重宗手下，有居于京都、伏见的上方郡代五味丰直与小堀政一、大坂町奉行久贝正俊与曾我古祐以及堺奉行石河胜正。上方郡代和大坂町奉行各两名，这样的设置也是为了在前往江户参勤时日程不会重叠。

此时，如前文所述，外样大名几乎被扫除出上方，这片区域已经可被称为“幕府领国”。上方郡代对上方的幕府领地推行全体性管辖，同时还负责皇居、公家领地，并具有跨越其他寺社领地、旗本和谱代大名领国等错综复杂的广阔领域而进行判决的权力。一直到宽文年间，他们在京都所司代的手下组成“八人众”，在适当的时候开展集议，在广域的民政机构中负责管理上方行政。其管辖范围以上方为中心，还通过与大坂大名家宅中的粮仓[1]等的经济关系与西国全域相联系，将上方和西国全域都纳入了管辖范围。在军事方面，为了压制西国，以京都所司代与大坂城代阿部正次为中心，再加上永井两兄弟的格局也由此形成。

如此看来，无论在行政还是军事方面，上方和西国都已经从江户分离出来，具有一定的独立性，而且相比之下，上方的独立性和比重更大。这一时期的上方众直接从属于老中，形成了交替赴江户报告、参与协商并接受指令的格局。为了应对此次全国性饥馑，如此将关东众、上方众统合在老中之下的体制是有必要的，从中也可一窥家光此次的决心。

如上文所述，上方、关东或是西国、东国这种二元性，是以伏见、骏府为据点的大御所家康和以江户为中心的将军秀忠所形成的二元政治的产物。进一步说，这也是镰仓幕府与六波罗探题、室町幕府与关东公方的二元对立，是自东国发

1 大名会在宅邸内设置一个仓库，用于贩卖年贡米或领地特产。

家的武家政权长期存在的课题。到了江户时代，幕府虽然在政治方面统合了全国，但是在经济方面，关东和上方之间还存在压倒性的生产力差距。最终消除上方与关东的割裂要到享保改革时期。

在这一体制之下，幕府首先于五月十四日让大名返回领地、旗本返回知行所之际，立起了以下布告牌，给出了各地效仿的范本。当时已经进入耕种时节，必须要保证秋收：

> 诸国所在之处，若有荒芜之田地，当精细耕作，不得令青苗损亡。妄申受难、以为年贡难交之族类，可以犯曲事（恶事）之故惩处之。
>
> 宽永十九年五月十四日

该布告牌于六月二日直接传达给诸大名，并立于各自领地之内。幕府在大名领地内直接针对民众颁布法令，也是禁止天主教之外的首次。

只是该布告牌是在旗本、诸大名返回领地时顺势交到各领主手中的，并不是在家光要求掌握实情的政策基础上做出的决策。五月二十一日，上方郡代小堀政一紧急参府，由此可见幕府的改革措施正式开始。二十三日，美浓、远江、伊势、骏河、上总、下总、伊豆、武藏、信浓等关东、东海的代官被召集，向老中禀报民间穷困的状况与去年、今年的收成情况。

二十六日，由于两名丰后目付也都回来了，他们便与小堀政一协作，试图掌握全国幕领的状况。二十四日、二十六日，以幕领、旗本领为对象的新法令发布，成为以后对策法令的起点。

因紫衣事件（参见第一章第三节）获罪后被赦免的泽庵宗彭，也被家光召入幕阁体制之中。根据六月三十日的信件所载，小堀政一及永井尚政“每日出入评定所”，但也在工作告一段落之后有了闲暇。岛田利正则“因此事气尽”，由于过于劳累而病倒（九月十五日病逝）。小堀政一自身也在六月十一日致领地的书信中称“我等每日俯仰于公事”，“每日出入评定所”。根据《幕府日记》，除了通常每月三次的“式日寄合[1]”之外，“大寄合”也于评定所召开，而且次数达到了五月六次、六月十次、七月七次的程度。除此之外，还有关于每日实务的各类会议。

此时评定所等机构审议的内容到底是什么呢？第一，当然是家光所询问的应对饥馑的对策。到六月二十九日，新的全国令出台，这将在后文中详述（第三节）。另一项要审议的，则是浅草粮仓奉行的枉法事件，这一事件以米价问题为发端，并在事态明朗之后震撼了幕府。

1 寄合，指聚集、开会，式日寄合则指每月二日、十二日和二十日召集的众家臣商议评定会议。

浅草粮仓奉行枉法事件

在小堀政一回到江户的第二天即五月二十二日，“式日寄合”被中止，但到晚上又再次开始，席间传唤了负责管理城米[1]及负责管理浅草粮仓的七人。同日还任命了六名临时的粮仓奉行，从履历来看，他们与被逮捕的粮仓奉行一样，都是大番出身且被授予二百石知行地的旗本。被逮捕的粮仓奉行还具有武士身份，因此没有像町人那样被囚禁在扬屋（拘留所）中，而是被关押在诸大名的屋宅内。其后，诉讼者（内部告发者）接续告发，五月二十七日代官南条惣右卫门、六月十三日勘定方官员糸原甚兵卫、六月二十二日伊豆三岛代官小林定重、手形里书役人[2]高野喜三郎、勘定方鹤冈与右卫门和日野弥兵卫、六月二十五日浅草粮仓奉行伊丹胜信等人逐次被捕，除此之外，幕府还逮捕了其子弟。因为伊丹胜信是勘定头伊丹康胜的侄儿，此次搜查一直牵连至管辖粮仓奉行的勘定方官员，眼看就要将星火引至幕府中枢。

统揽搜查工作的是勘定头曾根吉次和伊奈忠治，五月二十日，幕府首先向城米和浅草粮仓的漕运所、粮仓口、账付所以及粮仓内部派遣了十名御徒目付[3]；六月八日，又对两人管辖下

1 城米，原指幕府直辖地的年贡米，后也指幕府或谱代诸藩的藏米。
2 手形里书役人，负责在票据上背书的差役。
3 御徒目付，从属于目付，负责警卫和侦察。

浅草粮仓奉行枉法事件的处分者

日期	成员	处置方式
7月8日	城米奉行3人、浅草粮仓奉行4人、手形里书役人1人	处斩
	城米方手代[1]6人，浅草粮仓方手代3人	处斩
	代官南条惣右卫门，勘定方3人	切腹
	与其相关的成人男子10人	切腹
	幼少男子17人	处斩
	浅草粮仓奉行手代3人	处斩
7月9日	城米奉行之子1人	切腹
	与之相关的成人男子1人、幼少男子10人	处斩、死罪
	其妻儿2人	结果不明
7月14日	江户町人3人	没收、流配佐渡
	伊豆三岛的町人1人、小扬者4人	没收、流放
	浅草粮仓奉行手代2人（被视为轻罪）	没收、流放
8月21日	浅草粮仓奉行1人	切腹
	其子1人	处斩

的城米、浅草粮仓进行改革，为了增加人员数而任命了二十名奉行（八月五日又增加了六人）。用而今的眼光来看，就是幕府任命了特别检察官。

经过一个多月的搜查，到七月八日与九日，首先是具有武士身份的粮仓奉行和勘定方的官员被确定处分，十四日则是町人。

新逮捕的四名町人被处以流放，与之相对，身为谱代旗本的城米奉行、浅草粮仓奉行以下所有具有武士身份的涉罪者，除两人外全部被处死，仅有两三岁、“尚无法离开母亲”

1 手代，代官和奉行从百姓中选用、用于处理杂务的小吏。

的孩童等四十人也遭连坐，处刑十分严酷，实际被处死的多达六十五人，整个事件成了大疑案。两名手代“虽犯私弊，但问询时毫无隐瞒，且罪行尚轻”而被免于死罪。六月三十日，泽庵于搜查即将结束之际得到了处刑的情报，并有以下回应：

> 此次事件乃粮仓奉行枉法之故，时值米价高涨之际，万民为难。故令外人究明其因果，败露其私曲之态。将粮仓奉行八人与堂堂诸侍囚于牢舍，定罪之后当于栈上处置。盖此次侍之事，令天道丧尽，令人殊外愤怒。

对上述涉事人等的处刑在浅草附近进行，虽然未施行“栈上”之刑（钉在柱子上被刺死），但场面也十分凄惨，“连幼小孩童都不留而处死”。家光之所以“殊外愤怒”，是由于作为将军直属军的“堂堂诸侍”因“枉法”引起“万民为难”，于是对此进行了严酷的处罚。

“枉法”具体是指什么？在论述此内容之前，必须先交代浅草粮仓的情况。

浅草粮仓建于元和六年（1620）。当时拆毁了鸟越丘陵，将碎石填埋入隅田川右岸，并建起石垣及防止堤坝坍塌，为了让船进入，还挖掘了八道沟渠并设置水闸。

根据《庆长江户图》，在建造浅草粮仓之前，江户城郭内有连通道三堀[1]的和田粮仓。以大久保长安、伊奈忠次等代官头和彦坂元正等诸代官之名兴建的米仓，当时也有数个。代官头伊奈忠次和大久保长安手下有许多做杂役的手代，管辖着高达百万石的幕府领地，同时还负责存放年贡的幕府粮仓。尤其是大久保长安作为家康手下的出头人，被授予了广泛的权限，佐渡、但马、石见、甲斐、伊豆等地的矿山和木曾的山林都由其管理，他还是负责城郭和宫中营造修建事务的作事奉行，即从幕领、矿山管理，到收取年贡、运输费及诸公共事务支出，大久保掌握着幕府财政几乎所有流程。这是早期由出头人担任经济吏僚的制度所具有的特征，从另一方面来看，在拥有如此宽泛的权力的情况下，出现枉法和贪污也是必然的。

秀忠成为将军，家康移居骏府之后，幕府的财政被分成江户和骏府两部分。为了监察拥有如此广泛权限的代官头敛财和侵吞的问题，骏府和江户分别任命松平正纲和伊丹康胜为勘定头。代官彦坂元正于庆长十一年（1606）由于农民直接向家康直诉而遭改易（参见序章），大久保长安也于庆长十八年过世之后被检举出枉法，幕府对其七个儿子处以极刑，他手下的手代也各自自立成为代官，为勘定头所支配。

元和六年在浅草设立粮仓，也就成了肃清代官头侵吞和偏私行为、限制其权限、整顿粮仓，并且让幕府粮仓奉行管理的

1 道三堀，天正十八年（1590）家康命令修建的运河，连接和田粮仓与江户港口，负责运送物资。

直辖粮仓吸收代官头职权的契机。正保二年（1645），幕府又建设了矢野粮仓等，通过自宽永末年至宽文时期的调整，“代官头管理粮仓体制”转变为“幕府直辖粮仓体制”。

也就是说，为了管控代官头枉法，就在幕府打算将原来的制度转变为勘定头直辖的粮仓奉行管理体制时，负责粮仓管理的粮仓奉行和监督其行为的勘定方官员却被人告发“偏私”，这便是此次浅草粮仓奉行枉法事件。因此被处分的粮仓奉行、城米奉行八人当时都是在职人员，他们连同十四名手代，以及四名负责搬运米袋、再装新米的小扬头，占了宽文五年（1665）相关岗位人数（粮仓奉行六人、手代二十四人、御藏番十人、小扬头十人、杖突二十人、小扬二百八十人）的一半多，所以此次处分无论怎么看都是一次严厉的大规模处置。

到元禄年间，浅草粮仓发展到三万六千六百四十八坪[1]，拥有五十一栋大库，可收纳约三十万石米粮。矢野粮仓占地两万七千六百九十二坪，共建了二十五栋。到享保末年，浅草粮仓又在对岸新建了藏书处，二者之后合一。虽然现在不清楚事件发生当时浅草粮仓的规模，但根据庆安四年至承应二年（1651—1653）的收支记录（《竹桥余笔》），其支出水平表明至少可以容纳二十三四万石。其中的七成是关东或甲信和东海幕府领地的年贡米粮，二成是从大坂、西国地

1 坪，面积单位，一坪相当于三点三平方米。

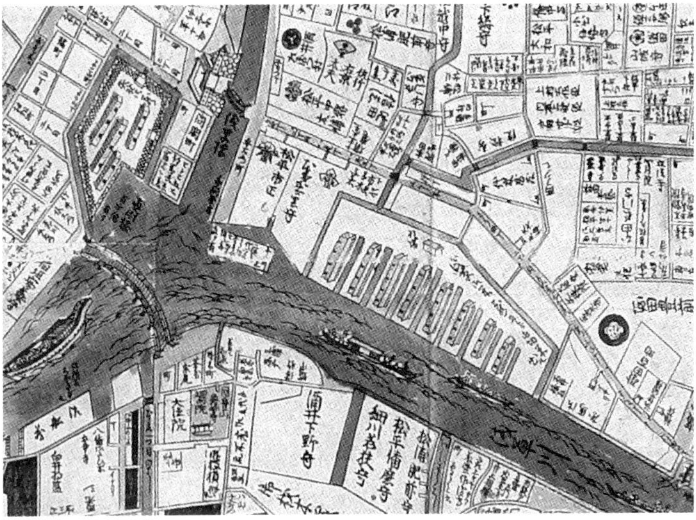

元禄的江户图中所画的浅草藏 中央是与浅草川相对的浅草藏。左上是矢野藏（右为北）。图片来自元禄二年（1689）相模屋太兵卫刊行的《江户图鉴纲目》（岩田康子藏，平凡社提供图片）

区移送到江户的部分。幕府领地当时有二百九十二万石，年贡收入为一百一十九万石，在上方和关东这两部分中，关东占到一百二十二万石，年贡收入为四十二万石（明历三年[1657]），关东方面的年贡有一半多都集中在浅草粮仓。

除此之外，武藏神奈川、相模藤泽、伊豆三岛、骏河骏府与蒲原、尾张热田、甲斐甲府、信浓伊奈等幕府领地的多数地区也有直辖粮仓。同一时期的上方，也有几乎与浅草粮仓同样规模的大坂粮仓，以之为中心，在京都二条与伏见、摄津高槻、近江大津与水口和永原等地还有直辖粮仓，如此一来，幕府收纳了全国幕领所产的米粮。其后，这些粮食逐渐集中于江户，到近世后期，全国百分之七十五的幕领年贡米粮都向江户集中。但这一时期，大坂粮仓所存比重也很高，所以上方地区在行政上能够具有一定的独立性。

根据庆安四年（1651）至承应二年（1653）浅草粮仓的收支来看，其支出项目（渡勘定）分为供于切米、扶持、大番的米粮，以及直接给作事和厨房的经费。切米是分发给幕府家臣团的禄米，以春夏季三分之一，冬季三分之二的比例分发（之后春夏各分发四分之一，冬季分发二分之一）。扶持米是月俸，每月以现成的米粮支出，它和切米加起来占全体支出的三分之二。也就是说，浅草粮仓的最主要功能是给幕府家臣团配发俸禄。此时，旗本、御家人总数约两万人，庆安三年切米、扶持米的总支出达三十一万余石，浅草粮仓占了六成以上。

然而，自宽永十年（1633）起，幕府命令幕府直辖粮仓与全国约六十位谱代大名储备军事用粮。储备总量在延宝四年（1676）高达二十四万石，大坂粮仓也被指定储藏了七万石。浅草粮仓虽然没有被指定储备军事用粮，但在该事件之后，浅草粮仓奉行和城米粮仓奉行都出自大番，支出中的两成也用于“大番渡”（大概是用作兵粮的城米），此时的浅草粮仓作为幕府直辖粮仓的军事性质进一步呈现了出来。

贪污的手法

根据评定所负责审理该事件的小堀政一于宽永十九年（1642）六月十八日的信件，粮仓奉行伙同町人，让町人买走本要分发给御家人切米和扶持米与分发给御用职人渡米的手形（票据），并将从幕领农村缴纳的米粮交给该町人，然后通过将手形改写成“御藏不诘米”（仓中无藏米）并上交，使得米价高涨。

御家人和御用职人支取夏冬的切米和每月的扶持米时，首先会从各自的管辖处得到写明支取数量的手形，他们需要持该手形前往切米手形改役（负责盖章的差役）处，在那里确认手形（盖上检验章），再前往浅草粮仓换成现成的米粮。其中，为了确保生活费，御家人和御用职人不得不把口粮以外的米粮换成现金，而为了节省其中的手续，町人便直接用现金购买他们手中的手形，再一并去浅草粮仓换成米粮（之后专门承包这一事务的商人“札差”，大概就是由此发展而来）。但事实上，这时本来应当转移到町人手中的藏米，由于年贡米尚未纳入粮仓之中，这部分便以写有“御藏不诘米”的手形的形式先交给了町人。当时也有史料称，代官众、粮仓差役和町人商议，“买下手形，从粮仓中获得米粮”（《城贰日记》），如此一来，町人仅仅通过“手形”交易，便将浅草粮仓中的米粮收入囊中，现成的米粮也不再在市场上流通。

而且根据政一的书信，当时还曾从百姓那里了解情况，得知百姓前来浅草粮仓缴纳年贡米时，差役并不马上收取，而是任由米粮在粮仓前堆置，百姓滞留江户的费用由此增加，因日晒雨淋导致的劣质米也增多，于是被迫寻求町人帮助，希望尽早让差役出示确认收取年贡的手形，结果百姓需要为此支付町人礼金，米粮也被转移到了町人手中。另外，负责搬运和装卸的小扬也趁机多收费。在将年贡米纳入粮仓中，抽取部分米粮检查品质时，差役还声称劣质米过多而抽取超出要求的米粮。

《德川实纪》中有记录称，代官南条惣右卫门“与富商合谋独占米谷，令众人艰难困苦”，但无更多详细信息。伊豆三岛的代官小林重定负责的领地上也有幕府直辖粮仓，从伊豆三岛的町人受罚一事可看出他大概也有相同的枉法行为。当时的代官和郡代一边观察行情一边买卖年贡米，还经常将米粮换成现金之后收入勘定所。宽永二十一年（1644）颁布“若无命令，不得买卖年贡米”的幕领令，并要求勘定所负责贯彻这一命令，大概与代官买卖米粮的问题相关。

前述的泽庵书信便曾说，由于京都、江户、堺等地米价高涨，诸国米价也随之上涨，“定要彻查京都商人一事”，预测到搜查会波及浅草粮仓之外的地区。上方郡代小堀政一在当时负责管理伏见粮仓和近江水口粮仓，他在致领地家老的书信中传达了此事，同时命令彻查上方粮仓，不得让町人介入，粮仓前不得堆积米粮，小扬的收费不得提高，评估年贡米质量时不得抽取过多米粮，抽取的米粮须返还给百姓。

五月二十六日颁布的幕领令中早有规定，在江户城缴纳米粮之际，诸多费用都不需要百姓承担。其后的法令也规定，在收粮过程中，手代与百姓都必须在场，诸费用须全部记录在案，并与粮仓的账本进行比照等，给出了具体的解决方法。到十一月二十六日，“道中大坂迄御藏米改”和“上方筋御城米改”机构在勘定方和目付的管理之下开展全国性的监察。

勘定奉行所的成立

八月十六日，幕府处分结束后，勘定头的组成发生了较大变化。宽永十二年（1635），分担掌控幕府领地的“御勘定方”五人之中，两人离职，代官头谱系出身的伊奈忠治也被除名，职权被限定为只负责监督关东幕领的代官、水利工程等幕领农村生产条件的完善，即“关东郡代”。而当时负责搜查的曾根吉次和伊丹康胜两人，则与身为留守居的酒井忠告和杉浦正友两人一道，四人组成新的“御代官方，以及诸色勘定”，即管理幕领和幕府财政的勘定头（之后的勘定奉行所）。留守居原本还是“金银纳方”，即管理幕府财产的职务，如今加上“诸色入用之仪吟味”，也成了“会计监察”。有人评价，此时的勘定头制是农政部门与财政会计部门的合一（大野瑞男），但若仔细考察事态，这一变动的重大意义在于两点，一是将农政的

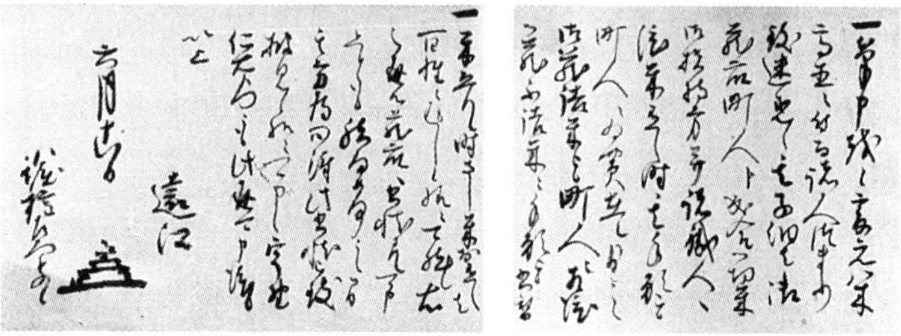

小堀政一的书信 图为信件的开头与结尾，该信是在向领国的家老和小堀权左卫门传达浅草粮仓奉行事件。小堀政一即著名茶人小堀远州（佐治重贤藏）

实务分离成幕府管辖下的单独部门，二是将勘定方纯化为管理收支与财产的综合会计部门，并且在其中加入监察部门。

八月十八日，新选任的浅草粮仓奉行六人与城米粮仓奉行六人，是从各自的大番中选出两人，再从小十人组中选出四人组成。两名切米手形改役也是从大番和勘定众中各选一人，此外还增加了一名台所方贿役（伙食负责人），正保三年（1646）和承应元年（1652）又制定了“粮仓万作法”的职务准则。自承应元年起，结合旗本的实际情况，设置了官方认定的交易市场，人们由此可根据幕府规定的米价，用切米、扶持米的一部分换取金银。

其后，幕府于宽永二十年（1643）、宽永二十一年和庆安五年（1652）相继出台成体系的规范代官职务的法令。该条令规定，年贡须在翌年三月缴清，负责的代官所从三月五日开始结算；如出现滞纳情况，就再度盘查粮仓，没有勘定所的许可不得买卖米粮；还规定代官机构内部不得私自向村落出借或买卖米粮和金银，不得为自己准备自耕田；征收的附加税米粮作为代官机构的费用，以每一俵年贡米中抽收三升为定额（关东方面是每一俵米抽一升，每一百文铜钱取三文）；官员在向百姓征收粮食时，必须出示明确记录办事内容的手形。总之，“代官众须处好政务”，常常巡视村落，视用水状况下令修缮水利工程，于荒野处栽植苗木，裁定村落的争议，并向难以维系生计的百姓出借必要的口粮，令其精耕细作并实现糊口营生，还必须对百姓“细致教导其操守品行”。正保四年（1647）与庆安三年（1650），美浓郡代冈田善政分别出台了二十七条、二十九条详细法度，是教导百姓“操守品行”的范本。

想必大家都知道与这些条令相关的《庆安御触书》，虽然人们在其中发现了元禄时以“百姓品行之觉”为题的写本，但它不能作为了解当时的史料：是否在庆安二年颁布，是否由幕府发布，是不是法度等等尚存在许多疑问（根据丸山雍正、山本英二的研究）。但可以肯定的是，此时幕府要求代官关心并改善自己农村的生产条件，教导百姓，总之要求代官具备处理“民政”的能力。

包括上方在内的代官最终统合于勘定奉行之下，直至享保改革期，代官都被置于全国性的一元掌控之下。由代官、粮仓奉行等封建吏僚组成的官僚机构勘定奉行所，也无疑对解决宽永饥馑具有划时代意义。

对将军的批判——落书、大黑舞、假名草子

纪州藩家老三浦家的编年史《家乘》记载了当时还存在以下批评幕府的“落书”（匿名讽刺文）。字面上写有“京田舍之辈”，说明这大概出自京都人之手。

> 本受褒美之辈众，却行蹩脚之政务。处处所藏之米粮，一寸一毫皆囤积，巧利钱财用伎俩……下业之众使拙计，堂堂官差用鬼谋，思寻枉法之途径，倒腾大库之米粮，巧立高价以卖出，致使世间泪满眶，如同纷乱和战世，无情令粮价更高，忧苦辛劳今之世，丧命致死已成患……唯盼大库米价安，处处库藏之米粮，积如山高当廉售……为争天下之公仪，米粮当以廉价售，纵令逢此之际人，听闻传达皆喜悦，视为梦亦尊为幻。名誉至大之将军，作为震惊世间人，知与不知皆相教，一心为民江户殿，慈悲为世受仰戴，迄至百年亦不变……

落款写的日期是宽永十九年五月十一日，正处于浅草粮仓奉行众事件爆发之前。其后，又接连出现“所憎为米粮之中间买卖人”等歌谣，责难米商。当时，民众将米价高涨视为“蹩脚之政务”，并告发“堂堂官差用鬼谋”将库存米“巧立高价以卖出”，指出保证米价低廉应为“天下之公仪”，希望“将军

大人”“江户殿下”能为他们解决问题。但是，江户已无藏米，让京都放出救济粮的命令又被撤回。

由此幕府转而命令大坂放出藏米。长崎荷兰商馆馆长扬·范·埃斯拉克在六月十九日的日记中，记下了自己从翻译那儿听来的传闻。

> 在大坂……有很多饿死者……许多贫民纷纷涌入奉行的宅邸，叹请奉行下令让他们得以维系生存，奉行安慰他们，并派出急行使节呈报幕府。另一方面，大坂城内打开米谷和食物的仓库，以低廉的价格分配给贫民，镇住了骚动。

根据“大坂御城米纳并渡方御勘定目录”（《竹桥余笔》），该年“为救济大坂饥民，扶持方一日给予一人一升之粮”，在上方八人众的裁断之下，支取了三百五十五石余米粮，共计三万五千余人份，但是以土木工程所需的扶持米为名支取的。该传闻并没有标注具体日期，但从“以低廉的价格分配给贫民”来看，应该是在六月初。原本用于军事的大坂城藏米，在应对饥馑之用时被放出，这一点十分重要。而京都也有“以修缮河滩为名”的米粮放出，以此救济洛中饥民。

大批饥民涌入大坂町奉行所一事，尚无法确认是否属实，但结合京都的落书指名将军与“堂堂官差”这点来看，江户的将军权力将在何种“舆论”之中处理这一事件，已经不言自明。

落款日期为宽永二十年（1643）二月的假名草子《福斋物语》指出，之前的饥馑都是因天灾、恶劣收成导致的“无可奈何之憎怨”，但此次“领国皆有米粮，而招致饥馑，是何故哉”，“饥馑于知行地滋生，米则尽藏于库养于虫，直至成为朽土，侍不知积蓄，闻风以廉利借银，贮置米粮霸占买卖……故天下太平致使侍有欲心，令至此境地”。《福斋物语》将中世的饥馑归结为天灾，将近世的饥馑归结于人灾，展现出鲜明的对比。而对“侍之欲心”的批判，则是在大坂之阵过后二十五年的这一时间节点上，质疑身处“天下太平”时代的武士在以何种身份与民众对立。

学者林基指出，该事件数年之后，民间开始流行“大黑舞”。所谓大黑舞，是指人们在正月为了贺岁，扮成大黑天和阿福、惠比寿等财神的姿态挨家拜访，高唱祝词的民间艺能以及表演该艺能的人。当时人们改写原本的歌词，以大饥馑为背景重新填词，如下页表所示。

这一歌词点明了家光起用的堀田加贺守正盛和松平伊豆守信纲的名字，指出他们垄断米俵，不像武士而似商人般从事买卖，并接连列举饥馑、米价高涨和限制造酒令等事件，借此批判当时的幕府政治。

二十余年过后的宽文五年（1665），在尾张藩士津田房胜

以大饥馑为背景的歌词	原歌词
加贺守备先就位	各路福神先就位
各路大名再就位	大黑神仙再就位
各路大名何所能	大黑神仙有何能
一是能垄断米俵	一是能将米俵填
二是不似侍而商	二是能仿众人笑
三是不让造美酒	三是能酿造美酒
四是能蛊惑世人	四是能唤醒世人
五是伊豆越职权	五是能保寻常样
六是能做荒唐政	六是能祛病熄灾
七是能招惹是非	七是能致于无事
八是能烧宅毁厦	八是能宽宅广厦
九是能让米价涨	九是能令库粮满
十是能致所有难	十是能镇所有害
诸位请观大名舞	诸位请观大黑舞

晚年整理自己的见闻记录而撰成的年代记《正事记》中，基本正确记录了“粮仓奉行众数十人”招致处罚的事件经过。宽文六年在京都出版的假名草子《浮世物语》作者浅井了意，在“米价高涨之事”一篇中将“官仓”改成大名的粮仓，并让在米店做事的主人公浮世坊对此事批评道：“百姓因旱涝、蝗虫而稻作受损，收成无增亦无丰收招致问责，令计算年贡，为抬高米价必须卖出仓中所纳之粮……逐渐霸市占价，锁住众人咽喉”，“君大享其荣，而百姓衰弱憔悴，此尢法治国也”，“诚然每年五谷丰收，然饿殍饥死者却不少”。当人们开始认为饥馑不是天灾而是人祸之时，考察国政的视角便由此产生。《福斋物语》的作者借登场人物大黑之言，道出“天下已致太平……实为可喜之代，然历经如此之事，致使编年史等书皆以怨结

尾”，浅草粮仓事件也作为将军直属家臣所犯之过，长久地留驻于民众的记忆和物语类书籍中。

第三节 | 民政的“转换”

诸国人民皆疲敝——军役的冻结

自宽永十九年（1642）五月十四日幕府立下布告牌发布命令之后，又出台了多项法令，其中就有针对幕府直辖领和旗本领这些广义的幕府领地的幕领令，以及针对所有大名领地的全国性法令。

前文（本章第一节）所述的五月十四日布告便是一项全国法令，它不分幕领、旗本领或大名领，而是针对所有领地，是一项划时代的法令；其后在六月二十九日和闰九月十四日，幕府又将所有在府的诸大名召集至评定所，上方、九州地区以上方八人众联名，关东、奥州、北国以关东七人众联名的方式，向各大名分发法令。法令称“此令须严格嘱咐家中诸人及领内寺社之辈、町人、百姓等遵行”，这虽然并非幕府直接发布的法令，但已是针对全部国土和所有阶层。仙台伊达藩称该令

“自江户出台，为天下政务所仰尊”，传达至领内，即认同将军所施行的政务乃“天下之政务”。

从内容来看，全国令是针对饥馑的基本方针，幕领令则更注重具体对策。除此之外，幕领令还针对饱受饥馑困扰的农村从根本上制定应对之策，并针对农村现状和处理农村问题的代官现状，给出了改革的命令，这是幕领令的一个重大特征。幕府自庆安五年（1652）发布幕领令，历经十年共发布近二十条法令，幕府对农村的基本政策通过这些法令得以确立。

这些幕领令并没有触及大名，但宽永十二年（1635）的《武家诸法度》规定“万事如江户之法度，国国处处须遵行”，在府的大名都想办法尽早得知法令的内容，进而传达到自己的领国内。留存于伊达家文书的宽永十九年七月二十五日令，是幕府令最早的集大成者，其改订案是八月二十六日令，由上方郡代小堀政一向小滨藩发布，并指出“此令触及幕府御领地，为保证遵守规章制度而抄写传达”。

当时的饥馑对策主要分为三大方面施行：保证百姓耕作以确保食品生产，抑制食品消费，以及救济饥民。

针对第一个方面，幕府规定“诸国人民疲敝期间，当少用舍百姓”，“不得滥意遣使百姓”，向诸大名和旗本发出不得随意使役百姓的法令。百姓则如前文布告所述，被要求精心耕作，若是未受饥馑所害的地区出现难以缴纳年贡的情况，则将受罚。

幕府令规定，除了具体的“规定性役务”之外，不使役百姓，在万不得已的情况下，也应通过发布代官手形，将恣意使役百姓的行为置于制度的框架之内。宽永二十年（1643）三月又规定：

> 若地头、代官行恶政，百姓不堪忍受，则完纳年贡，可居于近乡，若无未纳之年贡，地头、代官不可监禁。

该法令以缴纳完年贡为条件，允许百姓告发行非分之政的代官和领主并逃离领地，同时又派遣目付，处罚施行恶政的代官。家康时期允许直诉和逃散的乡村法令在饥馑之际得到再度确认。

针对限制使役百姓这一点，自庆长、元和时期以来，各大名也针对自己的家臣出台数条相关法令。但在现实中并未推行，如果说百姓疲敝是因为无力应对自然变化而招致饥馑，那就像当初命令百姓耕作的布告不起作用一样，倡导限制使役百姓也无法解决问题。使役百姓的最大要因是军役，包括普请役，若不加以抑制就不会有任何效果。

幕府的军役包括普请役和参勤交代等，其中最基本的是军事动员，分为战时动员和平时动员两类。大坂之阵后，战时动员从宽永十四至十五年（1637—1638）动员十二万余人攘除岛原之乱后逐渐消失，但改易大名之际为没收其城池而进行的军事动员，也具有战时动员的性质。下页表以五年为一个周期，统计了幕府军役和普请役的情况。第一阶段（1616—1640）在史料上有不少模糊之处，表内数值远远低于实际情况。且如第一章所述，这一时期多是对安艺的福岛、肥后的加藤等大名进行改易，每次需要动员的大名都相当多，这也是该阶段的一大特征。在第二阶段（1641—1670），动员的大名数减少了一半，第三阶段之后（1671后）进入德川纲吉执政时期，除天和元年（1681）的越后骚动和元禄十四年（1701）改易浅野在短期内增加了动员人数之外，其他几乎都是小规模的动员。

平时动员方面，则包括跟随将军上洛和参拜日光神社，以及在大坂城等城池执勤等，但在大坂之阵后，宽永十一年（1634）家光动员三十余万人的上洛是直到幕末家茂上洛之前的最后一次。参拜日光神社一事虽然在宽文三年（1663）还在进行，但到享保十三年（1728）六十五年间没有实行过一次，之后也只是在安永五年（1776）和天保十四年（1843）断断续续地有所动员。

普请役的动员方面，第一阶段存在许多大规模的修缮工程，每修缮一次，动员大名的人数便相当多。自庆长年间以来，民众连续被课役的情况很多，这也给各藩的财政带来非常沉重的负担。进入到第二阶段，除明历三年（1657）江户大火之后的修缮工程之外，每次修缮的动员数为两到三名，第三阶

17 世纪的幕府军役、普请役一览表

年代	上洛	日光	没收改易城 次数 / 大名数 （主要遭改易的大名）	普请役 次数 / 大名数
1616—	2	1	3/22（松平忠辉、福岛正则）	3/93
1621—	1	3	2/11（最上义俊、本多正纯）	6/115
1626—	1	1	2/4	8/143
1631—	1	1	5/35（加藤忠广、德川忠长）	3/14
1636—		2	4/11	8/139
1641—		1	3/8（加藤明成）	5/14
1646—		2	3/6	15/35
1651—			2/2	9/23
1656—			4/6	7/35
1661—		1	1/1	6/23
1666—			3/7（京极高国）	2/3
1671—				
1676—				
1681—			4/18（松平光长）	3/8
1686—			1/1	4/4
1691—			4/5	1/1
1696—			2/9	

（参照藤井让治的《幕藩制下的领主经济》和浪江健雄的《论大名改易制度的实态》制成）

段几乎就成了每次只动员一名的小规模修缮工程。

如此一来，幕府包括修缮动员在内的军役动员，从第一阶段进入到第二阶段之后便急速减少。各藩也是如此。松仓为营造岛原城实行过于严苛的普请役，引发岛原之乱；明历大火之后江户城天守阁没有重建。综合这两点考量便能发现，整体而言，为规制限定旧丰臣派外样大名，基于此种紧张关系而确立的战时体制，已经以岛原之乱和宽永饥馑为契机发生巨大转变，转换成了“民政”体制。这也可以明显看出，抑制对百姓的使役、为保证耕作而冻结军事力量已经初见成效。

百姓不得多食米粮

增产粮食是饥馑对策的第一大方面，其中还有一项规制作物的条目：禁止在自己的田地中栽培烟草。在庆长十七年（1612）和元和二年（1616），幕府就曾颁布禁止吸食烟草的法令，同时禁止买卖和种植。当时的禁令主要是出于治安考虑，而此时则作为饥馑应对之策再次颁布。针对上方的幕府法令还进一步禁止在田地里种植棉花以及平时作为二茬耕种的油菜。棉花和油菜、烟草，与大众衣料、灯油、副食品一样，随着人们生活水准的变化而急速普及，能够产生高额利润，不仅在旱地，人们还为了扩大这类作物的生产而破坏载入检地账中的水田进行种植。在这个意义上而言，无论是饥馑发生之际，还是实际耕作过程中，对其进行规制都十分困难，而在饥馑告一段落之后，在实际操作上是允许种植烟草之外的其他作物的。

饥馑对策的第二大方面是颁布抑制消费五谷的条款，即百姓不得妄自肆意吃粮，町人百姓都必须节约粮食。因为百姓“为眼下之事无暇考虑后果，胡乱吃粮，所耗费者多矣”。此外，幕府还进一步禁止买卖乌冬面、包子、冷面、挂面、荞麦面、南蛮点心、豆腐等杂谷加工食品。但饥馑告一段落之后，到宽永二十一年（1644）又快速解禁。

抑制米谷消费的最后一招，就是限制酿酒。针对大名领地的全国令同以前的制度一样仅注重“减少”造酒，而幕领令针对江户、京都、大坂、堺、奈良以及其他酿酒地（摄津的池田和伊丹等）和往返于诸领地的途经之地和城下町等人多之处，设定了以下具体的标准：酿酒量减至去年的一半，一律禁止新的造酒厂出现，除此之外，禁止所有商用造酒，之后也继续保持，到德川纲吉执政时期以“造酒运上令”的方式得以承袭。

与乌冬面、挂面和酒等加工食品的规制法令一起，幕府还出台了详细规定衣食住等生活各方面的节约令。它们通过当时的教科书等读物成为路人皆知的条目。

在衣物方面，庄屋仅能穿着绢、布、棉花制成的衣服，胁百姓[1]仅能穿着布和棉花做成的衣服，庄屋和胁百姓不得将衣服染成紫色和红梅色，除此之外，还不得穿着染有“不合体统”色彩的衣服，连袖子的长度也严格规定。布和麻布是自古以来农民所用的布料。室町时代从朝鲜传入的棉花，一开始运用于兵服、帆布和火绳等军事用途，到16、17世纪急速普及，大量生产也成为可能，逐渐成为庶民的衣料。正如柳田国男在《木棉以前》中所写，棉花具有保温、吸湿的优点，十分结实

1 胁百姓，比名主和长百姓低一级的农民。

且手感很好，可以制成全棉衣物，并染成各类颜色，使得近世民众对衣物的皮肤触感和色彩感觉发生了巨大变化。这些法令虽然禁止将衣物染成紫色和红梅色，但允许蓝染和草木染，这促使着装逐渐多样化。此外，作为衣料的绢由使用纺车编织的绢丝制成，廉价但十分结实。

町人被允许穿着纱绫、缩缅、平龟屋、绢羽二重等绢织品，手代穿着绢绸，下人穿着麻布与棉花。龟屋缟是织出菱形龟甲状的斜纹织物白羽二重，平龟屋则是它的“普及版”。町人手代的地位，相当于村落的庄屋地主，因此，町人的衣着标准比普通百姓要高。

除此之外，建房也须符合自身身份，祭祀佛典不得铺张奢侈，嫁娶不得使用车轿，禁止在鞍上挂毛皮。对于町人而言，请客招待最多三菜两汤，不得用隆重的盘子装料理，婚礼用的道具和点心也须从简，总之就是追加了许多要求民众注意身份的内容。

从这一系列规定来看，不难得知当时的百姓和町人已具有一定的消费水平。除了饥荒之际，百姓平日不食米饭而食五谷，不是因为年贡负担过重，反而可以理解为米粮商品化的结果。饥馑确实造成了惨状，但仅从饥馑之际出台的“不得多食大米”的法令便断定江户时代农民生活悲惨，恐怕与现实情况有较大的出入。

最后，第三个方面是令三都和城下町调节米价和救济饥民。尤其在江户，幕府禁止各藩的江户宅邸买米，而应当等待自己领地送来的米，此外，如第一节所述，幕府遣返了流入京都、江户、大坂三都的饥民。如果说前述对策的第一个方面是确保百姓经营，那此处的第三个方面则是维系脱离农村流入大都市的饥民的生命。

此时，江户各大名留守居被要求口头报告领地收成、去年和今年的年贡率与年贡量，这是为了确保“日本的大米生产”，同时也是对江户米价的直接应对。以饥馑为契机，幕府对所有大名领地的农政，都体现出极为慎重的态度。到 17 世纪后半叶，随着商品流通的扩大，幕府也制定了各种形式的全国政策，可视为此时饥馑对策的延续。

诉讼的百姓

宽永十九年（1642）八月二十七日，信浓松本藩小谷村总百姓中，有致“江户御奉行样”的诉状。松本藩在七月十六日还属于老中堀田正盛十万石的领地，而自这以后堀田移驻下总佐仓，石高升至十一万石。到了七月二十八日，水野忠清转封出四万五千石的三河吉田，增至七万石。在饥馑发生之际，伴随着领主的移驻交替，整理检地账和年贡账簿，以及细算该年的借米和未缴纳年贡等一系列事务也正在进行。

小谷村在小笠原秀正时期，村石高约为二百九十七石，其后历经户田康长、松平直政、堀田正盛三代领主更替，村石高上涨至四百八十一石余。该村不得不以缴纳金钱的方式纳租，但米粮的市场价的高低差距高达几倍。百姓因此疲敝饿死，三分之一的田地衰敝，导致该年年贡和夫役无法完成。以下是诉状的内容：

> 饿死一百四十七人，买卖人口九十二人，逃亡三十八户；
>
> 饿死马八十二匹，饿死牛八十三头。
>
> 该春领主配发稻种借予农民，但与之前未纳部分相抵，稻谷颗粒无收。盐、麻、棉花等经济作物的收成皆无，虽然返还了先前被没收作为抵押物的锅、釜、锹等工具，但无稻谷发放。因此，田地几无耕作，即便有耕作之地，豆、麦等杂谷和蔬菜皆因异常气象导致的虫害而全灭。庄屋、百姓皆难以忍受，如此之状况，当传报新（水野忠清）旧（堀田正盛）领主。

为了追回未纳年贡而将锅釜、农具都作为抵押品收走，这是否定百姓营生的做法，让人想起引发岛原之乱的松仓。转封之际，领主又催缴之前借出的全部粮食。该诉讼的结果到底如何，我们无法得知。但引人注目的是，通常的诉讼必须先向藩主禀报，但此次民众却抓住领主更替的间隙，向江户直诉。

而东北会津藩四十万石外样大名加藤明成，此时为了提高年贡率，硬性要求无石高的土地缴纳粮食，并追加各种税令百姓困窘，宽永十九年的歉收又偏偏在这时爆发。猪苗代、磐濑、安积地区的百姓流散到白河、二本松、福岛、仙台，喜多方三乡的人流亡于米泽、仙台，河沼郡、金山谷的奔走于越后，南乡、下乡、上乡地区的流亡于白河、宇都宫（日光），伊南、伊北地区的流亡于越后，两千名百姓“弃田偕妻子如流水般涌向邻国”，开始逃散于各地。如此规模的逃散也可被看作是有组织有规划的。

会津藩的邻藩将上述情况传至幕府，第二年幕府改易加藤。宽永二十年（1643）五月二日，幕府告知诸大名藩主加藤因病归还领地，此外也有传闻称改易是因为加藤与家老堀主水之间发生的御家骚动。然而，就在刚刚改易加藤之后，在决定让保科入主会津藩的七月四日之前，耶麻郡出户村的百姓和肝煎于五月二十八日向幕府的奉行提出诉讼，称加藤擅自提高年贡率，只有九十石的土地却称有三百石，原有的十栋屋舍也被“变卖”得仅剩七栋。这次直诉也是利用领主更替的间隙做出的，与之前的松本藩相同。新入主的保科在入主后的七月二十四日出台呼吁逃散百姓返回领地的乡村法令，由此可见，此时的大规模逃散与加藤改易这一背景存在必然联系。

再举一例，宽永二十年（1643）二月二十一日，土佐藩江户留守居向其领地发出信件。其中有从江户获知的情报，记录了甲斐百姓的诉讼情况。该诉讼是甲斐领地具有十一万石的某家臣所管辖的知行地中百姓协议的产物，光是带头人就有百人左右，他们前往江户，向公仪控诉“而今耕作之法令国内百姓难以忍受”，其诉状称“引异国之例，此实在并非常态”，内容据理力争，条理清晰，大概并非出自普通百姓之手。

当时的甲斐在宽永元年（1624）德川忠长转封之后，进入幕府的直接管辖范围。十一万石高旗本领地下的百姓可以向江户直诉。关于此次“代表百人”的大规模直诉，我们无法得到其他更加详细的信息，但在土佐藩留守居的书信之前，二月四日幕府就命令在国的旗本、家臣、关东代官全都入城，让他们将耕作用米和种子借给百姓，若做不到就让他们同番头商议。从时期上来看，这一安排与甲斐旗本领诉讼相关，并且是对这件事所做的反应。百姓的诉讼确实导致了政策的变更。

当然，这时的百姓也确实具有“为眼下之事无暇考虑后果”的愚昧一面，以及因饥馑带来的巨大打击而“不能多食米粮”的生存现状。然而，这些诉讼又让人看到百姓相当宝贵的另一面。他们在饥馑中的惨状确实是事实，但仅凭借这点就归结出江户时代的农民画像，也存在问题。这看似强大的诉讼形象同时也与追求棉花的亲肤触感、享受草木染色调的百姓形象重合在了一起，令人想起面对粮仓奉行事件时的落书、大黑舞和浮世草子。如此作为总体发展起来的民众力量，致使家光对六十五名武士处以极刑，冻结了战时体制下的军役，让幕藩领主将主要的政策转变为以“民政”为中心。

第四章

村落社会与知识

第一节 | 万改账中所见的宽永时期农村

碓井村“家数人数万改账”——九兵卫家的情况

以宽永饥馑为契机，幕府将重心转移到了农政之上，在作为农政对象的农村中，人们又是如何劳作和生活的呢？

宽永二十一年（1644）三月，饥馑大致告一段落，幕府勘定头命令各代官调查幕领农村的情况。调查的项目以旱灾损失、水灾损失等饥馑状况为首，还包括百姓夫役的种类和实际情况，以及每户的石高和家庭构成、家宅状况，这些调查被称为“家数人数万改账”。本节将选取河内国碓井村的万改账作为研究对象，进行分析论证。

碓井村属于幕府领，是上方代官小野长政的统治领地，村落石高为五百八十八石四斗余，这一时期的房屋总数达四十五栋，人口为二百六十二人，作为大坂周边的农村而言，算是较大的村落，而且是典型纯正的农村。然而，此时碓井村的石高中约一百七十九石已变成“永荒”状况（无法迅速复原的耕地），还有五十五石土地成为水灾受害之地。村落所有的收成只有原先的百分之四十，从中可确知宽永饥馑导致的荒废程度。

让我们首先来看该村庄屋九兵卫的家宅。九兵卫家总石高为七十三石七斗余，在该村的石高中十分突出。记载称，其家

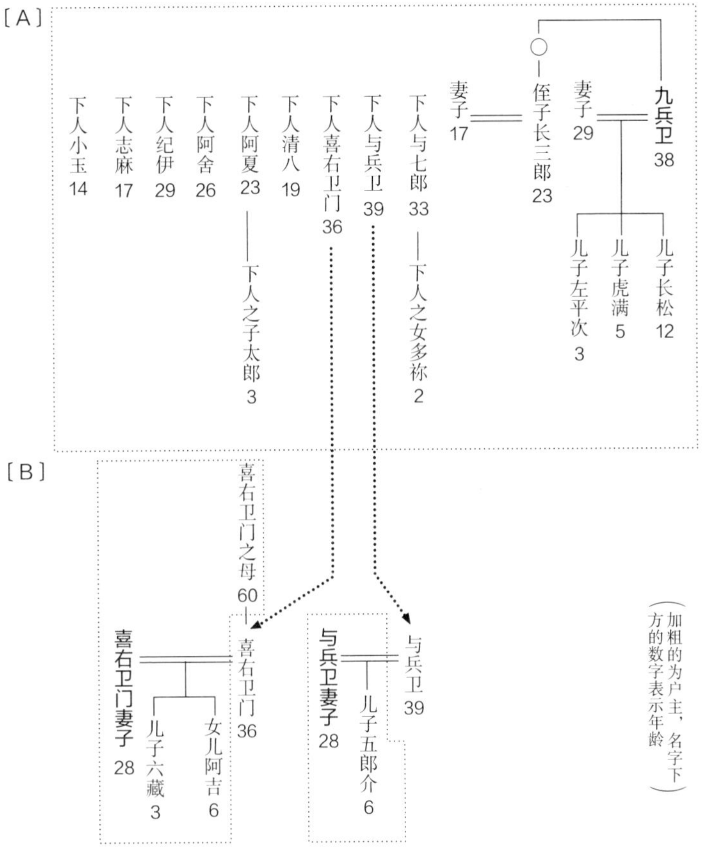

庄屋九兵卫家（A）与下人家（B）的家庭构成

族在“具有家宅的户数”中处于“上等”，还记述了该家族的每一栋房屋，以及九兵卫家族“共十八人”的家族结构、成员年龄及继承关系。

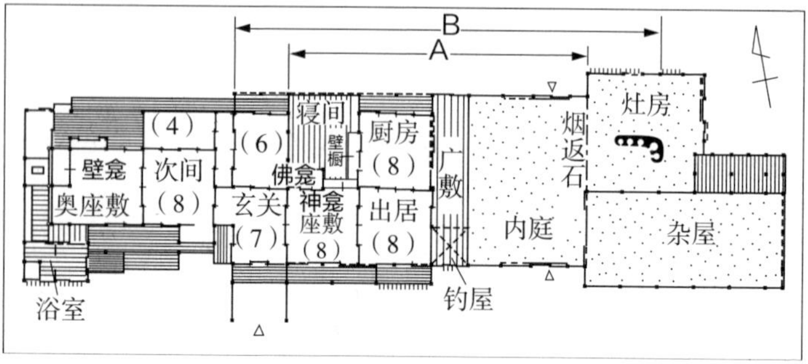

吉村家住宅的构成图（参照林野全孝《近畿的民家》和《吉村邸修理工程报告书》制成，数字表示房间的面积）

九兵卫夫妇与其三个儿子，相当于如今的“核心家庭”。但房屋中除了核心家庭外，还住着九兵卫的侄子夫妇。相比父母和儿女组成的直系家庭，侄子一家算是旁系，整个大家族中九兵卫的血缘家族成员有七人。除此之外，还有十一名下人、下女及其子女等非血缘家族成员，共同组成“共十八人”的大家族。这样的家庭被称为“役家”，是承担夫役的单位。

九兵卫的家宅共有五栋，其中母屋“长十一间，宽五间，内有马厩”，平面面积达五十五坪（约一百八十二平方米）。此外还有长六间、宽三间的隐居屋[1]，长六间、宽二间和长十一间、宽二间的稻屋两个，以及长四间半、宽一间半的灰屋。

几乎建造于同一时期（17 世纪前半叶）的河内国岛泉村庄屋吉村家的家宅如今被认定为重要的文化遗产，其房屋平面

1 隐居屋，屋主隐退并让出家督之位后所住的屋宅，规格略小于母屋。

布局如上页图所绘。

吉村邸　重要文化遗产（羽曳野市编纂室提供图片）

根据建筑史的研究，江户时代典型的农家布局（以吉村宅为例，则为图中的A范围）中，从门口进入家宅时有一个名为“内庭”的空间，地面直接用三合土铺设而成，和母屋前宽敞的外庭一样都是碾米和搓绳等昼夜劳作的场地。从门口进入内庭，可以直通后门。内庭有配备灶台的灶房或马厩。居住部分则有厨房、寝间、出居、座敷四部分，大多呈田字形结构。从内庭到居住部分的入口还有广敷。出居是迎接来客之处。座敷放置了佛坛等，也是召集宾客举行各类仪式的地方，是最向外公开的房间。厨房通常有地炉，是吃饭用餐的日常空间，寝间是家庭成员的卧室。在地炉的周围，背对着寝间的是主人的座席（也被称为横座），左边是其妻子的座席，如果有儿媳妇则应坐在内庭一侧的座席或他人指定的位置。

与之相对，如果是庄屋等上层农民，那他们的居住部分会有六个房间（如图中的B范围），里面的两个房间一般配备有壁龛。九兵卫家的母屋从其面积来看应该有六个房间，内庭还配有马房。如图所示的吉村宅邸中，主屋屋顶的范围（图中的B范围）是最初建造的部分，除了内庭还有六个房间，约五十五坪。吉村宅邸其后又在西侧修造了供代官在巡回之际休息或留宿的屋宅，并修建玄关，另设马厩和杂屋，后者与灶屋一起往东侧扩建。

回到九兵卫家，隐居屋原本住的是九兵卫的双亲，但此时住的是侄子夫妇。稻屋和灰屋是存放农具、柴火、稻种等的仓库，或是干农活的小屋。其中，稻屋大概是长十一间、宽二间的长方形屋子，可能是下人和下女居住的地方。

像这样包括了下人等非血缘家族成员的复合型大家族，还有村内寺院圆光寺和庄左卫门等五户肝煎的家。他们在当地几乎都属中上等，拥有十至三十石石高，家宅大约有三十坪，从面积上看，应该是典型的四间屋加内庭的结构。

小农经营——善次郎家的情况

然而，村落中也并不全是这些大户人家，还有善次郎这种典型的家庭，他们家的石高为六石一斗。

在善次郎家中，夫妻加上五个孩子，是仅由直系血缘关系构成的家庭，被称为“夫妇相持”，是核心家庭的构造，也可以说是家庭结构仅有婚姻关系的一夫一妻小家庭，而像九兵卫那样还有旁系家族和非血缘家族的家庭，则被称为复合型大家族。在善次郎家中，若长子娶妻成家，不会像九兵卫家那样配置隐居屋，而是暂时三世同堂，等到长子自立，双亲亡故，又再回到这种形式。

善次郎家的母屋长五间半，宽二间半，另外还有长一间半、宽一间的灰屋。母屋不足十四坪，只有内庭和居住部分两部分，居住部分不足四个房间，宽阔的出居和厨房占了三个房间。

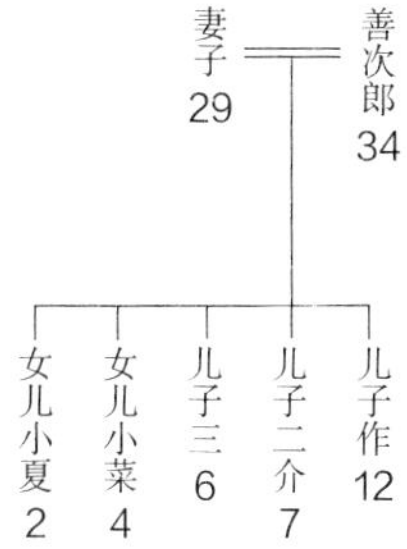

善次郎的家庭架构

民俗学创始者柳田国男的出生地在播磨国辻川（今兵库县神崎郡福崎町）。其家宅有两个四叠[1]半和两个三叠的屋子，另外还有内庭，大概有十二到十三坪，柳田称之为“日本第一小家”，但事实上普通百姓的家宅普遍都是如此大小。柳田所在的这个小家中，母亲和其嫂子之间的纠葛矛盾已经为世人所知，但在江户时代，人们恐怕还没有多余的精力发生纠葛。

善次郎夫妇的孩子尚且年幼，能够从事农耕的劳动力只有夫妇二人。此时，一个成人的耕作能力大概相当于三石粮食的生产量，夫妇两人耕作所得为六石多。这种仅靠家庭劳动力进行生产经营的模式，被称为小农经营。那么这能够维持生计吗?

现在假设长子长到了十五岁，能够像大人一样独当一面地从事劳动，那劳动力便增加到了三人，可以耕得十石粮食。如果善次郎将这十石作为个人所有，按照“五公五民”的年贡率

1 叠，原指草垫子，后成为面积单位，长一间、宽半间即为一叠。

柳田国男出生的家 （柳田国男·松岗家显影会提供图片）

缴纳百分之五十（宽永五年为百分之四十九），将五石作为年贡缴纳之后，手中还余下五石多。当时，平均一人所需的粮食大概是一年一石，如此一来就只能维系夫妇和三个子女共五人的家庭生活（从村落全体来看，村石高的一半即二百九十四石可养活二百六十二人）。但在善次郎家有五个孩子，维系生计还是较为艰苦，毕竟有孩子尚且年幼，所以当他们长大之后，次子二介也能劳作之后，生活应该就勉强过得去了。但问题是，善次郎的所有地实际上只有六石多，有四石来自租种的土地。而租种地的产量除了缴纳年贡，还要缴纳租种的费用，这对他们而言十分困难。如此勉强营生的极限状态，如果遇上旱涝，便无法周转，只能借钱（这种情况下，年贡常常由庄屋垫付）或卖儿卖女。如前所述，该村有四成以上的土地遭受旱涝，而条件恶劣的土地往往属于下层百姓，因此影响更加巨大。

在碓井村，每对夫妇平均有二点六四个子女，大概每个家庭有两到三个孩子，共四到五人，拥有八到十石粮食。这是典型的自耕小农家庭。

而九兵卫家除血缘家庭外，还有下人等非血缘家庭成员一起从事农业生产，劳动力有十一人，耕作所得有三十三石余。九兵卫家所有地的总石高为七十三石余，因此其他四十石被作为租种地，进行地主性经营。宽永五年（1628），九兵卫家自耕地为三十一石一斗多，其余二十石三斗多的石高则来自将租种地贷给村内二十五人之后收取的费用。像这样使用下人和下女耕作农田并进行地主经营的，被称为家长制大型经营。善次郎所租种的土地，大概就是从这些上层百姓处借来的。

有意思的是牛马的所有权，九兵卫家有一匹马和一头牛（母屋中也有马厩），肝煎阶层也基本都拥有自己的牛。在上方地区，马匹主要用于搬运，牛用来拉锄耕地等农耕作业。而善次郎家则是“一牛三人使”，三户共用一头牛。除此之外，还有四人共用、五人共用的情况，五到十石的中层百姓大都采取这种共用的方式相互协助。

如上述，碓井村主要有以下四大阶层：① 像九兵卫家一样，拥有七十石以上土地和许多下人的家长制大型经营阶层（大多是战国时期地方豪绅的后代）；② 拥有十至十二石、在直系家族外拥有若干下人的肝煎阶层；③ 像善次郎一样只有几石到十石的自耕农，也是村的核心阶层；④ 处境在自耕农以下、生存十分艰难的阶层。

碓井村的阶层构成

石数	栋数	上	中	下
30~	1	1（庄屋）		
25~	2	2（肝煎）		
20~	2		1（肝煎）	1
15~	5		1（肝煎）	4
10~	4	1（寺）	1（肝煎）	2
5~	6			6
1~	10			10
0~	6			6
0	9			9
	45	4		38

下人与百姓之间

本节将考察九兵卫家下人和下女的情况。在下人和下女构成的家族成员中，还有“下人之女多祢”和“下女之子太郎”，但其父母是谁并不清楚。根据本章第一节中的九兵卫家族图（第 191 页），多祢的父亲大概是与七郎，太郎的母亲大概是阿夏。中世的法律规定，“奴婢”的孩子若是男孩便从属于其父的主人，若为女孩则从属于其母的主人，与图中所示的情况不同，但这都恰恰反映出奴婢的生存境遇：一代为下人、代代为下人的“谱代下人”。

从村落全体而言，九兵卫家的下人喜右卫门与其妻也构成了四名家庭成员的户籍结构（如第 191 页图的 B 部分所示），承担着石高，家宅是从主人九兵卫那里租借的长三间、宽二间

（大概面积为六叠，包括一间屋子和内庭）的小屋子。

从喜右卫门的角度观察该图，便可明确得知九兵卫下人喜右卫门的家族结构。他们从主人那里租借房屋并携家带口地维系着家业。喜右卫门的母亲和儿女并不像前文所述的多祢和太郎一样是下人身份。喜右卫门虽然也是下人，但并非“谱代下人”，他原本为百姓身份（但属于没有土地和家宅的水吞百姓[1]），由于某些原因，暂且沦为九兵卫的下人，可能是“年季奉公人”（相当于长工）。同样地，下人与兵卫也与妻子有另外的户籍，他们还有一个名叫五郎介的儿子。

下女小真的家庭构成

接着，让我们来考察肝煎庄左卫门家的情况。他们有下女小真（五十一岁）、下女伊真（十七岁）、下女之子与作（二十八岁）三名下人，从年龄上看，与作应该是小真之子，而且与妻子另有户籍，与女儿小天组成三人家庭，拥有家宅和六石多的石高，如上图所示。

但是，下女小真的家庭与喜右卫门不同，与作的母亲小真是庄左卫门的下人，与作本来和母亲一样属于“谱代下人”，

1 水吞百姓，对不拥有土地又没有租种土地，只能外出打短工的贫穷小农的蔑称，意指他们穷得只能喝水。

但到他这一代，已经可以建立和主人家不同的家庭，所以尽管与作自己是下人身份，但其妻和儿子已经成为脱离庄左卫门家户籍的“外居下人”，开始自立。而包括庄左卫门在内的十八家庄屋，在五年前的宽永十六年（1639）就已登记于宗门改账中，小真和与作也都登记在册，这可被视为他们作为“谱代下人”的旁证，但其中没有关于下女伊真（五年前她十二岁）的记录，因此伊真不是“谱代下人”而是“年季奉公人”的可能性很高。至于其他人，登记在籍的下人和用人与五年前保持一致的大概占了三分之一。

由此可见，在百姓身份和下人身份之间，存在以下几种状态：

①如九兵卫家的“与七郎－多祢”父子和“阿夏－太郎”母子，父母子女属于“谱代下人”。这种情况下，他们住在主人的家宅内，受主人的扶养。

②如庄左卫门家的“小真－与作”母子，直到他们母子这代都属于“谱代下人”，但与作还有身处主人家之外的“妻子－小天”，他们是拥有极少耕地的“外居下人”。

③如九兵卫家的喜右卫门，他们原本是百姓身份，拥有“母－本人夫妇－子女”的家庭构成，之后家道没落只能租借九兵卫的屋子，只有喜右卫门一人成为下人，但并非“谱代下人”，而是在九兵卫家从事十年杂务的“年季奉公人”。

④虽然具有百姓身份，但属于没有石高的水吞或收成在一

石以下不得不租借耕地的小农阶层，甚至是连家都没有、需要租借家宅的阶层。

在这之上，还有像善次郎这样可以勉强自立的小百姓阶层。从①到④，从具有奴隶性质的“谱代下人”到“外居下人”“年季奉公人”，百姓在这一过程中或上升或没落，展现了人如何逐渐自立的过程。在这一时期的下人中，“谱代下人”占三分之一，而到延宝八年（1680）他们基本上都成了“年季奉公人”，而且不需要劳作十年之久，百分之五十五的人只做一年的下人。另外如第 198 页表所述，下级家庭中也出现了拥有十石以上者，这表明不仅是下人实现了自立，下层百姓的生活也逐渐安定，朝着元禄时代的农村结构发展。

下女的命运

以下将列举几条变卖女儿的证文。这些证文都出自距碓井村很近的大黑村庄屋盐野家，分别记录了庆长五、七、十五年（1600、1602、1610）和元和九年（1623）间，加奈、阿菊、小梅、阿龟这四名女性的命运。

> 今请领收吾家女，加奈当永代进于领家，受领家照料，为领家所用……若逃回，当追寻遣返。

证文虽然没有写原因，但明确说明名为加奈的女孩被“永代”变卖到盐野家做“谱代下人”。书写证文的是加奈之父，从“受领家照料，为领家所用”这句话中，可感受到父亲变卖女儿的心情。

> 我等被官阿菊，因紧用之故，将以身换现米二石三斗，与领家共进退，若逃回，当追寻遣返。

阿菊是证文撰写者大黑村正卫门家的被官，即“谱代下人”，此时以二石三斗的价格从正卫门家变卖到盐野家。由此可见，“谱代下人”是主人可随意处置、变卖身份的奴隶般的存在。

> 我等借用一石二斗米完成当年之年贡，以我女小梅为质物，自亥年至申年十二月十年之间，为领家所用，若返还借米，当返还吾女。

该证文的撰写者是小梅之父与左卫门，因无法缴纳年贡，向庄屋盐野家租米，为偿还本息，将女儿租用到盐野家从事十年的“年季奉公”。若偿还租借的米粮，女儿便可得到解放。另外也有证文写明，若过了十年侍奉的年季，还未返还租米，女儿则“成为谱代下人”。为了仅仅一石二斗米，就要变卖女儿，他们与前述的善次郎一样都属于小农，收成稍有不顺就可能无法完成年贡。

> 吾请求将名为阿龟之下女收为永代之妻，将奉上大量质物。（阿龟）事理晓畅，万分感激收领之恩。取回吾父弥右卫门尉内同意之前，暂且交托于尔，望应允。

名为阿龟的下女和前文中提到的小梅一样，作为质物成为“年季奉公人”。但与小梅命运不同的是，该证文的撰写者理右卫门与阿龟一见钟情，并通过五郎右卫门介绍，向盐野家提出迎娶的请求并获得了许可。然而，在自己父亲弥右卫门尉内同意之前，先将其交托在盐野家。至于为什么没有直接领回家中，大概是因为阿龟背负了大量借米，无法偿还，因此父亲反对这一婚事。当然也有下人与下女之间结婚的情况，而这一例则说明下女也在逐渐得到解放。

信浓的添屋、门屋

上文所述的是当时经济发达的大坂周边农村的情况，其他地区又如何呢？事实上，同一时期信浓地区的幕领也进行了同样的调查。其中有个村落名为臼田村，那是石高达一千一百三十四石的大村，田地面积达到一百零五町七反多[1]（一町产量约十石）。户数有四十六户，共五百二十人。

该村的名主长左卫门拥有六町多田地，是全村拥有土地最多的人。其家族人数有四十八人（或四十六人），也是村中人数最多的家庭。其家族构成如下。

本家长四间宽九间，共三十六坪，是直接建在地面上的草顶屋。在这个大家庭里，除六十八岁和六十岁的长左卫门夫妇之外，长子、次子、三子三对夫妇和七个孙辈一道组成十五人的血缘家族，另外还有八名下人和下女。除此之外，还有二十一坪的添屋、二十七坪的藏屋、十坪的添屋和六坪的门屋共四栋，分别住着添屋甚兵卫夫妇（父母加子女、下人共五人）、添屋市郎兵卫夫妇（长子、次子夫妇和三男、四男）、添屋八右卫门夫妇（父母加子女共四人）和门屋长右卫门夫妇。除此之外，还有四处雪隐[2]。与大坂周边的农村相比，本家和添屋的居住密度极大，这一阶段的其他家庭也一样。南信浓一带以名为“本栋造”的家宅构造最为有名，这说明自 17 至 18 世纪，上方以外地区的居住状况迅速得到改善，18 世纪中叶之后，具有上述特征的“民家”构造在全国各地出现。

添屋和门屋都是家族构成的一部分，两者并没有明确的区

1 一町相当于九千九百平方米，一反相当于九百九十平方米。

2 雪隐，指厕所。据说中国宋代著名高僧雪窦禅师曾在灵隐寺打扫厕所三年后顿悟，故得此称。

别，若说有的话，那大概是住在添屋的更多是子女夫妇和下人，是本家长左卫门的旁系分家，而门屋中居住的则是“外居下人”。长谷川善计与藤井胜等人从社会学立场，研究了信浓地区的村落社会，根据他们的考察，添屋大多居住的是本家同族的分家，他们是本家户籍的一部分，与本家共同组成“屋宅共住集团”，是承担夫役的单位，作为“百姓株[1]”维持发展下来。在臼田村，本家基本上都把添屋同门屋区别分属，像长左卫门等拥有三町以上的家族属于特例，半数以上的家庭还是集中于两町左右，在土地所有逐渐平均化的过程中，百姓也逐渐认同“百姓株”。这些本家（主家）与添屋、门屋的关系并非简单的租屋关系，而是保持了浓厚的同族集团性质，这也是信浓地区农村的一大特征。

肥后熊本的细川藩，在宽永八年（1631）入封之际制作了“人畜改账”，其中也记载了相当于信浓“添屋、门屋”地位的“名子[2]”。尽管在不同地区称呼也不尽相同，但都以一户人的形式登记在户籍之上（但河内地区的“外居下人”和“门屋”在户籍上保持独立），并且以承担夫役的关系，保持着领主和百姓之间的紧张关系。不管怎样，在这种结构中，可以看到下人朝着小百姓方向自立，或分家逐步脱离主家走向自立等各种艰苦奋斗的痕迹。

1 百姓株，指百姓在村落中拥有屋宅之后，相对应产生的权利与义务的集合。
2 名子，地位在一般农民以下，隶属于主家、提供劳役的农民。

第二节 | **村落的文书主义**

有家产的百姓与无成无业的百姓

丰臣秀吉的太阁检地并非单纯的土地调查，还禁止买卖奴婢、使役平百姓、收取租地费，而且检地账上登记的土地所有者不是地主，而是直接耕作者，这一系列规定便是世人周知的小农自立政策。尽管如此，从太阁检地以来半个世纪后的宽永时期农村，依然存在像九兵卫家那样拥有“谱代下人”的大百姓。买卖谱代下人及收取租地费，在无法缴纳年贡时由庄屋垫付，自己则以“年季奉公”的形式在身份上沦为从属地位的下人绝不是特例，而是广泛存在的现象。这是为何？

从秀吉到家康执政期间，社会依然处于战乱，如前述，为军事动员而形成的阵夫役、为建设城郭都市等而形成的普请役，依然连年施行。信浓臼田村的本百姓株[1]之家或碓井村的四十五户中，除了寡妇、租屋者、外居下人、担任村落行政的庄屋九兵卫及圆光寺之外，剩下的二十九户都须承担夫役。

宽永饥馑之际，幕府方面出台幕领令，规定“单身百姓”

1 本百姓指拥有田产或房产，要承担年贡和夫役的村落正式成员。本百姓株则指本百姓相应的权利和义务的集合。

若因病等无法耕作，村内应该相互扶助。美浓郡代冈田善政在向农民说明时称“有病在身，或赴他国参与公仪夫役时，可不修缮田地”，提及因参加公仪夫役而无法耕作的情况。在“百姓品行操守规定”（即《庆安御触书》，参见第三章第二节）中还有更具体的说明：

> 单身之百姓平整水田，准备稻苗，明日本欲插秧种稻，然被指名参加公仪役，过三至五日，之前准备之稻苗业已变恶，其他苗亦长节，失去插秧种植之时机，该年年成亦惨淡收获极少，百姓因此倒下。不单种稻之际，旱田耕作种植与播种，若错过时节亦致年成恶劣。名主、组头当深切思虑，若遇摊派单身百姓之状况，当差使拥有下人的百姓代替，且当扶持单身之百姓。

参加夫役动员而丧失农作时机的，不仅仅是单身百姓，对善次郎家那样没有富余劳动力的“夫妇相持”的小百姓而言也无疑具有巨大影响。另一方面，像九兵卫家这样“持有下人的强百姓”的家长式规模经营农家，他们可能让下人、门屋、添屋等代替出役，这就鲜明反映出上述农家在面对大役时更具灵活性和耐久性。而且，小百姓与九兵卫家那样的百姓在应对旱灾水害等方面的能力上也存在差别。夫役对于一个村落里的不同人家而言并不是一样的困难，阶层不同便会造成巨大的差异，幕领令正是为了应对这一点而采取的对策。

宽永二十年（1643）三月幕府出台著名的《田畑永代卖买禁止令》，并说明出台该令的理由是“强百姓买田置地，则愈加处于好境，无成无业者卖尽田地，尤加无成无业”，这也是基于当时的现实。这一法令还命令代官指导、援助无成无业的百姓，使其有成自立。

然而，如前所述，幕藩领主一方面推进小百姓自立，另一方面又驱使百姓从事作战、城郭和城下町建设等夫役，直到17世纪中叶都是如此，成为社会中的一大矛盾。这是宽永时期农村的家长式规模经营广泛残存的结果，这也致使小农经营达到极限之后爆发岛原之乱和宽永饥馑。饥馑之际，幕府颁发全国令，禁止像之前那样役使百姓，并在实际操作层面大大减少为修缮城郭而进行的普请役动员。这已经不是为了夫役动员而保存“拥有下人的强百姓”的劳动力，而是要广泛培育“夫妇相持”的小百姓向着“强百姓”的方向发展，表明幕藩领主的农政发生了转变。

但这并不意味着消除所有夫役。虽然停止了作战、城郭修缮方面的动员，但水利工程等改善生产条件的修缮劳役，反而不得不变得繁重起来。关于这一点，学者村田路人指出，在淀川与大和川等大坂周围大河履行国家性修造劳役时，一开始每个村落都被要求提供现成的劳动力，但到17世纪中叶，出现被称为“夫头”的人，只要村落向夫头支付银两，夫头便可提供代替其服劳役的人员，到17世纪末时，这一形式进一步发展，夫役者可直接向幕府缴纳银两，而不用服夫役。“夫头”所提供的代替夫役人员大概是从大坂的日雇散工中花钱雇来，这些滞留在大都市下层的民众是这种承包业得以成立的条件。

换言之，在幕藩领主冻结战争和军阵之后，伴随着三都和城下町等大都市的发展而出现的短工阶层，是善次郎等小百姓从苛酷的夫役动员中解放出来的现实条件。

村落的文书主义与行政调查

宽永饥馑之际的幕府根据村落中诸阶层的状况，调整了农政。宽永二十一年（1644）的万改账调查明确了旱灾水害的被害状况，同时也可从中具体了解百姓夫役的实际情况并由此制定出对策，但为何我们可以通过解读万改账得知当时百姓和下人的生存境况呢?

首先，此次万改账既是一次为调查夫役状况而进行的户数调查，同时也调查了不用缴纳年贡和从事夫役的对象，包括没有石高的水吞百姓、老人、幼童、下人和下女，因而它也是记录了每个人、每户家庭的“人数账”。河内国富田林村的万改账一开始是作为宗门改账制成的，它之所以能够成为“人数账”，是因为第二章所述的天主教改宗时期户数调查的经验。为了课税而制作账簿，中世庄园领主和战国大名就曾推行过，这样的人数账是自古代编制户籍以来就业已存在，但那并不单纯为了夺取，而说明当时已经出现为治理国家而发展“民政”的意识。

另一个令人注意之处是其中记录的“百姓家居”，包括住宅（本家、添屋、门屋）、灰屋、稻屋、藏屋、雪隐以及家宅中其他所有建筑物。此次万改账不仅记载了家宅的面积，连其建筑结构状态（瓦与板、草屋顶、直接建在地面上还是建在石基之上等）都“明细地记载在案”。若仅仅从课税或动员角度出发去调查“屋宅地”或“役家”，恐怕没办法掌握租借家、添屋、门屋等的实际状况。正是通过这些详尽的记录，当时的幕府和现在的我们得以从中看到共有消费生活的家庭的现实情况。

与中世武士都是在地领主不同，近世武士如“兵农分离”政策所要求的那样，基本集中居住于城下町。中世武士拥有的领地是世代承袭的苗字之地或本领，由武士亲自培育和经营；但到近世，除一部分成为高官的家老之外，地方知行一律改为俸禄制，武士逐渐丧失在地经营的权利。代替武士在地领主制的，是各藩由大名实行的一元支配制，由代官各自负责。由少数代官进行的村落管理，除庄屋收纳年贡外，还有户籍管理等各类行政事务，而使得这些事务成为可能的手段，便是检地账、宗门改账、御触书等账簿和文书。

从幕府角度来看，关东依然维持着旗本的地方知行地，但从全国范围来看，此时大致有七十名代官（延宝元年［1673］

为六十九名，宝永二年［1705］为六十三名，享保十五年［1730］为四十二名，之后大致为四十名）掌管着四百余万石的幕领，也就是说，平均每五万到六万石就由一名代官和数名手代共同负责。这些代官并不像过去那样将事务交给代官头负责，而是勘定奉行所通过各代官直接掌握四百万石的各个村落。如果要制定全体性的政策，通过这些文书来调查实际情况便更加不可或缺。继宽永二十一年（1644）的万改账之后，庆安二年（1649）幕领开始每年以村为单位进行年贡石高调查，并制成“取个乡账”，到正保三年（1646）包括诸大名领地在内的地区开始将乡账的制作与国绘图一起纳入一系列行政调查制度之中。

村落事务公开令与村方骚动

在兵农分离的村落中，文书行政不可或缺，在村落中担任这一职责并负责征收年贡等实务的，是庄屋和名主。针对幕领农村出台的饥馑应对法令，也可以说是对他们需要负责的村落事务的公开令，具体条目如下。

每年秋季，代官需要制作“免状”，在其上记录下该年检地总数减去荒地之后所得的村石高，以及用这一村石高乘以该年的年贡率（免）而得到的年贡石高。用年贡率与村民每人持有的石高相乘，便可得出各自的年贡石高，这个数字被称为

“免割”。每年的“免割”都需要庄屋和所有百姓到场，在相互确认无误的基础上，在负责记载的“免割账”上盖章，提交给代官，并由代官做进一步确认。

百姓向庄屋缴纳年贡米粮之际，庄屋须将其记入名为“庭账”的账簿，载入纳粮者的名字和米粮数量，百姓也要在确认记录结果之后盖上自己的印章，庄屋同时也要将收取年贡的手形发给百姓。缴纳结束，核算全部年贡时，代官、庄屋和百姓都须到场确认，确保纳粮数与账面吻合，并由手代在“庭账”的订线处盖上对口印。

乡村和幕府方面诸役所需经费，均须记入“诸役入用账”等账簿中，每年由庄屋和小百姓到场确认，在账面上盖章并提交给手代。勘定必须在当年之内完成，在账目装订处盖上手代的对口印。实际上，从事幕府杂役与村杂役（如水利普请、年贡米的运送、道路普请、祭礼等）是一样的，经常将两者的路费和口粮等一并处理，与村中诸费用一起算作村财政。

年贡米被收缴到庄屋手中时，先保管于村子的粮仓，再运往幕府的粮仓。在储存之际，代官手代和百姓都要到场记录并对照粮仓的纳入账簿核实。另外，在运输至粮仓时所需的费用也须记录明细，不让不必要的开支成为百姓的负担。

总而言之，完善诸账簿，向小百姓公开并让他们确认，是为了防止庄屋非法侵害小百姓的利益。当时，现实中存在百姓的各种诉讼，庄屋和百姓间也因此产生许多争论。负责百姓诉讼的上方郡代小堀政一和关东郡代伊奈忠治十分清楚这其中的实态，并试图制定改良对策。

其中就包括了以下这场争论。庆长十二至十三年（1607—1608），摄津国芥川郡东天川村的总百姓和庄屋产生争论。总百姓向幕府代官提交诉讼状，庄屋方面也提出回应书，现对其整理并再现如下：

缴纳年贡时的情景 出自《丰年满作祆绘》（千辉爱子藏，农山渔村文化协会提供图片）

总百姓：庄屋在每年缴纳年贡之际，恣意将年贡率上调百分之一，这难道不是贪污私吞吗？

庄屋：那是在与百姓众人达成一致的基础上，作为庄屋费收取的。

总百姓：过去在村里检地之际，为了修正计算时的误差，检地奉行将多出来的十四石余配发给了乡里，庄屋却在检地账中将这些编入自己一人名下，侵吞了这部分石高。

庄屋：文禄检地之际，奉行的食费、油费等诸费用都由我一个人承担。其中八石是作为偿还金由奉行众返还给我一人，其他六石多，我已用每年乡里的小日记（使用明细）向你们做出说明。

总百姓：庄屋隐瞒原检地账，制作了另外的账目，将自己土地所产的两石记为一石，将小百姓土地所产的一石记为两石，将一处田产记为两处，从而年年骗取额外的部分，因此致使田地荒芜。

庄屋：这一账目（应该是为了搜集年贡而整理百姓所持土地的“名寄账”）是与总中相议后，对照原有的检地账做出的，完全不存在“滥增”等枉法情况。

总百姓：在用来弥补误差的土地或总有地（村落共同财产）上长出的芦苇和莲花，庄屋私自将其变卖私吞。

庄屋：下代众（指代官和手代）不是已经划分出庄屋部分和总百姓部分的界限，然后相互收割吗？庄屋的部分确实是代官分配给我的。

总百姓：前年我们未能缴纳年贡，于是从庄屋那里以三成的利息借取了一百一十俵交上去。借用的证明也肯定是下代众联名盖章的。然而，去年庄屋却收取了四成的利息作为偿还费，而借用证明现在还没有还给我们。

庄屋：之所以算到四成，是下代众的指示，本人没有侵吞毫厘。

总百姓：总之，庄屋如此不合本分、贪污侵吞，致使我们去年不得不变卖五十六个儿女。我们实在难以忍受。

在这诉状和回应中，他们提到了另作账目、改写检地账、在催缴和计算年贡时渎职、总有地的使用分配、如何处理村落行政费用和庄屋所得等问题，总而言之，这是由庄屋被领主任命管理土地和年贡所引起的围绕庄屋专断枉法的争论，从中也可看到庄屋与下代众间存在连带勾结关系。

以上情况不仅存在于上方等所谓先进地区，宽永元年（1624），信浓国高井郡的幕领壁田村的前任肝煎作左卫门没让百姓看检地账，新左卫门直接赴代官处，借阅账簿并摘录，发现作左卫门在账目基础上将百姓每人石高增加了一到两石，合计增加了十四石，最终被罢免，新左卫门成为新的肝煎。虽然新左卫门和前庄屋处于同一阶层，这也是庄屋更换的一个例子。

再举一个武藏国足立郡的幕领植田谷村十三名百姓上书诉状的例子。名主八右卫门未将年贡的分摊情况告知百姓，并且在未与百姓商议的情况下独断决定。而且，该年与去年相比，每一反田地减少了八合年贡，但这一消息也始终没有告知百姓。这发生在宽永十九年（1642）十一月，正处饥馑盛行之际。在这种情况下，即便颁布了饥馑的救济之策，若没有百姓自发的行动也无法实现。

由此可以明确看出，诸账簿的公开是此时村落骚动的中心问题。村落骚动和公开账簿的要求，不管是以小百姓为主体，还是由与庄屋拥有同一经济地位的年寄、肝煎阶层发起的，类似的诉求都在全国各地以各种形式开始出现。

庆安五年（1652）指示代官为官之道的幕领令出台，进一步明确了代官的职务。“名主与百姓因公事（诉讼）相争，致使须长期赴江户奉行所告发，于村而言必致莫大负担。此乃祸之本，起因大多是名主侵吞检地或诸役费用。因此，每年代官当盖章确认评判法令、年贡率、检地账、庭账、诸役之入用账等。名主与小百姓相争之际，代官、手代多偏袒名主一侧，使名主得益，多不听取小百姓之言，此举屡禁不止，致使小百姓赴江户申诉……处理村方争论之时，必须公正对应，若无法解决，则搜集证文、证据，交由奉行所处裁决。”

如前文所述，此时已经出台命令公开村落事务的幕领令，以及规制代官举止行为的幕领令等，这些正是针对村落骚动的对策，是为了让幕府通过各地代官和郡代掌握当地实际情况而出台的法令。这次出台的法令，致力于完善全村的庭账、村务费用账等账簿，确保庄屋、名主和小百姓参与村务，在全国范围内都具有影响。从这个意义上来说，百姓的运动促成了法律的诞生，也致使代官和手代的举止言行发生改变。

第三节 公仪之法和村掟

诞生出总村自治的各村落

以宽永饥馑为一大契机，幕藩领主自觉并正式开始开展农政。这致使村落中开始出台反映百姓诉讼和要求的成文法律，村民开始在法律和行政的基础之上生活。

本节将以位于近江湖东平原、在中世“总村”史料中有名的今堀村和其邻近的中野村、蛇沟村等为对象，考察幕藩领主的法令和总村以来的村掟如何发生关系又互相接纳，并由此研究村落的生活方式发生了什么变化。在江户时代相当早的阶段，这些村落由德川家康两次分封给伊达政宗作为他滞留京都时的领地，石高为一万石。前章所述上方郡代小堀政一于宽永十九年（1642）七月发出的幕领令仍留存于仙台藩，证明这些飞地领地归属于仙台藩。

庆长十六年（1611），中野村有如下村规：

掟所定之事

一、不得于四方之□（此处因被虫啃毁无法辨认）开垦新地。

二、不得为土地划界而陷入纠纷。

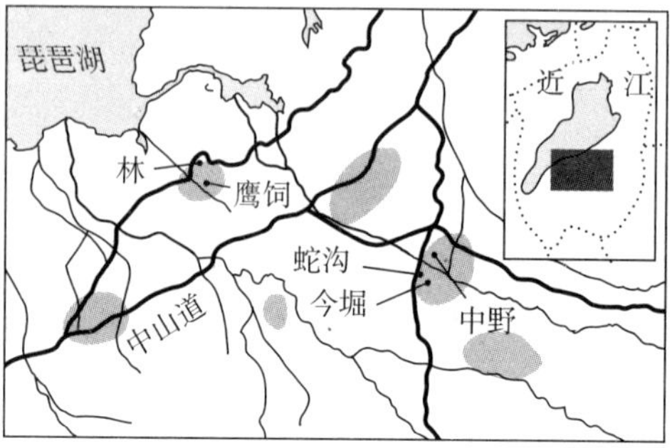

伊达藩的近江飞地领地

三、若有人恣意争吵，有理者取三斗米、无理者取七斗米交于总中。

四、若有人赴他地言本乡之恶事，一有所闻即断绝与之往来。

五、虽有人为兴公事而不听取私下调停，但无论何事都必须双方共同解决。

庆长十六年三月十四日　总中

由此可知，村掟通过规制或禁止胡乱开发、土地界限纷争、斗殴滋事、乡内恶言和讼争，防止村民相争，维持村内秩序，是在面对外界时保护村落的努力。其内容可以说直接继承了战国时代作为“总村自治”而出台的“总掟”。在兵库的入相山规定割草、开荒等相关条目中也可看到这样的内容。制定这些条目的主体，是斗殴滋事之际接受罚粮、负责管事的“总中”。宽永十五年（1638）时，也有如下两条规定：

一、私下之事，不得在赴他乡之际相言恶语。

二、隐田之事，不得与妻子儿女相言。

该规定还有一百零七人的署名，这一百零七人大概就是“总中”的内核。这种集团性的“一味同心”，正是“总村自治”的核心。

然而，战国时期构成“总中”、在众议之下制定总掟的，是村中被称为“村人”的有力农民，村中还有“非村人”，他们无法参加众议。在前述的碓井村中，“村人”就是“上、中”级别负责村落运营（如之后出现的庄屋、肝煎等地位的人）的阶层以及拥有下人的“本百姓”，“非村人”则指处于下级的小百姓。中世的“总村自治”应该可理解为本百姓的自治。

上文中所述的一百零七人这一数字，说明核心集团已经大幅扩大。从署名来看，也不全是花押，还有简单的略押，此时也有人开始使用黑印，可见大量小百姓也参与其中。庆安二年（1649）伊达藩令规定“小百姓每人都应持有印章”。使这种众人联名印署的村掟得以出现的契机，是确立百姓身份的太阁检地——即便是租地农民，也被视作实际耕作者登记在检地账上，拥有土地所有权，直接缴纳年贡。因此，太阁检地前后，即便是同一个“总中”，其构成成员也发生了巨大变化。

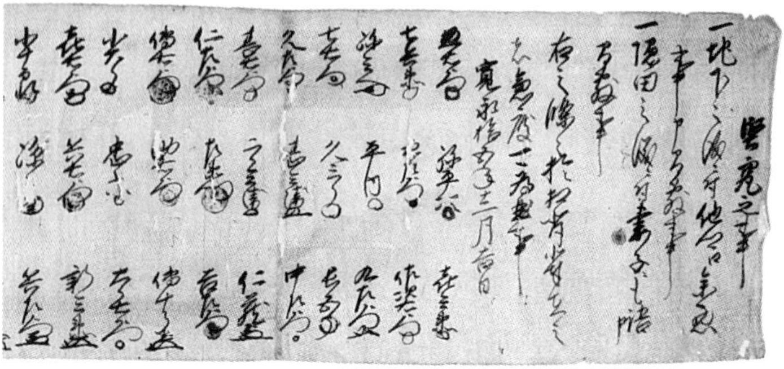

宽永十五年（1638）的中野村村掟 （出自《八日市市史》）

但还应注意该文献中记录的“隐田”。太阁检地后进行新田开发等事业都须撰写申报上级的起请文，所有的起请文至今留存于今堀村，隐藏田地当然是不被允许的。以太阁检地为契机，“总中”构成成员得以扩大，但他们还保持着自总村以来相对于领主而言的自立性和对抗性。

法令村请

对于这种保持着自立性的各村落，饥馑盛行之际的宽永二十一年（1644），伊达藩领主开始出台最初具体系的农政法令。正文的九则条目基本都是上方郡代小堀政一等人颁布的内容，尤其是对村落事务公开和庄屋酬劳的规定，该法令最后还写到要以怎样的程序令该法普及各个村落。

首先，从仙台派遣的两名代官向在乡直接管辖的四名手代致书，发布法令L，手代再将各村庄屋召集到阵屋（代官宅邸），通告法令内容，并让他们在法令末尾写有“确认”处联署押印，以法令L′的形式返回给代官。另外，再为每个村落抄写一份法令l，由手代联署押印并交给各个村落，庄屋将这份抄写的l带回各村，传达给村中百姓。最后还须百姓表示“谨遵”，并在上面联署盖章，制成l′。即村民须对庄屋宣誓遵守法令，庄屋则作为村代表向代官宣誓遵守法令，由此形成誓约书L′和l′。

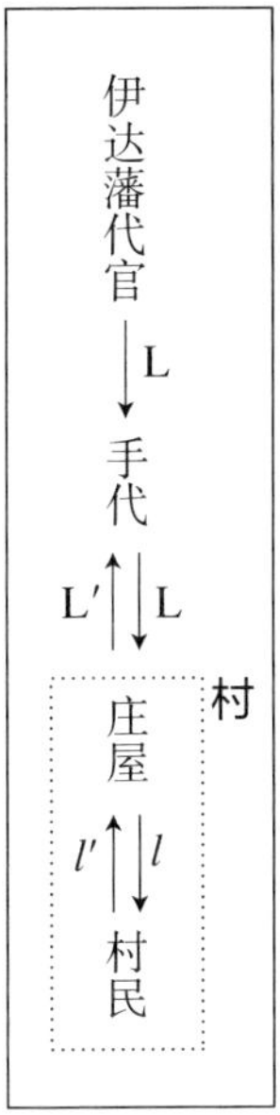

法令村请

领主的法令由代表村落的庄屋承包，全村人则向庄屋提供署名，分担庄屋的责任。这种法令与“年贡村请[1]”类似，被称为“法令村请”。领主法令并不是直接传达给每个村民，而是以庄屋为代表再渗透到村落，而为了发挥该法令的机能，在村落层面就有必要建立誓约和联署。实际上，各村民联署的L′，除了庄屋的落款外，与前文提到的一百零七人联署的村掟形式完全相同。领主法令通过这一手续，被确认为村落的法令，成为约束村民日常生活的规范。

在近代国家，国家所制定的法律无论市町村是否承认，都是规制所有国民的法律。从这一点来看，领主法令通过村落

1 年贡村请，指年贡作为村民全体的责任，由农民以村落为单位共同承担。

“承包接受”的手续实现了制度化，反映出贯通中世的总村和总町自治通过这种方式达到成熟，并继续保持不被国家所统合的自立性，这大概也是近世社会的特质。学者石田善人以中世总村为研究目标，举例论证了年贡总请、总掟、总有财产的成立。在这个意义上，近世村落以年贡和法令村请的方式，继承了中世的总村。

当然，虽说是村请，但也和年贡一样，村落方面并没有自由不予接受。但正如伊达藩代官佐藤又吉在宽永十年（1633）的法令中称，“又吉所述之处、所行政务若有误者，可随时告知，当仔细一改前非之觉悟”，至少在表面上承认可以撤回不当的法令。

幕府的美浓郡代冈田善政在庆安三年（1650）出台的郡代令末尾，也称“而今我等代官申诉政务之事，若有对百姓行恶或其他所期望之事，则可将所思所望书于字条上呈，若无碍公仪大法，于自身权限范围之内可如所愿”，并为此设置了收集民众意见的“目安箱”。冈山藩池田光政于承应三年（1654）实行藩政改革，也认识到自身和诸奉行的命令会存在错误，故设置“谏箱”，建立了从家老到末流之辈都可以匿名投诉的制度。根据光政整理并留存下来的这些材料可知，从“捞取米粮”的不公事件，到指责“庄屋刁蛮”、批判诸役人等，百姓提出了各类诉讼。通常认为，目安箱是享保改革之际由将军吉宗设置的，但其实在这一时期就已经可以看到它的存在。

我们通常认为，像布告牌这类法令都是领主单方面强制支配民众的法令，但如前述也存在百姓诉求实际反映到法令上的情况，还有后述根据百姓的具体要求而出台法令的情况。

寄合堂和庄屋之家

宽永末年频繁颁布农村法令，其中不光是法令的请文，连一般村掟的发出者和署名都逐渐由“总中”变成庄屋。当然，庄屋管理太阁检地后的土地，是为了将年贡收入领主手中，自此后便一直如此，但在村落的日常生活中，庄屋并非一开始就处于核心位置，倒不如说是老人阶层在集体运营总村这样的机构。例如，在前文所列举的一百零七人联署制定的掟中，庄屋排在第四十二位，与没有官职头衔者完全没有区别，村掟还规定“诸事合议，当多聚智慧”，即事务由多数决定，并没有给予庄屋特殊的权限。

然而到这一时期，庄屋逐渐从“总中”中独立出来，到底是什么契机带来了如此变化？宽文四年（1664）伊达藩令的最后，在发给庄屋部分中写道，“以上之事由代官嘱咐，当将该法令之写本保存于寄合堂，于寄合之际向总百姓宣布，若无寄合堂，则置于组头处，于寄合之际宣告。”

寄合堂是什么呢？它位于村落的镇守神社境内，被称为

中野村寄合堂的旧址　位于滋贺县东近江市的中野神社境内，现名为“中野自治会馆”

“庵室”，自中世以来就是村民为处理地下请[1]的年贡缴纳等各类事务而集结的据点，也是制定“总中”之法和订立誓约的地方。这里还是法令村请之处。遵照以往规矩制定村掟的众议场所，和庄屋宣读领主法令或制定年贡免割、撰写村民全员联署请书的场所，经过考察发现是同一个寄合之处，在两者重合的过程中，庄屋的指导地位逐渐在各类众议的局面中得到实体化。

根据中野村向伊达藩说明寄合堂的史料，在众人为“向村方嘱咐之事”和“各村百姓相谈之事”参会之际，庄屋、肝煎的宅邸狭小，而且还有因为农民无法离开村子进而妨碍寄合和

1 地下请，指年贡由农民以集团或乡村为单位承担的制度。

商议的情况。由此，村民就在镇守神社境内建造小屋，将其作为寄合堂。但由于平常需要点灯，考虑到火灾和非人进入的可能，以前往往有百姓中的隐居者或皈依僧人值守。如果寄合要处理无法跟妻儿讲述的私田，或是解决总百姓与庄屋之间的争执，百姓因为走不开而无法参与，便会影响寄合的效果。

寄合堂由于设置了隐居者和僧人，因此也被称为“庵室”或道场。但是，它的目的并不是招纳僧侣，建成附属于镇守神社的宫寺[1]，而是作为寄合的场所，驻守的僧人大概可以看作守社值班者。在中世，人们以宫座[2]的宗教性纽带为核心聚集起来，但到近世的寄合，它就居于次要的位置了。在中野村，宽文十一年（1671）庵室还新设了村落的特别会计，购置庵室所用的四十张草席。这些都是新添置的物件，虽然无法明确之后是否有所追加，但可大概得知寄合的人数。

史料中还有一点引人注意的是与寄合堂一并提到的庄屋、肝煎的宅邸。湖东地区的庄屋大多不是特定的世袭之家，且屋宅狭小，与其他村民没有太大的差距。也就是说，当时住所的村域空间中还没有包含权威结构。与之相对，第　节所述的河内国庄屋宅邸，无论是碓井村的九兵卫宅邸，还是现存的岛泉村吉村宅邸，都具有五十坪以上的面积，完全胜过其他百姓之家。进入长屋门后，母屋之前还有外庭这样广阔的空间。庄屋

1 宫寺，附属于某神社的寺院。
2 宫座，部落中专门负责祭祀的组织。

的住宅中还有宽敞的内庭。但庄屋反复宣读领主命令、处理村内事务的场所并不在此处。在吉村宅邸的一角，还有村子的粮仓和布告场，但它们都只具有象征性意义。

由各位村民分担的年贡集结到庄屋处，也是在庄屋住宅进行。此时，须记录每个人的缴纳状况，并逐个盖上领受的印章，制成“庭账”账簿，其中“庭账”中的“庭”指的正是庄屋宅邸的庭院。网野善彦指出，“庭”原本具有“共同作业，进行共同体活动，开展祭祀和神事的场所”之意，例如农耕收获后用于打谷、协调等农作的共同广场，就被称为“稻庭”，并且农家的“庭”正逐渐以各种形式被纳入各个家庭之中。从这点可知，由庄屋传达领主法令，并非使村落举行寄合的公共空间逐渐转变为庄屋宅邸的契机。在这样的村落中，村域空间因村民居所面积的大小而具备阶级性，庄屋庭院便是在这种转变中成为具有象征性的权威性结构。

在这一点上，一个村落的公共空间究竟是以法令村请为起点的庄屋宅邸，还是体现了总村自治传统的寄合堂，也能够反映出各个村落不同的地域历史。

然而，这并不意味着“总中”所保持的相对于领主而言的自立性已经丧失。庄屋主导寄合，寄合也规制着庄屋，如庄屋负责的年贡文书必须公开且盖上村民全员的确认印章，就是一大体现。

各式各样的法和掟

万治元年（1658），伊达藩称“以往虽有前例，今后不得倚仗赖母子[1]，为此寄合亦生不必要之费用，今后将坚决禁止”，出台了针对赖母子的禁令，并向村民发布请书，其后又向庄屋发布以下内容的请书：“此次公仪禁止赖母子，当坚决严守法度，然各方借贷之途径亦被禁绝，年贡弗能纳入，致使小百姓等皆困窘。赖母子亦可于隐秘处通行。然寄合之酒食当断然禁止。若为公仪方发觉，致使庄屋、肝煎被罚，村中须全员出庭辩清庄屋、肝煎无过，并赔罪道歉。”

赖母子是自中世起以“讲[2]”的形式而形成的庶民金融体系，与小百姓缴纳年贡一样是乡村耕种经济活动中不可或缺的一环。无视当地实情和惯例的领主法令虽然在形式上得到接受，但在隐秘处又允许这种金融借贷活动，因此法令实质被否定。而且法令要求百姓自行克制在寄合过程中产生的酒食，由此可说，人们可对法令内容做自主的取舍选择。规定还称，如果被发现后导致庄屋、肝煎受罚，村民全体可以进行辩解，这一规定虽然是针对庄屋和肝煎发出，但它与前述的“隐田”掟一样，可以看作“总中”自主规定的规矩。由此可见，应当是领主法令执行者的庄屋，却作为“总中”代表，与领主对立起来。

1 赖母子，封建社会贫民的互助性经济团体。
2 讲，也是互助会。

还有其他情况。承应元年（1652），该地区在生产和贩卖特产茶叶时，煎茶茶叶中混入桑叶等不正当交易横行，导致茶叶价格下降，因此当地出台了禁止此类行为的法令。生产茶叶的中野村和其他八个乡野村落（水田少旱地多的村落）的庄屋、肝煎联署向代官发出以下请书：

> 就此次桑茶之事提起诉讼，听诉分辨，遵照法度，感激不尽，自当确守法度。

该法令实际上是根据村落方面的“诉讼”而出台的。桑茶的问题，关乎乡野特产茶叶的品质与信用，由于没有茶园的村落也制作桑茶，光靠单个村落无法解决这一涉及范围较广的问题，因此，各村落请求领主颁发法令。这种触书由此成为“民愿触书”，是响应民众方面要求而出台的法令。

关于桑茶，延宝二年（1674）有八个村落制定了禁止混入糟茶和红叶、曳叶，以及将其他领国的茶叶与“乡野茶一同”贩卖的掟。它以“再度申求法度之书”为题，乍看上去如同领主颁布的法令，称“京都、大坂之茶商，当再启商谈”，实际上它是村落“相谈”后制成的“乡掟”。

正德二年（1712），又以规范“摘取、贩卖”特产柿子的“柿法度查明之事”为题，今堀村等十一个村落联名制成了乡掟。被规制的柿子是涩柿，是日野地区的特产，常被作为漆器的原料。

茶和柿这些关于商品流通的问题，有必要超出村落的范围，进行广域的监管。此时，各个村落商议制定了广域范围的乡掟，有些还直接被称为“法度”，还有些是村落向领主请愿后由领主颁布的正规法度。在这制定过程中可以看到，“总村自治”原本就存在，它作为内部规范，具备形成掟的能力，而在此基础上更进一步，便能看出它以领主法令为媒介，逐渐具备形成广域性法令的能力。

宽永年间伊达藩法令的内容大致可以分为以下五个方面：①禁止藏匿天主教徒，禁止浪人和街道游民留宿，禁止赌博、结党等危害治安之事；②禁止因山林、土地边界线等问题与其他领地产生纷争；③为规制庄屋贪赃枉法，公开村落账簿，规定庄屋酬劳；④村内出现的公事和争论由五人组和庄屋、肝煎调停，若无法解决则由庄屋上呈手代和代官，开始诉讼程序。若庄屋徇私非分，可直诉；⑤颁布节俭令（规制赖母子和讲产生的酒食就是其中一环）等。

由此可见，②之后的各项规定并非都是抑制性的内容，而且和总村以来的村掟具有共通性。关于水域、山林等地域社会的诸问题，村内已经针对各类争论形成一定的标准，而此时的主要着眼点在于将其确立为公共性秩序。③是小百姓的诉求和行动的产物，在前文中业已论述。①中的治安条目，无论是关于天主教的禁令，还是禁止浪人和街道游民的留宿及赌博，在先前制定的总村掟中都有。

宽文六年（1666）之后，伊达藩令以“秉承公仪之御法度”为题，在上述内容的基础上，增加了第六条——山野和山林的竹木、杂草的利用规范及对毁坏田地、毁坏作物者的处理规定。而这也是有总掟作基础的条款。如此一来，“公仪”不仅针对天主教徒这类国家级罪犯，还对毁坏田地和盗取草木者进行管制，这大概是在宣言要确保地域社会的和平与安全，保障生活与生产。在现实生活中从事防火差役、巡夜差役和山野巡卫的虽然都是村民，但在原则上那也是公仪的工作之一。“公仪御法度”是在总村等地域社会中诞生的规范，它吸纳了掟的规定，将其转化为基于所有人同意的公共法体系。反而言之，正因为拥有如此的公共性特质，伊达藩令被称为“公仪御法度”，并在此基础之上被视为“民愿触书”。

如上文所述，法令和掟的关系能够如此明快清晰，是由于该地区自中世以来就是拥有总村传统的上方最发达地区，而且领主是并非在地经营的仙台伊达藩飞地领主等特殊条件。而所谓的“五人组账前书”大概类似于“公仪御法度”。“五人组账”在二三十条的规定之后，由同意规定的全体村民以五人一组为单位署名，这种形式基本上可在全国村落中见到。规定的内容从禁止天主教徒到处理毁坏田地者，是前述伊达藩法令的集大成者。自此，无论领主是否对民众采取抑制政策，都可以看到法令对民众生活的各种细节做出了规制，它的确立过程应该也可被理解为法令逐渐获得民众公共性的过程。

读写能力与诉讼能力

柴田纯所介绍的天文二十四年（1555）越前国敦贺郡江良浦的史料中，谈及该渔村总百姓由于“在所之人无法识字”，故招纳“旅僧”使其“开钵”，建立寺庵并祈愿免除阵夫役，即在畿内附近的领国，自战国时期开始，民众之间就广泛出现建立寺子屋[1]的趋势。在湖东地区，天正八年（1580）的蛇沟村庵室就招纳了名为“暂官”的下级僧侣，并免除其年贡和诸杂役。河内国丹北郡我堂村于文禄三年（1594）统计的太阁检地账中，关于屋宅地的记载中“新介子共习字所”也被免除夫役，是村里公认的孩童习字之所。

天和年间（1681—1684）远江的村役人阶层所书的《百姓传记》中也称，“我等住处，招纳能确实阅书物之人，寄合扶持，令其先让幼少孩童学入门之识，当令孩童能读智慧之古语小文（练字帖和训诫本）”，“致与其身份相应之学问，勤勉于土民之职”。可见村内的寺子屋比这出现得要早许多。

以下是今堀村一个名为传右卫门的男子于宽永十四年（1637）向“总中”提交的致歉状。

（一）此次茶叶交易之事，由于过错失策，故接受总

1 寺子屋，为庶民开设的初等教育机构，由武士、僧侣、医生等担任教师，教授读、写、珠算等。

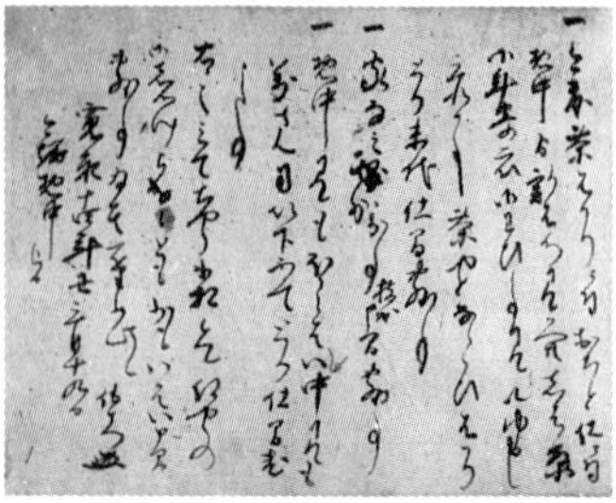

今堀村“传右卫门托状”（滋贺县东近江市今堀町藏，滋贺大学经济学部附属史料馆提供图片）

中之处罚，并向柴原御年寄众致歉，诚惶诚恐，而后不再与茶屋勾结致力算计之事。

（二）无论于总中抑或朋辈之间，不得再从事计数或书记之职。

从字面上看，传右卫门应该是在茶叶贸易上与茶屋商人勾结，在计量和交易上有不正当行为。他承诺，而后不管在“总中”还是“朋辈”之间，都不再“从事计数或书记之职”。由此可见，在与村落和其他百姓进行茶叶贸易之际，他负责价格和交易量的交涉、撰写合同等工作。战国时期，纪州国高野山领鞆渊庄的番头也负责书记，可见总村内拥有读写能力的阶层是广泛存在的，其中还有一部分十分专业的负责人。

土佐藩宽文二年（1662）的领国掟中，有以下内容：

百姓之子无论男女，若至八九岁当“令习面面之事”。庄屋及自足富贵者令子女“能写会算”，而贫弱者却弗能致。原本贵贱万民虽有贫富之别，也应依人志向“使其学习艺能”。……然百姓仍应以百姓之职为第一要务，闲暇之时可思读写算用，亦可于夜间致学。有能者可升拔为独当一面之人。

正是以读写算数能力普及为前提，建立在“村请制”基础之上的“兵农分离体制”才成为可能。而从前述的村落骚动中可知，村落的管理者不仅有庄屋，还有检查、监视庄屋工作的人员（参见第三章第三节）。进一步说，处理村务所需的还不仅仅是读写和计算能力，理解御触书、代表村落表达诉求、备齐“证据”等文书，还要求村落管理者具备处理公共事务和诉讼的法律能力。

庆安五年（1652）幕领代官出台的法令中，有如下论述。各代官管辖下的僧侣、百姓中“或有智慧才识者，或有一技之长者，或有谗者佞人”，因此在处理公务时，稍有偏私或非法之行，就会被轻视为不公正的代官，政务也就无法再度开展。即便面对“土民”，也不能对之说出“辱其心志”的恶言，不得侮辱百姓。

在百姓当中，除僧侣和村役人之外，还存在具有智慧才识者和拥有一技之长者，在某种意义上他们都属于知识阶层。从具备读写能力的一般百姓到这些知识阶层，构成了村落社会民众总体的知识能力，支撑起作为村落文书主义基础的村请制，同时也使百姓具有向将军和藩主告发苛政和逃散的能力。

池田光政称前文所述的“谏箱”是“借用一国之智”。同样，且不论直诉，如何将村落社会的“知”纳入村请制和“民政”之中，正是幕藩面临的新课题。

第五章

都市社会的建立

第一节 | 武家国家的首都——江户

天下泰平、武运长久的祭典

1998年秋，华盛顿国立美术馆举办展览会“江户 - 日本的美术（1615—1868）”，其间公开了一对题为“江户祭礼图”的屏风。根据图鉴的解说，这是“最近发现的成果，且是首次公开”，在这之前几乎无人知晓其存在（战前虽有人介绍过，但其所在一直不明）。图鉴称，屏风描绘的是江户日吉山王神社的祭礼，是“江户时代的图屏风中最早或早期的作品”，比已经家喻户晓的《江户图屏风》（日本国立历史民俗博物馆所藏）还要更早，大概是17世纪中期的产物。不久，该屏风又在日本公开展出，名为“江户天下祭图屏风”。

作为江户后期祭礼史料集编纂而成的《茉莉花》，将山王祭记录为“为了天下泰平、武运长久，在八百零八町汇集各种风雅……人们抽签占卜、豪气遍游，从早至晚”。山王神社是由家康请神的江户土地神社，祭礼之际，将军将御临江户城内，祈祷“天下泰平、武运长久”，正如松尾芭蕉的高徒其角所咏，“我等亦享有天下祭”，这场盛事被称为“天下祭”（到元禄元年［1688］之后，神田祭[1]也有了将军入城御临的环节）。

从屏风所绘的景观中还能略微看出当时的年代。画中有江户城的天守阁，右侧还用较大的篇幅描绘了城郭内的纪州藩邸，且山王神社在麹町御门外，因此这幅画无疑绘于明历三年（1657）大火烧毁这些建筑之前。自明历大火后，天守阁并未重建，山王神社移址到永田町直至现在，纪州藩邸也被移出城郭，其遗址就是今天的吹上御庭。屏风与早期的江户地图（参见第 250 页和 251 页图）也十分呼应，关于江户城诸门描绘得十分准确，图中还用数张贴纸标明大名的官位，其为明历二年所绘之物的可能性极高。

将军观览山王祭，初见于《幕府日记》宽永十二年（1635）六月十五日“于高台御览山王祭”的记录，也有观点称这是奉前一年的家光之意，作为“人祭”进行的祭典（《辑要家传书记》）。在观览后的六月十七日，则有“当社依仗我诞生所之神灵……应逐渐精祈国家之泰平”的记录，神社领地从一百石增加至六百石，这也是该年将军入城御临的旁证之一。而且家光本人正是生于江户且诞生于将军家的第一代将军。

这对屏风在中央连接在一起，祭典的行列大致自右至左，自北向南行进。右边屏风右端描绘的山王神社祭典队列，沿着城内护城河的一段向东行进，自麹町门的枡形进入城内。在右

1　神田祭，为纪念 1603 年家康在关原之战中胜利而举行的庆典，与山王祭和深川祭并称为江户三大祭。

↓红叶山与红叶山御门

↑牛若和弁庆的山车，其后是持大刀者

↓从常盘桥御门前往町方　↓大传马町的谏鼓鸟的吹贯

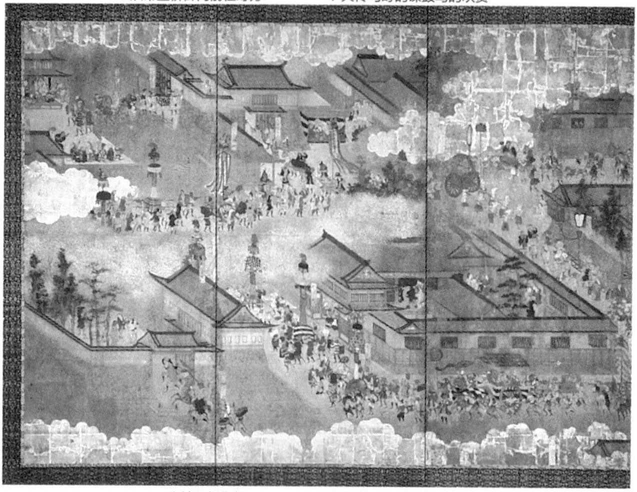

↑神田桥御门　↑从加贺藩邸二阶橹门前经过的麹町的笠鉾

《江户天下祭图屏风》（个人收藏）

⬇日吉山王社
〈右支〉
⬆有御成门和带格子窗的表长屋的纪州藩邸
⬆从麴町御门的枡形中出来的神轿

⬇平川口御门
⬇天守
〈左支〉
⬆松平伊豆守邸
从竹桥御门进入的大刀的山车⬆

屏风中央大幅描绘的是纪州藩邸，队伍环绕在其北面和东侧。屏风还描绘了藩邸南侧穷尽金银而建造的华丽的御成门和台所门，在其西侧还能看到水户藩邸的御成门。御成门在明历大火后的重建中，由于遵照节俭令而变得简朴。通过纪州藩邸的行进队列的右手边，是御花畠（御树木屋宅）和红叶山（下）御门。其背后的红叶山当时正供奉着东照宫，但屏风并未描绘。

左右两面屏风交汇的中央耸立着天守阁，左右分别描绘了三重（右面屏风的左端）和二重两座望楼，其上还有写着“御橹”的贴纸。根据《幕府日记》等记载，此时作为将军御览场地的有天守前橹（或干橹）、桔槔桥橹和三之丸的平川口橹，从位置上大概能够找出画上对应的橹台（但《江户图屏风》只描绘了二重橹台）。

队伍行进到左面屏风之后，便穿过竹桥御门，进入到大名宅邸区域。队伍继续沿着护城河行进，右侧有平川口御门，左侧是老中松平伊豆守信纲的屋宅。左屏风中央的大名屋宅是前田纲纪的加贺藩邸。华盛顿展览的图鉴称这两大屋宅是御三家的尾张和水户藩邸，但这是错误的。从屏风的全体构成来看，定制的买主应该与右屏风所绘的纪州藩邸相关，与左屏风两大宅邸的关系也颇令人在意。

穿过这片大名宅邸区域，队列最终从常盘桥御门出到城外，进入町市。在其左端还能看到少许町市街区。到左端町市之后，队列通过本町通行至町市中央的茅场町的御旅所[1]。在这之后神轿就要回驾。该屏风描绘了从麹町御门到常盘桥御门的队列，可以说是以将军入城这一场景为描绘的焦点。根据享保二十年（1735）的《拾遗续江户砂子》，这条路线在明历大火之后也没有发生变化。

让我们再回到队列的最前列，根据《江户总鹿子名所大全》（元禄三年［1690］，藤田理兵卫著）、《紫之一本》（天和三年［1683］，户田茂睡著）等来考察队列本身。

跟在将要进入常盘桥御门的田乐、狮子舞队伍之后的是“大吹贯（风幡）插在鸟若太鼓台上”，风幡的白布上记有“大天满町”的字样，在各町参加祭祀的氏子[2]的游行队列中位于最前头。《事迹合考》（于延享三年［1746］起笔）曾提到，见到如此祭祀场景的秀忠（也可能是将家光误写成了秀忠），发出了“今太平治世，‘谏鼓苔深、鸟雀不惊’，将此山车[3]承袭至末代”的命令。

谏鼓指的是为了接受臣民进谏（政治批评）而在朝廷门外设立的太鼓，而此时天下太平，谁都没有必要进谏，谏鼓也因无人敲击而布满青苔，停在上面的鸟雀也不会因为惊吓而飞走。俗语中的“谏鼓鸟鸣”，大概也由此而来。处在队伍最前

1 御旅所，在神社祭礼中临时安置神明的地方，也是神轿途中休息的地方。
2 氏子，祭祀同一氏族神地区的居民。
3 山车，祭礼中的巨大彩饰花车，高度在一到十米之间不等。

头的插着大传马町风幡的谏鼓鸟，正是天下无事、“太平之世”的象征。

接下来位于第二序列的是南传马町的“大吹贯猿”。猿是日吉神社的神兽。第三序列的是麹町十二町所出的十二支笠鉾[1]，从队首到加贺藩宅邸二阶橹台门之间还绘有六朵金云，门前贴着“麹町”的贴纸。该笠鉾上是否有耕种作物的人偶，尚无法明确。到元禄时期，首先出现了猿和骑射的人偶，猿戴着银色的乌帽子，穿着金线织花的淡绿色直垂，下着白裤，手持银纸巾制成的扇子。而今，还留存了持有宽政十一年（1799）铭文、精致漂亮的神功皇后和大臣武内宿祢的笠鉾人偶，其中还有重建麹町九丁目时所书的“天下太平、万民丰乐、再拜祈求就中麹町之繁昌”的祈愿文。

随后行列队伍引人注目的一处，是松平伊豆宅邸的一角，人们牵拉着载有巨大秤砣的车，其后在坐着大黑天的轿子下负责扛轿的是一群“戴鼠面具者”。这大概是因为鼠、秤砣、大黑天都是富贵的象征。竹轿御门的出口处有弓町的大弓，进入城门处有太刀卖町所锻造的大太刀，这些都要被载于山车之上，大弓和大太刀大概都是祈愿将军家“武运长久”之物。其后跟随着镰仓町的牛若与弁庆[2]的山车。在三台神轿（从一之

1 笠鉾，在土车正中央立起的柱子，挂有用假花装饰的斗笠和写有氏子姓名的灯箱等。

2 牛若与弁庆，深受日本人爱戴的传统英雄，常被视为武士道精神的代表人物。

宫到三之宫）之后，骑马的是衣冠束带的神官，麹町御门枡形内的三位骑马者身穿铠甲，应该是被称为法师武者的社僧。总体而言，“天下祭”是江户町人祝贺将军带来的和平与繁荣的产物（参考久留岛浩的研究）。

祭礼自宽永十二年（1635）以来，每隔一年便于六月十五日举行一次。宽永二十年（1643）六月，家光首次与家纲一同御览。家纲是长年无后继子嗣的家光好不容易生的儿子。宽永十二年第一次御览时，家光于六月二十日在江户城召集诸大名修改《武家诸法度》后，曾表示打算立养子。而后，家纲便诞生于宽永十八年（1641）八月，正逢最初形式的山王祭。五月十四日，祭礼当前，为新筹祭典用具，家光下赐给山王神社千枚银两。有记载称家纲曾于“三之丸桔槔桥”上游览，可能就是屏风所绘平川口御门之桥的附近。家光想让年仅三岁的家纲亲眼看见供奉“我等诞生之所之灵神”的山王社祭典，这份心情并不难理解。然而，举行祭典之际正逢宽永饥馑。祭礼的行列在行出常盘桥御门时，在日本桥上还能看到遍布的饥民。

祭典这天，参加游览观赏的还有一对父子。那就是林罗山和其子林春斋，林罗山还为此做了名为“观山王祭”的诗文：

“丰年不增，凶年亦不俭，乃祭之礼也。”今年五谷不稔，物价踊贵。道中饿死之尸亦被放置不睬。富者于居室贮藏粮食待价高涨，巨室之污吏得其便，益加高腾欲待仓廪丰盈。收取民之年贡亦无稍许减免。何故致民流浪、饥荒遍地？……六月十五日受召，与春斋一并赴山王社观览。行列出门外，江户观览者遍及于市。其奢华之费不知几千百。祭典一过，锦绣华彩则皆为尘泥。巫祝交杂社僧，亦仅一日之辉。因祭典而快活欢笑者，则为百姓之血眼所睨视。民本为神之主。彼等消瘦，此处肥满。彼等饥渴，此处醉饱。然祭为政之端，可类推余事。吾虽对此书阅自若，然行而观之则无法认可。观祭而归，赋诗一首，予以告之。

肩担三神轿，尽显丑拙态。凶年弗节俭，安能令神喜。参祭之社僧，反为饥者驱。

林罗山以上一年浅草粮仓奉行枉法事件为依据，将他们比作“巨室之污吏”。自家康以来直至家纲，已经侍奉四代将军的林罗山，将祭典看作为政的基本，对家光提出了严厉批判。家光执政背后，还存在大黑舞和落书等批评（参见第三章第二节）。山王祭礼确实是彰显“天下泰平”的祭典。若该屏风描绘的是明历二年的场景，山王祭礼也可被看作庆贺宽永饥馑告一段落。然而，左屏风左下端描绘了神田桥门外裹着草席的乞讨父子悄然而坐的场景。祭典，是“政治表演”，但这种政治只有在江户庶民或百姓的生活得到现实保障的情况下才有意义。江户是位于将军膝下、集住着诸大名的首都，其和平与繁荣是评价将军政治的试金石。

首都江户的建设

自家康成为将军之后，江户开始被建设为近世武家国家的首都。

天正十八年（1590）德川家康入封江户，该城在室町时代由太田道灌[1]筑成，在后北条时代作为小田原的支城新增了城馆，但当时还只有土垒，屋顶是简陋草顶的粗糙之物。最近研究发现，连接江户湾海运和利根川水系的江户港，也是东海道、奥州街道、甲州街道的交界点，在当时应该有了一定发展。小田原作为关东八国的中心，偏于西隅，而曾是赖朝幕府故地的镰仓则过于狭小。

家康入封最初的修缮工程，就是开凿连通江户城馆和江户港并能让舟船驶入的道三堀，以及紧急整修本丸，但这些工程在当时仅被当作丰臣政权统治下某大名的城下町建设。正式开始城市建设，是庆长八年（1603）二月家康成为将军之后。该工程大致分为三个时期。第一阶段自庆长八年至大坂之阵开始的庆长十九年，由家康主持。第二阶段为元和六年至宽永元年（1620—1624），由秀忠主持。第三阶段则是家光主持的宽永

1 太田道灌，室町时代后期的武将，因筑造江户城而闻名。

十三年（1636）的外郭工程，并于当年大体完成。其后，在明历三年（1657），家纲对大火之后的江户进行了再改造。

庆长八年二月接受将军授令的家康在三月召集亲藩、谱代和前田利长、毛利辉元以下的外样大名等七十家，以“公仪御普请”名义要求他们提供“千石夫”。削平神田山、填埋日比谷入江和丰岛洲崎（江户前岛）的沼泽地，改建成市区街道——包含以上项目的此次工程被称为“六十六国之町普请”，每处修缮之地还被命以加贺町、尾张町等领国之名。“千石夫”指的是以每人一千石的比例承担夫役，是自中世以来的国家性课役，无论不同领主之间是否存在差别都统一课役。经过关原之战后的一系列转封，即便是家康，也无法以御恩奉公的主从关系为名，向西国外样大名要求军役。“千石夫”或“六十六国之町普请”，则是在朝廷授予将军职位基础上进行的国家性课役，这一形式在当时是必要的。到庆长九年秋，为了确立“江户御公役”的基准，幕府命令诸大名出具记录领地石高和年成石高的乡账和领地绘图，这与先前命他们制作国绘图的命令相关。国绘图原本是律令制国家以来的国家性权限，是为让天皇御览而制的。

其后，在庆长九年至十二年（1604—1607），幕府令以西国外样大名为中心的“千石夫”制作石舟三千艘，从伊豆等地搬运石料，筑造本丸、二之丸、三之丸的石垣。信浓的七大名从木曾运送瓦木四万三千根，也是在履行“千石夫”。到庆长十二年，幕府令关东、信越、奥羽的大名筑造天守阁，动员西国大名修缮骏府城。庆长十五至十六年，以东国大名为中心的西之丸修造工程开始，西国大名则被动员修缮名古屋城。自庆长十九年起，西国三四十家大名修造内堀和石垣，并修缮了名为“大名小路”的大名住宅街，但在修造期间大坂之阵爆发。

第一阶段的工程包括修造本丸、西之丸的石垣，填埋原本是沙洲的前岛，填平日比谷入江，在江户城东侧葭原的番町、麹町等地设置旗本家臣团的居住地。完成所有这些工程，也就意味着规划了半径约一点五千米至两千米范围的城下町区域，其规模已远远超过丰臣前期大坂城的规模。

然而学者玉井哲雄指出，修造城郭和城下町而进行的地形改造，在丰臣后期尤其是建造大坂城三之丸时实现了划时代的变化。大坂城三之丸的工程，不仅扩大了城下的平面规模，还削平了起伏的丘陵地带，填埋了数个峡谷，每处修缮地堆起的泥土高达九到十米。如此大规模地改造自然地形，在之前的建造工程中还从未有过。这些信息都是通过挖掘调查发现的。削平神田山、填平日比谷入江这样大规模的自然改造，是只有“天下人”所在的首都才能具备的动员力的产物。家康或许是在看过秀吉营造都市之后，从一开始就构想着如此规模的改造。从小田原城来到江户的原后北条家臣三浦净心在《庆长见闻集》中称，此次填埋造就了三十四町，超过了平清盛填埋兵库港营造出的三町土地的十倍。

如前文所述，大坂之阵后五年间未开展公仪普请。其间虽然开展了将平川改道为神田川的工程，但这只是关东领国内的夫役。尽管神田川之后成了江户城的外层护城河，但这个时期的修缮中心主要在于城市街道应对洪水的对策，以及完善用于在家康死后收容骏府家臣团的骏河台。

接着是第二阶段。元和六年（1620），筑城事业再度开展，伊达政宗（仙台）、佐竹义宣（秋田）等东国七位外样大名受到动员，在原本大部分还是土垒的内樱田门至清水门一带建起了石垣，并重建了以大手门为首，包括外樱田、和田仓、竹桥、清水、饭田口（田安）、麹町口等地的枡形。在元和八年，浅野长晟（广岛）、加藤忠广（熊本）两位外样大名和松平忠昌（越后高田）、安藤重长（高崎）两位谱代大名等人，重建了天守台和本丸。宽永元年（1624），西之丸还在这一基础上继续修缮，这也是元和九年家光受命继任将军，为秀忠迁徙至西之丸而做的准备。第二期工程还动员了伊达、浅野、加藤等外样大名，开展了修造天守台等重要项目，但动员人数尚属小规模。

实际上，此时大坂城也在开展大规模的修缮工程。在元和六年，有四十八家石高达七百八十五万石（还包括了万石以下大名分家），宽永元年至二年（1624—1625）有五十二家共七百二十万石，宽永五年有五十七家共六百六十五万石的大名加入修缮大坂城的工程中，且动员的都是西国大名。这一系列修缮工程也作为秀忠的战略，在元和五年（1619）秀忠上洛之际将大坂城直辖化，使其再生为超过丰臣时期的大规模城市，毕竟对西国外样大名确立起压制的态势是当时最为重要的课题。元和五年、九年和宽永三年的上洛，秀忠都要驻足大坂，大概是监看修缮进度。在此期间，宽永元年至二年，为了迎合后水尾天皇行幸，还扩修二条城，动员了谱代和将军亲藩共十九家大名。

到宽永六年（1629），修缮江户城的工程终于正式开展。以西之丸工程为首，幕府筑造了总长达一千七百五十间的石垣，修造了马场先、雉子桥、一桥、神田桥、常盘桥、吴服桥、锻冶桥、数寄屋桥、日比谷枡形等，完成了江户城的内郭建设。参加动员的大名中，从伊豆等地崩山取石运往江户的“寄方”达三十八家共三百四十三万石，筑造石垣的“筑方”达七十家共五百七十一万石，前者为上方、东海地区的大名，后者为关东、东北的大名，他们几乎在上一年的大坂城修造中没有过重的夫役，而且当中三分之二为谱代和亲藩大名，这也是此次修缮工程的一大特征。

“寄方”和“筑方”两方共一百零八家、九百一十四万石，加上前一年大坂城修缮，动员的大名达一百六十五家、一千五百七十九万石，基本上全国所有的大名同时被课以夫役。

最后到了第三阶段。于宽永十一年（1634）结束上洛的家光，在宽永十三年开展江户城外郭的修造工程。此次分别动员

→日吉山王社祭礼的行进路线 ①本丸 ②二之丸 ③三之丸 ④西之丸 ⑤北之丸 ⑥红叶山 ⑦红叶山下门 ⑧日吉山王社 ⑨麴町门 ⑩外樱田 ⑪神田
⑫骏河台 ⑬尾张藩邸 ⑭水户藩邸 ⑮纪州藩邸 ⑯花畠 ⑰松平伊豆守邸 ⑱加贺藩邸 ⑲熊本藩邸（上屋宅） ⑳土佐藩邸 ㉑熊本藩邸（中屋宅）
㉒小堀远江守邸 ㉓大手门 ㉔平川口门 ㉕一桥 ㉖竹桥 ㉗桔梗桥 ㉘雉子桥 ㉙清水门 ㉚田安门 ㉛龙口 ㉜和田仓门 ㉝日比谷门 ㉞外樱田门 ㉟虎门
㊱幸桥 ㊲新桥 ㊳数寄屋桥 ㊴锻冶桥 ㊵京桥 ㊶吴服桥 ㊷日本桥 ㊸常盘桥 ㊹神田桥 ㊺神田筋违桥 ㊻浅草桥 ㊼平川 ㊽道三堀 ㊾神田川 ㊿大名小路
(51)东海道 (52)银座 (53)八丁堀 (54)南传马町 (55)大传马町 (56)浅草粮仓

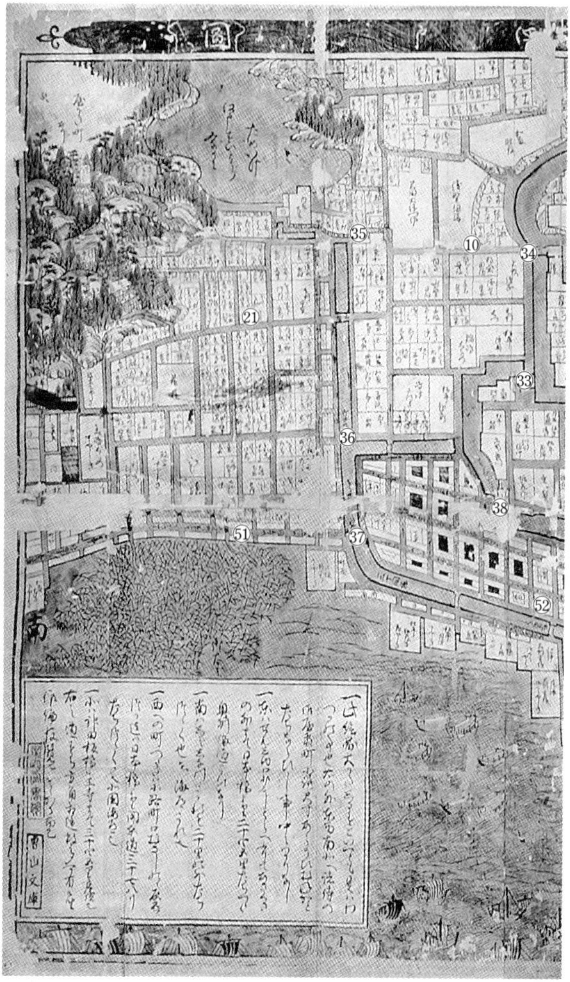

武州丰岛郡江户庄图 图为宽永九年（1632）的地图，此处只标记了与本书相关联的地名（日本国立国会图书馆藏）

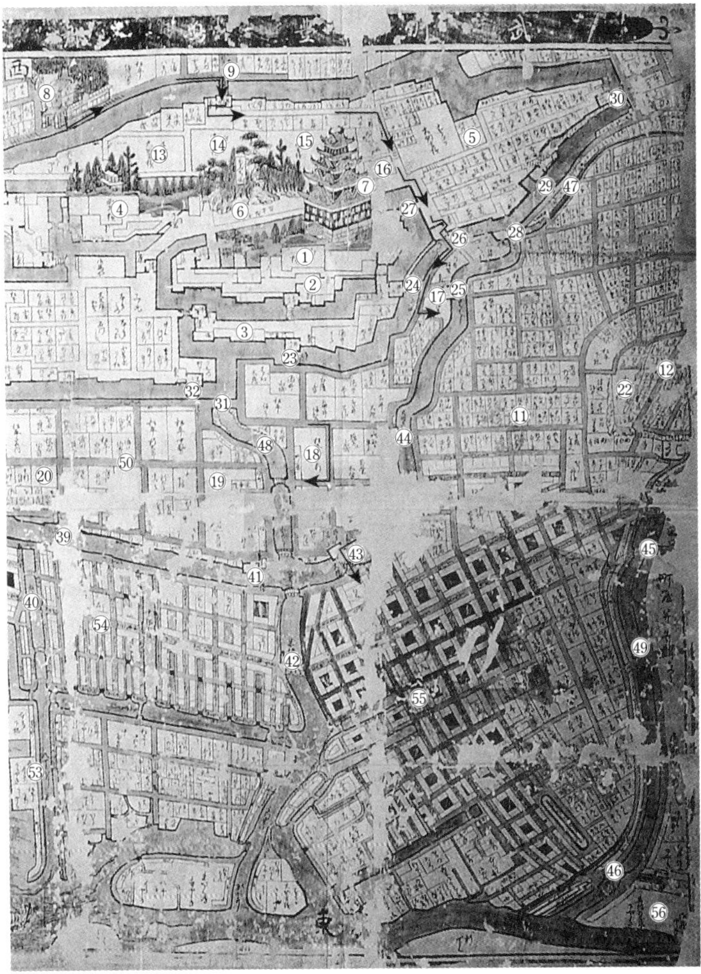

西国大名六十一家、六百五十七万石筑建石垣和枡形，东国大名五十二家、三百七十四万石挖掘外层护城河，加起来共一百一十三家、一千零三十一万石。修造范围从神田筋违桥至小石川－市谷－四谷－赤坂－虎门，上页的宽永江户地图恰好包含了此次修造的全体范围。第二阶段修造的石垣和枡形围成的内郭，包括江户城和大名屋宅。此阶段将石垣和枡形围起町人和一般家臣团的屋宅，完成了都市的“总构”。

由此来看，在庆长时期，“公仪普请役”不仅修造了江户城，还动员修缮了骏府城、名古屋城等，到元和、宽永时期则开始修缮大坂城、江户城，到大坂之阵后被中断。诸大名尤其是外样大名几乎连年履行夫役。自第二阶段起，谱代大名也被课以夫役，到宽永五年、六年和十三年迎来高峰。丰臣秀吉在征伐后北条和奥州，终止国内战争之后，开始统率全体大名侵略朝鲜。军役动员是对主从关系的确认，为保证继续统合武士家臣团，继续要求“无限度军役”也是必要的。但侵略朝鲜的行动失败，事实上封闭了对外侵略之路的德川政权在元和六年之后便开始用普请役取代军役。宽永五年、六年至十三年，幕府已经无须恩赏便可动员全国大名履行军役。而令这种“无限度的普请役”终止的，应该是岛原之乱和宽永饥馑。

如前文所述，明历三年（1657）的大火烧毁了江户城本丸、一百五十家大名屋宅（只剩五十四家）、占地四百町的四万八千间町屋，死者超过三万七千人。其凄惨的状况，在四年之后的两卷本假名草子《武藏镫》（浅井了意著）中有十分准确的记载。除了没有重建天守之外，幕府仅仅动员了二十一家大名，没有开展大规模的公仪修缮。除了将御三家的宅邸从江户城内移居到城郭外，还有大量大名的屋宅被迁到城郭之外。城内以山王神社为代表的诸寺社也被分散迁移到四谷、三田、本所、浅草、谷中、深川一带。御三家原遗址成为吹上御庭，其他大名的宅邸原遗址也作为守护江户城的防火带留存下来。

如此一来，在大名屋宅扩散的同时，江户城也得以向外郭进一步扩展，按照身份差别居住的原则就此消失，幕府也放弃了保持都市“总构”的策略。到元禄时期，江户的町方人口超过五十万人，连同武家人口一同构筑起百万人口的都市。作为“大江户”，城市的平面面积也发展到半径超过四千米的规模。而当时的伦敦和巴黎人口才好不容易达到五十万，江户俨然已经是世界一流的巨大都市。

大名妻儿集中居住——在广阔的笼子之中

江户城之所以能够成为首都，不仅在于其建设规模。江户城不仅是旗本、御家人等德川“家中”的据地，还是“公仪”的所在地，它通过实现诸大名集中居住，而具有作为武家国家首都的政治特质，也促成了自身的巨大都市化。

秀吉时期，被聚集在伏见和大坂的诸大名妻儿，在关原之战的混乱期间，大部分都回到了领国。但关原之战结束的第二年，伊达政宗就向家康进言，将所有大名的妻儿聚集于江户，在箱根、足柄设置番守区的同时建造“广笼”，并称这是“为了天下后代”。他从家康那里得到江户樱田的屋宅，到庆长七至八年（1602—1603），亲自率领嫡子秀宗和正妻田村一道，率先迁居至江户。

家康在庆长八年受命成为将军之后，直至庆长十二年都在伏见城接受诸大名的拜谒，而针对江户城“千石夫”普请修缮工程，各大名也只是派遣奉行前往江户。庆长十年秀忠就任将军之后，前田利长、细川忠兴、黑田长政等人初次赴江户参勤。庆长十二年，家康离开伏见城入驻骏府城时，诸大名渐次赴骏府和江户参勤，为了建造参勤之际的宿馆，江户屋宅领地的建设以东国大名为中心开始推进，秀忠也依次临席伊达、藤堂的宅邸，以及蒲生秀行、上杉景胜、南部利直、佐竹义宣等大名的屋宅。

关于妻儿的移居，从庆长十年藤堂高虎声称“虽难以从命，然愿彰显忠义之志”，将妻儿移居江户并受领江户屋宅的领地之后，浅野长政、生驹一正等一部分大名也陆续同意移居。大坂之阵后，幕府对将妻儿置于江户的大名减半普请役，这也说明当时并未强制大名移居。

例如，参与大坂城普请的几乎都是外样大名，在元和六年（1620）的普请中，参加夫役的二十五家大名中有六家享受夫役减半（占百分之二十四）。尚未将妻儿置于江户而参与夫役的细川忠利在元和八年正月，见其他外样大名相继“偕妻儿移至江户”，便与年寄土井利胜商议，到该年三月、元和七年六月、宽永元年（1624），锅岛胜茂、山内忠义和岛津家久分别将正室移至江户。此时正值从松平忠直未参勤交代到改易本多正纯等一连串政治危机的时期，还有传言称有力大名要谋反，由此可将此举视为幕府将大名召集至江户，求证他们是否忠诚的举措。随后，宽永元年的普请中，五十九家参加夫役的大名中有三十一家夫役减半（占百分之五十三），到宽永五年，这个数字上升到五十七家中的四十一家（占百分之七十二）。

宽永元年的二条城修缮仅由谱代大名施行，十九家大名中有两家夫役减半。到宽永六年的江户城普请时，二十七家外样大名中减半的有二十家（占百分之七十四），七十二家谱代大名中免除一半夫役的为三十七家（占百分之五十）。到宽永十一年八月，谱代大名将妻儿移至江户也被制度化。在宽永十三年的江户城普请中，幕府不再采取免除一半夫役的措施。另外，御三家移居妻儿是在宽永十年完成的。

这就是人们常说的“入铁炮出女[1]”。正如宽永十二年

1 入铁炮出女，指针对进江户城的铁炮和出江户城的女人，都要严加管控。

（1635）的《武家诸法度》禁止“私之关所，新法之津留[1]”和“往返滞留”一般，“入铁炮出女”成为自由通行的全国性原则。但在箱根等江户周边地区，家康对五大街道进行军事性完善时，还设置了关所。到宽永二年，幕府命令整改关所，宽永八年幕府命令，在没有手形的情况下，女人和负伤者一律不得通过关所和码头。如此一来，诸大名的妻儿基本被围禁起来，“广笼”终于完成。

江户城武士人口简单估算大概有五十万人，这个数字究竟是如何形成的，其实至今尚未完全明确。但就现有的材料来看，在庆长、元和时期，无论是赴江户参勤的外样大名，还是在江户定居的谱代大名，他们并未完全将妻儿置于江户。也就是说，在这一时期，大名的居住据点不是江户而是其领国，虽然在江户受领了屋宅土地，那也只是参勤交代之际的宿馆（相当于单身赴任[2]）。但是到宽永初年之后，随着妻儿的移居，江户宅邸对大名而言已经成为其本宅，大名一家的生活和诸大名的交际、礼仪等都在江户进行，大名宅邸的规模和质量得到迅速发展、充实和扩大。

---

1 关所，关隘上的哨所。津留，指禁止物资往外输出。

2 单身赴任，指由于工作的关系，常常需要长时间在外地或国外工作，但家人不能一同前往的情况。

大名屋宅与武家奉公人

大名及妻儿集中居住的同时，也必然带来家臣团和武家奉公人的大规模集中居住。例如，土佐藩在贞享四年（1687）就拥有了锻冶桥屋宅（上屋宅）、芝屋宅（中屋宅）、品川屋宅（下屋宅）等[1]，拥有的家臣团与足轻以下的奉公人共三千一百九十五人，其中参与藩主政务、居于上屋宅的达一千六百八十三人，维系藩主家族生活、居于中屋宅的达一千二百九十五人。谱代大名彦根藩的家臣团和奉公人在元禄八年（1695）也达到三千二百二十二人。

上述家臣团，并非只指在江户定府居住的家臣，还有随藩主参勤交代、从本领地单身赴任参勤交代的家臣。足轻以下的武家奉公人，也协同藩士、家臣从本领地来到江户。来到江户之后再雇用年季奉公人的情况也十分常见。

观察前文《江户天下祭图屏风》中的纪州藩邸和加贺藩邸等，可以看到这些屋宅周围环绕着具有格子窗的表长屋[2]。多数家臣和奉公人住的就是这些长屋。

---

1 大名在江户的屋宅可按照用途和距离江户城的远近分为上屋宅、中屋宅、下屋宅和藏屋宅。上屋宅为藩主与其妻所用，离江户城最近，中屋宅为隐居的家督或已成年的子嗣所用，离江户城较近，规模更小；下屋宅可被视为庭院或别邸，位于郊外；藏屋宅则用于贮藏年贡米或特产，下屋宅常兼有藏屋宅的功能。

2 长屋，（一栋房子隔成几户合住的）简陋住房或排房。表长屋即靠外的长屋，内长屋则靠里。

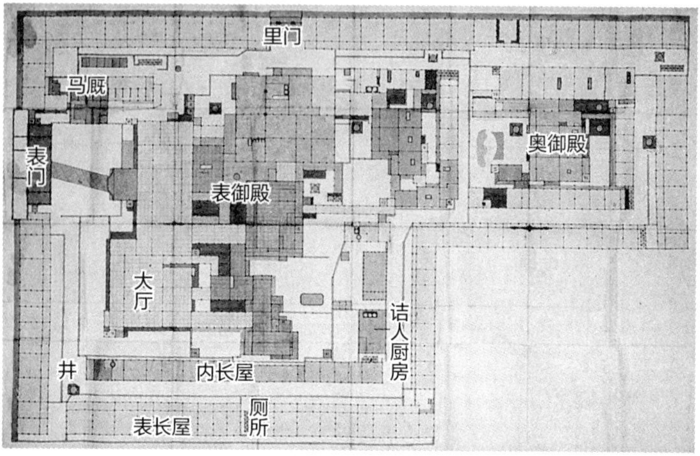

细川藩邸上屋宅 （通过在《宽永度熊本藩龙口上屋宅图》中加入建筑物名称制成。永青文库藏，寄存于熊本大学附属图书馆）

在宽永十年（1633）熊本藩细川改建上屋宅之际的图纸中，除大门外，屋宅周围都建了表长屋。长屋以两至三间为单位隔开，屋宅纵深为四间，面向道路的外侧都有格子窗。各处还能看到公共厕所和公共水井。另外，还有内长屋和诘人[1]用的厨房等建筑。其居住区划，光表长屋的部分就划分出了八十八个小房间，下屋宅每小区有两到三人共同居住，因此大概一共能容纳二百余人。

被长屋包围的中心部分是御殿。它进一步分为藩主进行公务应酬、举行仪式和家老从事政务的外宅（表御殿），以及供藩

1 诘人，住在藩邸内的家臣。

主及妻小居住、属于私人生活空间的内宅（奥御殿），御殿和以表长屋为中心的诘人空间通过塀等隔开，被明确区分开来，形成二重构造。然而，细川邸的御殿空间并没有宽阔的前庭，显得十分狭小（一般在这里会有池塘和表演能剧的舞台）。这是因为以细川宅邸所在的龙口为首，江户城近边地区大多都密集分布着大名的上屋宅，无法扩大宅邸面积。细川宅邸的图纸上标有正妻的居室，但细川忠利这时让正妻和儿子光尚居于中屋宅，自己则移居下屋宅，即便将军下访，细川忠利也在下屋宅迎接，上屋宅则作为将军登城之际宿居的地方。这也是依照家光的意旨，尽量保持屋宅简素，不再建造巨大橹门和隅橹，这是明历大火之后，大名屋宅的生活据点逐渐移至城郭之外的过渡期。

具有一定等级和身份的藩士在本国领地的城下町已建有武家屋宅，他们若单身赴任去江户，就得在拥挤的长屋里生活。即便是足轻以下的奉公人，生活在如此拥挤的场所之中，大概也会想要出外寻求消遣。但是此时出外消遣还不被允许，因为武家奉公人仍属于武装集团，大名屋宅是军事基地。如何冻结奉公人日常的暴力，是近世都市尤其是首都江户最为重要的一大课题。

顺带一提，享保时期熊本藩上屋宅的图纸中，为了扩宽屋宅地进行了大幅改善，还修缮了庭院等。除表长屋外，还建造了内长屋，容纳面积成倍增长，各个小区被进一步分为两半，改造成带有独立厕所的单人房间。

都市的和平——压制倾奇者[1]

中世日本通过庇护所和“乐市令”营造出都市中的和平区域，与之相对，近世都市则在实现兵农分离之后，成了独占大量武装集团的城市。还集中居住着诸大名的武家国家首都，集合着比城下町更多的矛盾，而且为了确保国家的正当性又必须确保其和平与繁荣。以关白身份召集诸大名集中居住于京都的秀吉，将这片集中居住的区域称为“聚乐第”，从这个名称中也可看出当时都市的繁荣与和平。

秀吉以都市法令的方式，几度禁止武家奉公人对町人的“非分”（使用暴力、抢夺和强行买卖）行为，并采取了另外两大对策。一是设置奉公人的屋宅地，禁止奉公人居住于町方，对武士团和町人的居住区域进行了身份上的区隔。另一大对策是将奉公人圈住在大名屋宅（即表长屋）中。按照学者宫崎胜美的说法，在室町时代之前都是武家屋宅被圈住在瓦顶板心泥墙之中，从秀吉时代开始才变成表长屋。此外，江户还设置了番町、麹町、骏河台等下级家臣的居住区，也是出于同样的意图。

然而，虽然家臣的屋宅为表长屋所圈围，集中居住在一起的大量武士团、武家奉公人还是引发了各种问题。集中居住初

1 倾奇者，喜好不寻常、穿着鲜艳、行为超出常识的人，一度在社会上形成风潮，既因暴行而被批判，也因洒脱的生活方式而得到赞赏。

期的著名事件是大鸟居逸兵卫事件。庆长十七年（1612），江户的大番众成员柴山权左卫门处斩了小姓，接着小姓的朋辈杀害柴山并逃亡。朋辈最终被捕并称："日来曾相约称，即便为主君，若行无理之仪，则可对其报仇，故联署结识徒党，如相约所书。"幕府经进一步调查之后发现，他的同伙达七十余人，其中的大头目大鸟居逸兵卫被捕。逸兵卫原本是武士本多百助的仆从，由于力大且武艺优秀而被提拔为武士，但之后又请辞，在江户沦为浪人。他们"切下鬓发，染上狂纹，身带大刀、长柄，容貌非寻常人"，另外还有拥有大风岚之介、大桥剃之介、风吹八里右卫门、天狗魔右卫门等诨名的"倾奇者"。当时，相传要在江户城中对三百名倾奇者进行处刑，逸兵卫回应说，以大名、奉行子女为首的三千名诸奉公人也是同党。

随着天下统一事业的推进，大坂之阵后内乱最终平息，《武家诸法度》使得家臣无法自由地取代主君，即冻结了下克上，大鸟居逸兵卫事件则是在这一背景之下，在形成新的主从上下关系过程中发生的事件（参见第一章第一节）。比起主从的上下关系，他们更重视"纵使虑及亲族、父兄、主君，较之兄弟更为信赖……仍当相互舍身弃命"的与同旁之辈的横向关系，这也可看作对抗武家社会纵向秩序的联合。逸兵卫还按照自己的喜好打造了一把三尺八寸长的大刀，将自己塑造成"年过二十五却依然活着的一兵卫"的象征性形象，因此也有研究者将他们形容为"晚来的战后青年"，但归根到底，对于庶民而言，他们就是试刀杀人、纵火、斗殴和屡犯非行的“无赖之徒”。

元和九年（1623），幕府禁止在城内的腰挂所（番士的聚集所）高声杂谈，蒙头遮面，平躺寝睡，照镜整姿，将脚放到桌面，唱诵小曲，跳舞及在道路和大桥栏杆上驻留、妨碍行人往来等等，还禁止大额、大抚付、大剃下、大剃鬓等发型，不允许携带大刀、大胁差、朱鞘、大锷等武器。如果有武士违反以上禁令，那武士服侍的主人也要缴纳罚款。虽然这些禁令反复颁布，但试刀杀人、打架斗殴、纵火等事件从未杜绝。宽永六年（1629），幕府在武家屋宅地区的各所设置了负责警卫的“辻番所”。

正保三年（1646），幕府又出台江户町例令，规定“町人持长刀与大胁差，仿效奉公人，行倾奇者之态，饰各类仪容者为不法之徒”。虽然人们说到倾奇者时也会将旗本和大名子弟列入其中，但正如大鸟居逸兵卫自称“既非町人又非武士”一样，倾奇者多为浪人。而且在这一时期，即便是武家奉公人，其中也有很多都是以一年为期的“一季居”奉公人（在奉公之际允许带刀），与町方奉公人之间也存在人员流动。倾奇者原本就是武士、浪人、町人、年寄奉公人等身份混杂的集团。随着身份统一管理的推进，旗本的倾奇者与町人的倾奇者便逐渐被区分开来。

庆安四年（1651）正月十九日，幕府派遣目付逮捕江户城中的所有倾奇者。当时年季奉公人交替的时间是每年的二月二日，因此他们也属于此次逮捕的对象。在这之后，直接爆发了由比正雪之乱（参见第六章第一节），自此之后幕府每年都在这一时期逮捕，之后在其中大展身手的是负责捉拿纵火犯和盗贼的中山勘解由直守。明历二年（1656），幕府还逮捕、处刑了以御家人子弟为中心的倾奇者组织“鹡鸰组”。明历三年，发生了民众口口相传的町人倾奇者幡随院长兵卫和旗本水野十郎左卫门抗争事件，长兵卫被杀害，宽文四年（1664）水野也切腹自尽。贞享三年（1686），幕府处罚了大量年轻旗本、町人混杂的组织——大小神祇组的成员。

在《江户天下祭图屏风》中，能够看到各町参加祭祀游行的成员中有持朱鞘大刀者。在这一时期，出门旅行和参与宗教活动一样，町人允许带刀。但在处罚神祇组后的第二年，即贞享四年（1687）的山王祭中，就禁止带刀了（之后允许以带木刀的形式参加祭典）。

如此一来，为了维持江户的治安，幕府全力彻底镇压倾奇者，鹡鸰组、神祇组等组织性活动也到此为止。在武家国家首都，为了保证町人的生活和经营，繁荣经济生活，幕府统一管制武家奉公人基层的武力和暴力，便成了不可或缺的一环。

第二节 | 三都与全国流通

分裂的首都——三都

在日本，有所谓“京都人讲穿，大坂人讲吃，江户人讲喝”“京都八百八寺，大坂八百八桥，大江户八百八町”的俗语，这三个城市被并称为江户时代的“三都”，到了18世纪，人们还分别冠以衣、食、酒与寺院、船运、人口几种属性加以区别。

实际上，秀吉最初的构想是将大坂发展为一元化首都。天正十一年（1583），家康的家臣本多忠胜从大坂获取的情报就涉及建造大坂城的计划。第二年春，秀吉计划迁都大坂，“从京都夺回都城之位”。这一点在当时的传教士路易斯·弗洛伊斯那里有更为具体的证言，秀吉除了下令建造大名的屋宅之外，还迁移了“都城的市场”，将五山等寺院迁至大坂，在宫殿方面，秀吉也欲建造得比信长在安土建的宫殿更加华丽。

秀吉让诸大名的武家集团集中居住，并以其为核心统合朝廷、公家集团、寺院权门等中世以来的国家中枢，进而将身为庄园制经济中心、拥有高度发达手工业技术的京都经济机能，与在石山本愿寺基础上建立的大坂作为濑户内海交通与贸易港口的经济机能合为一体，构建出统合政治、经济、文化整体的首都。但是，当时的秀吉自然还不具备实现“大坂首都构想”的实力，导致作为丰臣家据点的大坂城和朝廷所在的京都无法完全统合，只能在伏见这一中间地带设置统合诸大名的“公仪”的首都，之后秀吉便去世了。

而这一“大坂首都构想”，差不多得等到在江户建起诸大名的屋宅，妻小也纷纷迁居至此的家光时代才算实现，由此江户这一首都成功统合了诸大名的“公仪”与德川“家中”这两大属性。朝廷、公家集团自不必说，尽管幕府创设了东叡山宽永寺和日光东照宫，但多数本山[1]的大寺院依然位于京都，传统手工业技术、金融场所以及诸大名所穿吴服的制造地也都在京都，大坂则作为全国流通中心及诸大名仓库屋宅的集中地，占据着“天下厨房”的位置。此时，国家的外交、贸易机能依然以长崎为中心，分属于对马、萨摩、松前三藩。从整体上看，“首都”机能的实现起码分摊到了“三都”身上。

现存的和歌山藩浅野于元和二年（1616）的购物账簿中，有过藤兵卫在京都屋宅的吴服店的购买记录。记录显示，该年端午被送往江户和骏府的吴服中，有献给家康和秀忠的上等单衣和大刺绣各五件，有供秀忠正室崇源院所用的红染单物三件，供家光所用的五件，供义直夫妇所用的六件，以及

1 本山，指特定佛教宗派内被赋予特别地位的寺院。

二十三名骏府和江户年寄众、近习众所用的单物和帷子套装，其中有十五人的套装相同，除此之外，还有供藩主浅野长晟作为零用和赏赐给小姓的部分，这些加起来共耗费约十贯银两。如此一来，一家吴服店一年可赚得七十六贯多银两。以当时米价每石相当于二十五匁[1]来算，光这些银两就能买到粮食三千石。而且浅野长晟之妻等人所用吴服，看起来并不是女性用的正式吴服，所以应该还会向其他吴服店调配衣物。

诸大名在京都调配购买的当然不仅有吴服，漆器等高级手工制品自不用说，武器、药材等都是如此。正保四年（1647），俳人松江重赖所著的《毛吹草》这部俳谐指导书中有一卷专门写到了列举诸领国名特产的俳谐，以京都为中心的畿内特产占压倒性多数。其中总共列举了一千八百多个品目，京都的名特产约占五分之一，畿内的更是占到了半数。这些名特产被调配至江户，说明江户的生产力还处于低水平。在将军不再上洛之后所作的《宽永后万治前洛中绘图》中绘有一百四十七所大名屋宅，贞享二年（1685）的地志《京羽二重》的“诸大名屋敷付”中也列有一百五十四家大名的名字，其中有一百四十三家还有吴服店的相应记录。虽说是大名的屋宅，但其实更像是租来的差旅宿泊之所，为方便购买商品和资金调配而设。

1 匁，银币单位，江户时代的一匁相当于三点七五克。

第四章第三节所举的伊达藩近江一万石飞地领地（参见第 218 页图），首先是大坂之阵后伊达政宗受领了家康让其驻留伏见而赐的五千石驻留费，之后在宽永十一年（1634）家光最后上洛之际又加增五千石。之后，将军不再上洛，政宗也随之不再上洛。在加增的五千石领地中，林村和鹰饲村有两千余石，在元和四年（1618）至宽永三年期间一直被用作秀忠正室崇源院的化妆费。宽文八年（1668），从村落方面关于请求延迟缴纳银两的诉状可以看出，此时还从这一万石领内拨出“京都御买物代银”充当支付给“御吴服所”的钱款。像上述这样，自秀吉时代以来作为“在京贿料”为大名集中居住于京都而授予的京都近郊领地，在大名屋宅迁移至江户之后，就作为大名在京都购物的领地发挥作用。

当然，能够受领如此特殊领地的大名有限，通常，大名从领地将年贡米粮运往大坂，在那里变卖而尽，进而筹备出钱款。随着建设江户屋宅、移居妻儿以及在江户生活的费用上涨，大名不得不增加将大米运往大坂的数量和次数，在开发东回航路、西回航路的同时，大坂大约在 17 世纪后半叶，即宽文、延宝时期（1661—1681）超过京都，确立起“天下厨房”的地位。而这不仅是米粮的问题。如业已在《毛吹草》中看到的，除大名所用的京都制造的高级吴服之外，在各个地域产出各自的特产和自有品牌的商品之际，以大坂为中心生产的“鹿相物”——棉花等大众衣料制品——也开始得到急速发展。酱油、酒、油等日常生活用品，也几乎是由大坂向江户输出。

如此一来，随着诸大名集中居住于江户，江户实现人口集中，另一方面，诸国年贡米粮又流向大坂，各类商品从京都或上方输入江户，形成了巨大的流动格局。

三货制度[1]

关原之战之后的庆长六年（1601），家康将秀吉命汤浅常是等人在大坂开设的银座（铸造银币的场所）迁移到伏见，为了实现“天下一统丁银[2]使用”，以佐渡、生野、石见等幕府直辖矿山收集产出的白银（公仪灰吹银[3]）为首，各地矿山开始收集精炼白银（诸国山出灰吹银），制成具有一定品质的丁银、豆板银，为了证明品质符合标准，汤浅常是还会打上“大黑”的印记。其后，庆长十一年，骏府也开设了银座，到庆长十三年，幕府将伏见银座迁至京都，庆长十七年将骏府银座迁到江户。江户银座领受了京桥往南共四町的土地，其中三町是银座差役人的居所和汤浅常是的办公所，还有一町聚集着兑换货币的商人。其后，大坂在高丽桥一丁目设立银座，但这里并不铸

1 三货制度，指江户时代实行的金币（大判和小判）、银币（丁银、豆板银）、铜钱币（永乐钱、宽永通宝等）并行的货币政策。

2 丁银，海参状的银币，一枚大概相当于四十三匁，写有“大黑”“宝”等字样或盖有大黑的印记。与之相对的是豆板银，扁圆状，一枚大概为五匁。

3 灰吹银，利用当时最普遍的灰吹法炼制而成的银。

造银币，只是京都银座的“分号”。长崎也在庆长末年开设银座，为了防止比银座铸造的丁银更优质的灰吹银流出到海外。当时，诸领国中还有很多灰吹银，它们作为各自的领国货币在当地流通，但各藩在向上方和江户支付钱款或运呈给幕府时，必须再换成幕府货币，到 17 世纪后半叶，诸领国各自的灰吹银就被吸收和禁用了。

另外关于金座，文禄四年（1595），在秀吉政权下铸造天正大判[1]的后藤四郎兵卫家中的后藤庄三郎光次受命前往江户，以御金改役[2]的身份，在日本桥本町一丁目（今日本银行所在地）建造屋宅铸造小判，并在品质合格的小判上用墨写上“武藏”二字。关原之战后，为取代无法量产的墨书小判，转而开始铸造盖有印记的小判和只有原来小判四分之一的一分判。由此，以小判和一分判的形式流通的黄金，和以丁银、豆板银形式流通的银币，便被确立为幕府的统一货币，加上中世以来一直流通的从中国流入的渡来钱，到庆长十四年（1609）便形成了一两黄金 = 五十匁白银 = 一贯永乐钱 = 四贯劣币的兑换率。家康也效仿天正大判，令京都的后藤四郎兵卫家制造庆长大判。大判只作赏赐、赠答、军资用，四郎兵卫家之后在宽永二年（1625）于江户受领了本白银町三丁目的屋宅，但如金座、

1 大判，椭圆形的大金币，一般没有公定价格。与之相对的小判则为稍薄的椭圆形金币，一枚相当于一两。
2 御金改役，负责金币鉴定与检印的差役。

银座都不属于勘定奉行管理支配一样，四郎兵卫家作为大判座雕物师，从属于管理佩刀的腰物奉行。

铜钱币方面又如何呢？钱币属于制造成本不超过货币价值的小额货币，庆长年间幕府相继将金银铸造置于自己的管理之下，但由官方铸造钱币的迹象却一直没有出现，而是靠中世以来的撰钱令[1]加以规制。但对于幕府而言，规制钱币铸造一事突然变得紧迫，是因为在上洛、参勤交代等跨越领国的武士团移动逐渐日常化的过程中，需要稳定街道宿驿的修缮、车马租赁、人员雇用等所需的费用。

宽永十三年（1636），江户和近江的坂本城开始铸造宽永通宝。第二年，铜被禁止输出海外，水户、仙台、吉田、松本、高田、备前、长门、丰后诸藩也开始依样设立铸钱所，到宽永十七年共铸造二百七十五万贯钱币。宽永通宝与之前的劣币相同，以一两黄金相当于四贯钱币的兑换率在市面通行，古钱的通用则被禁止。而与白银的兑换率，在铸造之前，自元和至宽永九年还是四贯钱币相当于六十四至七十二匁白银，比较稳定，到宽永十一年四贯相当于八十匁，至宽文十二、十三年还高涨到九十六匁。导致这一膨胀的直接契机，大概是家光率领三十万军马上洛一事。

长期来看，铜钱钱币自关原之战之后就断断续续升值，整

---

1 撰钱令，禁止只收取良币、拒绝劣币这一妨碍货币流通行为的法令。

体而言，这是面对经济的扩大发展时，作为小额货币的钱币呈现出的慢性的不足状态。而且在中世期间原本应当是大量输入的铜钱，却成了输出品，钱币如此短缺的状态，是整个东亚伴随着明末混乱而出现的整体动向。

随着开始铸造钱币，四贯钱币能兑换到的白银在宽永十四年（1637）为九十六匁，在宽永十五年降到八十四匁，宽永十六、十七年降至六十四匁，更在宽永十八、十九年降到四十八匁，一路急速下落。其中，新钱的量产和迅速上市值得关注。一开始，幕府是通过让街道上的旅馆借新钱来实现新钱的普及，宽永十九年饥馑之际，为稳定旅馆收入，又一度收购新钱。其后的正保三年（1646），四贯钱币能兑换白银四十八匁，在万治元年（1658）又上升到八十匁。明历二年（1656），江户、骏河铸造钱币五十万贯，宽文八年（1668）铸造了一百九十七万贯，之后能兑得的白银便回落到四十八至六十四匁。这不仅致使货币铸造的成本降低，还使得中世之前一直通过中国钱币来支撑经济的局面被打破，日本开始以自己的货币发展出经济圈，这也表明日本从中国文明圈中独立成为可能。

发达的金融制度

随着金银座迁移至江户，幕府对货币的统一在江户得到确立，但这未必推进了经济圈的统合，实际上到17世纪后半叶，在上方，一两黄金能兑换六十匁白银，但在江户只能换到五十匁，白银的价值大概高出两成。江户对白银的需求量远远高于上方地区对黄金的需求量，换而言之，铸造黄金的江户要向铸造白银的上方地区支付更多的钱。

江户向上方地区支付的，几乎都是购买商品的货款；而上方向江户的寄款，则是领主在上方米库卖掉年贡米粮得到的款项。也就是说，领主要从变卖年贡米粮所得的款项中，支出一部分作为在上方购物的费用，剩下的则寄回领国，同时还需要为了负担江户屋宅的消费而将部分钱款寄往江户，但与其用寄款在江户购物，领主更多还是在上方地区的江户分店购买商品。总体来看，结果便是比寄款更多的购物货款流向上方。这便是上文所述的流通，这一状况同时也表明，包含关东八州的江户经济圈与连接自上方到西国甚至海外贸易的京都大坂经济圈之间，还存在资金量上的差别。

在上方和江户之间，由江户邮寄到上方的商品货款与寄往江户的、出自大坂米库的贷款交织在一起，形成了江户与大坂之间的汇兑关系。例如，鸿池家的江户店贩卖来自上方地区的酒（摄津池田和伊丹的铭酒），该店在宽文十二年（1672）结算该酒在上方的批发状况时发现，在 1992 樽来自上方的酒中，除了卖剩的 64 樽，一共收入 1675 两，除去 200 两的诸开销，其余 1470 两都寄往大坂本店，具体情况如下页表所示。

鸿池江户店寄往大坂本店的金额

支付方法	金额	占比
青山汇款	905 两余	62%
有马汇款	100 两	7%
鸿池市兵卫汇款	23 两	2%
泉屋三右卫门汇款	34 两余	2%
浦贺沙丁鱼干货款	350 两	24%
荏粕货款	39 两余	3%
现金 1124 匁	18 两余	1%

（参照中井信彦《幕藩社会与商品流通》制成）

也就是说，青山（摄津尼崎藩）和有马（筑后久留米藩）变卖藏米后汇往江户的金额，占全部汇款的 69%，加上两个商人 4% 的汇款，共占 73%。作为在上方售卖的肥料，自关东购入沙丁鱼干等的货款占 27%。这些都以商品的方式被送至大坂。而在实际交易过程中，以现成银两送往大坂的，只有 1%。

如此一来，虽然锁国致使海外贸易极为受限，但上方地区与江户首都机能的分裂，反而促使金融、信用体系的高度发展成为可能。江户大名的集中居住，逐渐促成新的财富流动，上方的经济机能已经开始向包括江户在内的全国范围扩展。正如前述，江户的人口集中到宽永之后急速扩大，包括武家人口在内已经超过一百万人，各种生活产业也开始在江户及其周边发展成经济圈，到元禄时期出现全国经济发展、扩张的局面。近世的首都并没有集中、统合于一元之上，而是通过分裂的态势，创造出了庞大的经济活动。

第三节 町自治的传统与都市行政

三都的町触

江户时代对于都市来说，可被视为町触的时代。整个江户时代，京都出台的町触数量达两万三千件。此外，大坂有一万一千件，江户有一万六千件。具体如下页表所示。

从时期来看，三都之中首先确立町触的是京都，接着扩大到大坂和江户。町触制度在秀吉时代的京都开始形成，并在进入德川时期后，在京都所司代板仓胜重与重宗管理的 17 世纪前半叶得到确立。此时，町触发布的频率还只是每年四到五件，但到了京都町奉行成立的 1666 年，町方的管理从所司代之下独立出来之后，町触开始急速增加，到 1700 年前后即元禄时期（1688—1704）达到一年内五十件的频率，到 18 世纪 20 年代的享保时期（1716—1736）达到一年内百件，18 世纪后半叶宝历、宽政年间（1751—1801）每年达一百八十至

三都町触每十年的数量

时期	京都	大坂	江户
1600（庆长五年）—	7		
10（庆长十五年）—	36		
20（元和六年）—	15	1	
30（宽永七年）—	30	2	
40（宽永十七年）—	28	34	42
50（庆安三年）—	44	70	231
60（万治三年）—	68	84	460
70（宽文十年）—	62	93	903
80（延宝八年）—	116	185	1042
90（元禄三年）—	264	299	953
1700（元禄十三年）—	486	347	624
10（宝永七年）—	585	355	1376
20（享保五年）—	1098	398	509
30（享保十五年）—	1074	494	411
40（元文五年）—	1377	472	363
50（宽延三年）—	1538	351	424
60（宝历十年）—	1938	508	832
70（明和七年）—	1808	483	581
80（安永九年）—	1861	837	759
90（宽政二年）—	1729	640	1279
1800（宽政十二年）—	1469	506	751
10（文化七年）—	1330	584	287
20（文政三年）—	1120	606	631
30（天保元年）—	840	926	806
40（天保十一年）—	1000	965	2125
50（嘉永三年）—	977	901	1349
60（万延元年）—	1710	870*	1092*
70（明治三年）—	340*		
总计	22950	11011	17830

（参照《京都町触集成》《大阪市史》《江户町触集成》制成，星号表示不满十年的数据）

一百九十件，相当于每两天便出台一则触令。

大坂和江户引入、完善町触制度是在17世纪40年代，明历大火之后的江户在复兴过程中町触激增，到17世纪70年代达到每年百件。之后到18世纪，虽然江户的町触数量大幅增加或减少，但江户和大坂的町触数量都不及京都，而是以每年五十到八十件的幅度增加或减少。18世纪的町触中，占半数左右的是入札触（后述），但它在编撰大坂的资料集（《大阪市史》卷三、四上下）时被全部省略，而江户记录触令的触留账则时精时粗，但整体来看，江户与大坂基本上表现出了以京都为准的倾向。其中还有一些意味深长的问题，如江户的触令在宽政和天保改革期大幅的增加和三都触令在幕末时期的增加等，但这已经超出本卷的讨论范围。

这些触令的发布，是由町奉行所的负责官员分别传达给京都的町代、江户的町名主、大坂的总年寄，再传达到管辖当地的町组。町组之中，当班的町再进一步将触令传达到各町，各町再通过当班的年寄、月行事[1]等传达给各个町人。如此一来，触令从奉行所颁发，不过一到两天就到达京都，跨越一千多个町传达给所有町人（约四万家），而且各阶段为了散布触令，还制作抄写本，各町将这些抄写本装订起来进行保存，制成触留账。假设一年之内出台五十件，要传达给一千个町，每件触

1 月行事，每月轮流负责事务执行的差役。

令都要留有一份记录的话，每年就要制成五万份以上的记录，可以说是十分庞大的文书工作了。

另外，若从法治国家的角度来考虑，公开所有法令，并且法令每次颁发都要得到共计四万家町人的确认，从这烦琐的程序来看，恐怕可以说是贯彻了比现代还要彻底的法治主义。如今，国会、府县、市议会制定了数百条法律、条例，并受制于这些条例，但却没有谁读过这些法律条文。与现在的情况相对比，若比拟到直接民主制中，江户时代可能更接近直接法治国家。

町触与共同体

这样的町触制度之所以成为可能，在于身处基层的“町”。在京都，战国时期的町的共同体组织，是为了保护町成员在战乱中的生活与生产经营而设立的，一般建在道路的两侧，用木门、栅栏圈围起来，形成能够自卫、拥有掟、举行寄合的自治团体。它和农村的“总村”相同。在此基础上，町聚合成町组，町组又进一步形成名为“上京”和“下京”的自治团体。在战乱中，整个町都进入自卫状态。

德川幕府成立之初，最早与町触相关的条令，目前留存于福冈市冷泉町。它于庆长八年（1603）八月发布，禁止“赌博、双六游戏、各种比赛、不正当的男女关系、游女揽客、

（武家）奉公人宿泊、作弄戏谑、醉酒发狂”，并提出任何人若发觉“上头作恶之事”，可以上报申诉，由全体町人联名书写起请文，上呈给町中三位宿老[1]。正如条令标题“此次遵奉板藏（仓）伊贺守殿指示而定总町诸条令”所述，町人根据第一代京都所司代板仓胜重的口谕，制成町规。这也可被视为“法令町请”。也即是说，在有了接受这些触令的组织之后，这些条令才成为约束人们日常生活的规范。从起请文和上呈三名宿老这些细节上，都可以看到自战国以来的自治传统。到明历元年（1655），幕府出台所谓的“二日触”，即每月二日宿老和所有町人举行寄合，讨论诸事，要求町中一同遵守既有的触令，令其制度化。这也正表明，寄合的场所与法令町请的场所是重合的。

在大坂，则有战国时代石山本愿寺发展出寺内町这样的前史。而江户之前并未出现过这样的町共同体。虽然江户具有市场和村落这些前提，但从根源上看，江户是幕府通过填埋日比谷入江而建造的都市，是由全国人口集中流入而成立的都市。观察宽永九年（1632）的江户地图（参见第250页和251页的地图），在日本桥等町区，共四十间的四方区划被分隔为三部分，道路周围林立着町人之家，中央是一块空地（地图中涂黑的部分），这块空地就是集会用的“会所地”。在建造町区时，

---

1 宿老，相当于町中的年寄。

测量用的基准不是农村的“田舍间”，而是京都的“京间”[1]，庆长十九年（1614）修缮町区时，主要活跃于京都的家康手下大工头中井正清，也与江户町区的建造有关，这点也十分值得探究。所谓会所，就是京都各町町人寄合的场所，也是保管祇园祭山车的场所。该会所到底发挥了怎样的机能，我们尚且无从得知（据说还被作为垃圾场使用），或许这是幕府试图将“町”共同体移植到缺乏自治传统的江户而做出的努力。宽永十二年（1635）山王祭开始之际，祭祀用品和山车以町为单位提供，明历二年（1656），所有町区都出台了设立名主的町触，并逐渐成为定规。

第一代京都所司代板仓胜重出台了以下町触，在思考町触究竟是什么的问题上，这一资料十分值得注意。

一、町人若要申诉，须以书面形式投入目安箱中。

二、町人若欲诉讼，无须依赖板仓家中任何人，直接申诉即可。

三、公事（诉讼、审判）之事，若仰仗私交而提交依赖状，无论是非曲直，皆判为负。

四、纵使为所司代，亦不得赊账购买町人商品。

五、武家奉公人发布告示向町人传达所司代之令，若

1 田舍间，也称江户间或关东间，一间相当于一点八米，而京间的一间相当于一点九五米。

有可疑之处，可直接询问于所司代。

这些条令使得町人有言说或诉讼之欲，均可直接上报，即允许直诉，令目安箱制度化。虽然这一触令上没有标出年代，但可看成是板仓胜重就任所司代不久后颁布的，即序章所述家康颁布的乡村法令的京都版。从所司代发出的命令可以直接传达给町人，这也正说明，通过町组织颁布触令的制度已经形成。而板仓的家臣并没有依凭于所司代的权威，也没有充当诉讼过程中的斡旋和中介角色，这表明他们汲取町人社会的意向，通过颁布町触来推行行政，进行公正的审判，同时，町触也是作为官僚的家中武士的律条。

那么，反映町人意向和要求的町触到底是什么样的呢？

都市基本法的制定

板仓胜重之子，第二代京都所司代板仓重宗在元和八年（1622）八月、十一月和宽永六年（1629）十月，分三次共颁布了包含二十一条例令的触书，被称为京都的都市基本法。第三代所司代牧野亲成在就任的明历元年（1655），承认“原奉行所触状二十一条”的延续性，还效仿前者，通过前文所述的“二日触”等出台了九条基本法。在大坂，奉行也颁布了类似的基本法，奈良则直接照搬发布。《御当家令案》等幕府法令集将这些载为最早的都市法，它们也可被视为幕府的都市基本法。

其中有“禁止伴天连门徒”“不得窝藏武士中的浪人”、可疑人物必须彻底盘问且不得留宿等与治安相关的条目，除此之外，以下与经济活动相关的条目更为引人注目。这些法令规定：诸种买卖与诸领国商人交易是自由的，但禁止行会和结党；抵押物的当票须用“人人都能读懂的文字”注明姓名与住址；诸证文必须押上印章；印章须得到借贷者和町内成员的相互确认；交易时交换的字据不能是简单的纸条或纸片，而须制成正规的文书；没有印章或印章不清晰的证文，不能作为审判时的证据；生丝买卖中，禁止只展示样品、不即时交付货物的票据买卖形式，等等。都市经济的扩大引发了各种问题，与之相关的审判也相继出现（也被称为“乱诉”），确定经济规范就成为十分必要之事。

牧野亲成的九条法令中，除了禁止赌博、隐游女[1]的治安条目之外，还列出了“继职、分配遗产”等关于养子、入赘婿等围绕町人家庭的条目。明历二年（1656）说明“诉状之书写样式”的触书中，与继职和家宅相关的委让状、赊账和欠款、金银的交换与偿还、地界等诉讼，都要求提供原告与被告的姓名、事件发生的日期、委让状和借款状等证据、记录调停过程

1 隐游女，即娼妓，特指在官方允许的妓馆区之外的娼妓。

的文书等。这其实是在向人们普及建立在文书主义基础之上的审判制度。

到了 1650 年前后，大坂和江户也开始完善这些法令，通过一百五十到二百五十名所司代与町奉行手下的差役的努力，能够支撑数十万人口的大都市运行的行政体系由此诞生。

舟木本《洛中洛外图屏风》便描绘了板仓重胜审判的光景，板仓父子的若干审判案例也在稍加润色之后被编撰为《板仓政要》，虽然未被刊行，但也流出了不少抄写本。

在此举一例说明所司代的审判。宽永六年（1629），三条衣棚町一个名叫桔梗屋净云的町人患病，由于其妾有子嗣，正室便提出诉讼，要求确认净云的遗书，板仓重宗对此的批示是，遗书必须在町内得到确认，否则不能成为分配遗产的根据。在町内得到确认并按押印章，依据文书主义和证据主义的审判，这些判例的积累，也都体现在了都市基本法中，与此同时，支撑这一系统的是町共同体；其中女性的诉讼权也被认可，以上这些都十分值得探究。描绘町人经济繁荣的《洛中洛外图屏风》，也描绘了所司代审判的光景。都市经济秩序的维持，是通过所司代颁布的都市法（町触）、审判、都市行政推行的，反言之，正由于维持町人日常经营和生活的公共机能得到发挥，町共同体支配的正当性也得到了保证。

民众理解町触吗

如前所述，如金银借贷等，只是租借一间屋子也需要有文书材料。诉讼审判时所需要的证据文书也是如此。那么，人们在多大程度上读懂了这些町触呢？

在描绘了元和二年至三年（1616—1617）景象的舟木本《洛中洛外图屏风》之后，当时的画作中开始出现写有“药种、钱屋、扇屋”等文字的店铺看板或门帘（如在《江户图屏风》就可以看到“此处有味噌”“目医者”“竹屋”等文字）。四条河原的剧场入口处，也书写有以下文字：

> 此间表演歌舞伎，所望之众御请观赏。（舟木本《洛中洛外图屏风》）

由此可见，阅读文字的能力已经开始嵌入普通人的生活之中。这又让人想起序章中古活字本装订师的“收取银子日记”。

庆安元年（1648）大坂出台的町触要求审查医师和“习书孩童的字帖”，这当然跟取缔天主教有关，但另一方面也说明寺子屋在都市中的普及。稍加上溯便会发现，狂言中就有像剧目《伊吕波》中倾尽全力教孩子识字的父亲，还有剧目《二九十八》中用九九乘法为线索，猜出女子住所的桥段，从这些细节中也可看出战国时代京都民众的识字情况。

在四条河原剧场入口处阅读告示的人们（出自舟木本《洛中洛外图屏风》，东京国立博物馆藏）

另外，与板仓重宗等人交情甚深的京都誓愿寺僧人安乐庵策传所著的笑话集《醒睡笑》，搜集了说教时用的话题和材料，是元和九年（1623）应重宗之求整理而成的。这本集子继承了《伊吕波》的作风，将其中的幽默故事分为“知文字之颜”“不识字”“文之品品”三类。以下摘出几例：

有人以“かすなぎ”(kasunagi)呼使唤侍童。客人感到疑惑，向其询问，那人对答道：“问得好！侍童的名字写作‘春长’，‘かす’(kasu)是‘春日’(kasuga)的‘春’，‘なぎ’(nagi)是‘长刀’(naginata)的‘长’。[1]”

一个喜爱钻研文字的人将饲养的犬命名为“二十四”，有人询问其原因，他回答说“因为犬是白色的”(“四六”与“白”谐音)。那人听了恍然大悟，自己也买了只白犬，叫它“二十四”，当有人问起，他便学样

1 这是利用日语中一个汉字在不同词语中读音不同的特点而创作的小故事，主人公将“春”和“长”相对少见的读音进行组合，令旁人难以凭发音得知对应的汉字。

答道："因为犬是贝的。"[1]

儿子正捧着《百人一首》滔滔不绝地朗读，父亲却说，"给我安静地默读，你这样很难学习诗文的返点[2]。"

冷泉町留存的町人联署状所展现的署名状况如下页的表格所示。天正十八年（1590）画花押的有十三人，用笔轴印[3]的包括名为妙意的尼姑在内，共有七人。但到庆长十八年（1613），除了署名为"婆"和"后家"这两名女性用略押之外，其他所有二十五名男性都用了花押。能够画花押，便说明具备一定的知识水平。但略押、笔轴印是否就说明不具备识字能力，尚且无法判断，根据下页表格，到庆长末年（1615），几乎所有男子都基本达到画花押的水平。然而，当年参与联署的都属于家长身份，恐怕尚不足以说明全部男性的情况。但该表下端显示的是元和六年（1620）天主教改宗时期整个家族的署名，共三个家庭。虽然无法明确他们之间的亲属关系，但根据记载顺序可以判断出，没有画花押的男子大概是孩童和下人，因此除家长外，还有一定数量的男子已经具备画花押的知识水平，但另一

1 此人想要模仿那人的谐音取名法，但记错了说法，将"しろく候えば"说成"しろう候えば"，将能表示"白"与"四六"的"しろく"记成了"しろう"。
2 在阅读汉文时，"返点"是标记符号，只在汉字写成的文章中出现，而《百人一首》都是假名写成，实际上没有汉文，此处是嘲讽他父亲不懂《百人一首》。
3 笔轴印，用毛笔笔头蘸墨水盖下的印章。

冷泉町联署状署名情况

日期		总数	花押	略押	轴印	印	无印
天正十八年十一月三十日	东侧	26	13		7（1）		6
庆长八年八月七日	东侧	29	13				16（2）
庆长十八年九月五日	西侧	28	25	2（2）			1
庆长十九年十月	西侧	28	21（2）		1（1）	6	
	同借屋	9	5			3	1
庆长二十年五月二十三日	东侧	24	23				1
元和四年二月二十七日	西侧	28	24			4	
元和六年三月	两侧	56	48			8	
宽永十一年七月二十三日	西侧	26*	19			8	
元和三年二月二十五日	东侧	13				13	
	同借屋	5				5	
元禄十二年十月二十八日	西侧	10				10	
	同借屋	9				9	
元和六年三月	三家人 男	17	10	3	2	2	
	三家人 女	11		3	8		

括号内的为女性，星号指既有花押又有印（参照《京都冷泉町文书》制成）

方面，也可看出在识字水平上，非下人的男子与下人、女性之间的差异。

其后，板仓二十一条触状中所用的，尚且是自己所签的花押，而自从被赐予新的印判之后，过了17世纪中叶，所有的印判用的基本都是被赐予的印判。另外顺带一提，从欧美式的签名（花押）转变为如今的印章社会，恐怕就是从这里开始的。其原因是这一时期识字阶层急速扩大，从借钱、租房的借贷证文到当票，日常的文书主义迅速普及，也促使花押开始向印章转变。

各类町触、请愿触

町触中关于治安的条例只占少数，而前述的经济法令和各类生活相关法令占压倒性多数。本节将介绍平日颁布的日常性町触。

第一类是被称为“入札触[1]”的条令。例如，在需要重建鸭川上的三条大桥时，为了筹集木材、资金、搬运和建筑工人等而入札，寻求合作者。在城郭建设中，幕府大工头中井家直接动员职人，再由各领主动员百姓参加夫役，在这过程中，具备一定资本的人通过资本召集短工和职人，购进木材，加入到入札之中。大工头中井家除了设计工程之外，还须计算诸经费的预算，准备入札资料，管理整个工程。除以上幕府的建筑工程之外，幕府或奉行所的物资调配、变卖仓库米粮等方面，几乎也都是以上述入札的方式完成。因此，17 世纪的町触将近半数都是入札触。江户町触自 17 世纪 60 年代急速增加的一大原因，就是因为明历大火之后，与复兴事业相关的入札触急增。

第二类，是在日常生活中发挥公共机能的触令。如在天冷风劲时，就会出现许多提醒民众注意用火的触令，除这种应时的触令外，还有诸如处理垃圾相关的触令。宽文十三年

1 入札，相当于今天的招标，公开工程或服务要求，寻求最合适的合作对象。入札触则为招标公告。

（1673），高濑川的船运因垃圾受阻，到延宝八年（1680）三条和五条大桥桥墩下的河流阻塞，于是就颁布了禁止向河流投弃垃圾的触令。元禄八年（1695），洛中周边地区有七处被指定为“弃置垃圾场”。元禄十二年，洛外五处又被指定为“无主墓地”，禁止将京都城外倒毙的路人埋葬在河流滩涂上。这类处理都市问题的触令，可被视为从都市规划角度出发颁布的。

宽永十四年（1637）还出台了以下的触令：“听闻混杂观览祇园祭的人群中，有幼儿走失。发现迷途幼童的町，须将之带到所司代屋宅，若幼童父母前来问询，便让其从屋宅中领走，不为民众造成麻烦，特以此令叮嘱。”延宝五年（1677），即使出现迷路孩童，也不在全町里敲锣打鼓地吆喝，而是将幼童带到奉行所，这表明，奉行所已经开始代替町中民众履行这一职能。当然，出台这一举措的背景，是有人将孩童拐卖到其他领国（宽文十三年的触令），并通过让被拐卖少女习得艺能，进而送去服侍大名（宽文四年的触令），或是将男子卖给芝居戏院或喜好男色的场所（元禄二年［1689］的触令），贞享四年（1687）还发生了以照顾养子为名，结果在收到照料费之后便将孩子杀害的事件。因此，该触令既是治安的对策，也是应走失儿童的父母所愿，发挥公共机能的一大举措。到18世纪中叶就出现了触令，要求在贸易市场或祭典会场出现走失儿童时，播报“穿着花色棉和服的四岁女童迷路了，请各位留意……”等消息。

第三类，则是根据町人诉求而出台的请愿触。例如，京都传统的西阵织是高级吴服的传统产业，宝永三年（1706）应西阵织组头和年寄的诉求，町内便出台了触令，禁止织工和从事缫丝产业的奉公人在年季结束之前去别处的织屋。

元禄十二年（1699），书店之间虽然互相约定禁止重版和类版[1]，但仍有一些书店或雕版商打破了这些规矩，众书店为此提出诉讼，禁止此类行为的触令也随即颁发。考虑到之前颁发过取缔“刊行谣言”的出版统制令，这一触令更多是在同行组织的确立与版权、著作权确立的背景之下，为了稳定书业，而开始将同行协议逐渐转换为法令的举措。

如此一来，相比于中世以来的町自治和同行组织颁布的町掟，町奉行所通过町触制度，从更为广域的视野出发担当起都市行政的职能。而中世以来的町共同体自治传统及其政治性经验，并没有受到近世都市统治者的压制，而是被加入到治理之中，成为新都市行政政治体系中的一部分。

1 重版，指私自出版其他书店刊行的书籍，也称伪版。类版则指出版与其他书店的出版物类似的书籍。

第六章

文治政治的荫翳

第一节 | 泰平之世的武士

提出诸多异议

庆安四年（1651）四月二十日，第三代将军家光病逝，终年四十八岁。后继者家纲时年十一岁，无法在上一代将军作为大御所的辅佐之下继承权力。家光的家臣中，老中阿部重次以及曾出任老中、后成为家光近臣的堀田正盛随之殉死。剩下的老中——松平信纲、阿部忠秋，连同大老酒井忠胜、井伊直孝等，再加上保科正之——形成了集团指导体制。保科正之是家光同父异母的弟弟，家光临终委托他监护并辅佐家纲。从这个意义上看，家纲政权前期是对家光政治的延续。

家纲在同年八月十八日受命担任将军，而此时已经不再上洛。幕府与朝廷的关系，以及与诸大名的关系暂且已经固定，通过上洛彰显幕府的统帅并趁机改易，已经没有必要。

但是在家纲执政初期，武士团的现状引发了诸多异议。

首先，在受任为将军前的七月九日，三河刈谷藩藩主松平定政突然向幕府谏书，并携其子松平定知入宽永寺出家。据说松平定政谏书是请求幕府接济旗本，并称若将自己的两万石知行地按每人五石的标准分发，便能养活四千人。定政是家康同母异父的弟弟松平定胜的第六个儿子，他妹妹是跟随家光殉死的阿部重次的妻室。出家后的定政在江户町托钵而行，令众人惊讶。到七月十八日，幕府以定政“狷狂”为由施以改易。跟随家光殉死的堀田正盛之子下总佐仓藩藩主堀田正信，也效仿定政，为请求幕府接济旗本，提出要返还十万石领地，结果在万治三年（1660）遭改易。

进而在七月二十三日，由比正雪等浪人的谋反计划暴露，同党丸桥忠弥在江户被逮捕，二十六日，原本计划在骏府起义的由比正雪被围后自杀，八月十三日，准备在大坂起义的金井半兵卫也自杀（史称“庆安事件”）。按照原先的计划，他们准备在强风刮起之日爆破幕府的火药仓库，并在街市各处放火，打着印有纪州家家纹的提灯混入江户城内，进而占据江户，正雪自己则在骏府久能山守城。正雪在自杀前的遗书中写到了如下内容：

> 天下之制法无道，上下皆穷困。松平定政之忠谏，亦反被当成癫狂之人而招致处置。为放逐令天下困穷之酒井忠胜，而坚守城池。

事件之后的十二月，幕府放宽了禁止临终时收养子的禁令。一般来说，大名的继承者必须事先确定，对于临终确定的养子，幕府是不予认可的；但针对五十岁以下的藩主，只要养子血统正派，便可得到幕府认可。当时，因无子嗣而被改易的大名占改易整体的四成，这一禁令的放宽减少了这类改易，进而也减少了浪人的产生。承应元年（1652），又发生了浪人别木庄左卫门骚动未遂事件，明历三年（1657）江户大火之际，幕府也时常疑心造反者的存在，江户城中的不稳定情势始终难平。而幕府针对浪人的对策，整体上集中于逮捕和盘查包括旗本在内的“倾奇者”，以强化取缔为重点。

这一时期，相比出台新的政策，幕府将精力更多地放在家光遗体的送葬、大猷院庙的建造（承应二年竣工）、宽永寺内东照宫的建造（庆安四年竣工）、轮王寺宫门迹的设立（明历元年）、对家康的神格化，以及强调德川“将军家”血统的措施之上——这些都是家光执政时代的延续（参见第二章第三节），为辅佐年幼的新任将军而成为当务之急。

家纲的亲政

万治二年（1659），十九岁元服[1]后的家纲，入驻明历大火后重建的本丸殿。宽文二年（1662），松平信纲与酒井忠胜去世。到此时，当年作为家光政权中的重要人物，在大坂之阵和岛原之乱中横扫沙场、军事经验丰富的老中纷纷退场。接替他们的是保科正之、阿部忠秋，以及在承应二年（1653）成为老

1 元服，日本奈良时代以来的男子成人礼。

中、出身名门的酒井忠清。恰逢同一年（1662），清朝最终消灭南明政权，身在中国台湾的明朝余臣郑成功也去世，东亚世界整体迎来稳定时期。

宽文三年（1663）四月，家纲完成了参拜日光的祭祀，在五月公布修改后的《武家诸法度》。该法度除颁布禁止引发了岛原之乱等事件的耶稣宗门的相关条款之外，还加入了处罚“不孝”者的条项。此外，虽然没有写入法度之中，但将军表示，殉死乃“不义无益”之举，并在口头上加以禁止（“口上之觉”）。实际上，在宽文八年，宇都宫藩主奥平忠昌殉死后便遭责难，幕府对继承者奥平昌能处以减封，之后殉死便几乎没有再发生。

殉死被称为战国时代的遗风，但事实上没有在战国时代发生过。庆长十二年（1607），家康四子松平忠吉病死，家臣三人随之殉死，这被视为最早的殉死。家康生前虽然提拔了许多“出头人”，但在去世时无一人殉死。但“口上之觉”称“近年”经常有人殉死，也并非缺乏事实依据。宽永九年（1632）秀忠亡故，老中森川重俊殉死；宽永十三年伊达政宗亡故时有十五人殉死（还有五人跟随殉死者殉死）；宽永十八年熊本藩的细川忠利亡故之际有十九人殉死；庆安四年（1651）家光去世时，曾担任老中的堀田正盛和阿部重次等至少五人殉死（阿部重次的五名家臣也随之殉死）。殉死是建立在与主君具有强烈情感的人格性关系的基础之上，但也是在和平时期失去在战争中献忠机会的背景下，扭曲发展而来的产物。另有人指出，殉死与男子间的同性爱或类似“倾奇者”的行动有关。

松平信纲因为没有像堀田正盛等人一样殉死而遭受非难，对此他反驳道：“先代之恩深厚，但若为自身名节殉死，幼君谁来守护焉？”他强调，家臣侍奉的不是主君，而是“主君的家族”。禁止殉死是以“不义无益”之名否定了扭曲的君臣关系，也可看作试图改变主从人格关系的一大举措。在《武家诸法度》中加入“不孝”的条款，也是试图在这种新的主从关系基础上确立“家”的概念和地位。

宽文四年（1664），当时二百四十四家大名中，除去御三家、德川本家、支藩等，幕府统一向二百一十九位大名分发领地授予状（宽文印知）。此外，还为十万石以上的大名和老中、所司代授予判物（五十则），为其下的武士颁发朱印状（一百六十九则）。

通过颁布《武家诸法度》和交付领地授予状，业已成人的家纲终于确立“天下人”的统治地位。从就任将军到交付领地授予状，时隔十三年。秀忠和家光也分别用了十二年和十一年确立统治地位，但他们的这段时期基本与前将军以大御所身份辅佐监护的时间重合，而家纲所历经的十三年，并没有前将军的监护（这一任务由老中等人组成的集体领导体制负责），而是等待家纲成人。其中值得注意的是，授予领地原本是基于主君和家臣个人建立的个别的、人格性的主从关系基础上的产物，但如今改为家纲统一配发，表明主从关系正在向制度性规范转变。

宽文五年（1665），诸公家、门迹以及全国超过一千所的寺社也一并被授予领地朱印状。公家方面，万治四年（1661）的宫内大火烧毁了《禁中并公家诸法度》，宽文四年六月，幕府以家纲和摄政二条光平之名公布并对其进行修正。宽文五年七月，幕府对诸宗派公布统一的《诸宗寺院法度》，在其中尤其明确了本末关系[1]，并且规定必须严选住持和弟子，之所以如此，是因为《武家诸法度》纳入了有关耶稣宗门的条款，而为了推行寺请制度的全国化，便需要确定可以出具寺请的寺院和僧侣。而且，幕府打压了没有接受此次宽文印知的日莲宗不受不施派，并在同年出台《诸社祢宜神主法度》。这一系列的举措，使得元和偃武以来，在将军法度之下统合武家、公家、寺社等诸权门的结构再次得到确认。

进而在宽文五年，幕府废止证人制。所谓证人，是把御三家、本宗三家和以十万石以上为中心的二十九家有力大名及家老等有力家臣的子嗣、总领等置于江户，使之处于幕府的留守居（证人奉行）管辖之下。最初，幕府中似乎有“证人屋宅”，其后，各藩在各自的江户屋宅内设置证人屋宅。这种证人制，常与大名妻小居于江户的制度混为一谈，但在当时，大名的领

1 在日本，佛教同一宗派内的各寺庙被确立为“本山”或“末寺”，后者受前者统辖。

国统治尚未成熟，为保证大名集中居于首都，幕府首先确保将领国内的有力家臣作为人质监视起来。这一时期的《武家诸法度》还规定，未经幕府许可，不得流放或处死“陪臣质人”。而之所以废除证人制，则是因为即便领国内家臣内部发生骚动，也必须由将军亲裁或幕府评定所审理的原则已经确立。在大名的“家”被确立为制度上有所保障的机构的背景下，幕府的举措也是对这一新情势的应对之策。

门第制与俸薪制

“主君之家”内奉公的各项制度开始确立之后，“家臣之家”内的奉公也逐渐固定下来。

万治二年（1659）六月，幕府确立了旗本番士的入番制。入番制规定，大番头之子要进入小姓组，大番组头的儿子中也要有一人进入小姓组。父兄弟中若有人侍奉于书院番，那就加入小姓组；父兄弟中有人侍奉于小姓组，则加入书院番；若父亲在远国任职或就任目付、使番，其子则加入小姓组；若同时满足多个条件，需要同时加入到两番之中的“门第”子嗣，若有兄弟身处大番，则加入小姓组。并不以个人的能力，而是以父兄的差役决定晋升的起点，这一制度的反复实行就促成了“门第”的形成。七月，谱代、旗本的一百九十二名子弟入番，此外还有不少人担任诸奉行的职位，这些人大多是家中次男或三男以下的身份。

同年九月，伴随江户城本丸的重建，幕府规定了谱代和旗本在江户城内候见的殿席。高家、诘众在雁间；奏者番、留守居、郡奉行、町奉行、作事奉行等在芙蓉间；三番（书院、小姓组、大番）的番头、百人组头等在菊间。

如此一来，谱代、旗本阶层的晋升通过这种门第制得到保证，晋升路径还以可视化的方式呈现了出来。为了在其他方面形成均衡的形式，幕府在宽文五年和六年（1665、1666）设置俸薪制（役料制），规定大番头、留守居的俸薪为两千俵藏米（相当于两千石知行地），町奉行、大目付为一千俵，作事奉行为七百俵等，由幕府在其就职期间支付。

这种俸薪制到了纲吉时期的天和二年（1682），暂且按当时在职者的知行石高加增，俸薪制度暂时停止，到元禄五年（1692）再度设立，原石高为五千石以下的大番头、留守居可得到一千俵藏米，原石高三千石以下的町奉行、大目付得到七百俵，进而到吉宗执政的享保八年（1723），大番头等石高不足五千石的部分、町奉行等石高不足二千石的部分，全由幕府补足，形成了所谓的“足高制”。

宽文年间的俸薪制，是对“家计贫困”的谱代、旗本阶层的接济。尽管倡导节俭，幕府还是决定补贴俸薪，可见，幕府一面推行门第制度，另一面也保持了适当余地，试图基于能力主义起用人才，体现了幕藩官僚制度的灵活性。

改易京极家

宽文六年（1666）五月，丹后宫津藩七万五千石的京极高国，因触犯刚修改的《武家诸法度》中的“不孝”条款而遭改易。这是将军家纲继位不久后进行的改易，也是较少施行改易的家纲政权时期所进行的改易中石高最大的一次。

控诉京极高国的，是承应三年（1654）以安智斋为名隐居的高国之父京极高广。幕府因为他对父“不孝”，与同族“不和、不通”，致使家中诸家臣与领国内百姓“穷困”，而施行改易。

父子不合是在父亲高广隐居后不久开始的，万治四年（1661）二月，高广请求女婿冈山藩主池田光政调停，高广之弟——峰山藩的京极高通也曾加入到调停之中。像这样通过姻亲关系解决亲戚或本宗中的矛盾，在这一时期经常出现（众所周知的有伊达家骚动，万治三年伊达纲宗被处以隐居，京极高国恰好是伊达纲宗的从叔父，是伊达一族会议的成员）。同时，京极高广也曾向老中酒井忠清寻求帮助。

同意参与此次合议的池田光政在第二年赴江户参勤之际，按照老中酒井忠清的意思尝试调停，于宽文二年（1662）六月暂且做出如下处置：高国须改变领国政策，作为交换，高广则隐居于京都。但是，高国没有接受此次调停，且不再与光政和高广往来。另一方面，在宽文六年四月，高广也没有接受池田光政等人的阻拦，正式向幕府提出诉状。五月三日，基于前述理由，幕府改易京极家，并放逐高国及其子弟。

从时期来看，宽文三年（1663）《武家诸法度》中加入“不孝”的条款，与该事件大概有深远联系。根据高广的诉状，向高国谏言的家老浅井备前被囚禁于屋宅中最终饿死，其他五名家老也不再谏言，家臣团由此分裂。这一时期，诸大名也面临大名宗主权的确立问题，在藩主的旁系亲族担任家老、藩主与家老有亲缘关系的背景之下，藩主的继承与家臣团内部的分裂便同时存在，引发诸如越后骚动、伊达骚动等影响深远的御家骚动。在这个意义上，“不孝”的加入，便可被视为在大名宗主权中确立“家”这一原则的举措。

京极父子开始对立，是因为江户城中大名屋宅在规模上的违规行为，再加上高国对谏言家老的处分、对弟弟的处置、借贷给家臣团时收取利息、对未缴纳年贡的百姓采取苛酷的催缴措施、非法向商人收取杂税等藩政中出现的问题，父子之间的嫌隙也日益加深。考虑到所谓苛政和非法的说辞都来自高广的诉状，我们大概可以判断出，高国的目的是为强化藩地财政而加强集权改革，而高广更侧重于扶持家臣团。宫津城在被没收之际，城内还存有大量金银，这大致也说明高国的改革在某种程度上是成功的。

家臣团会议——武士道的动摇

宽文六年（1666）五月十三日，领国接到高国被改易的消息，五名家老召集全体家臣入城。十二日，奉命没收宫津城的将军上使青山幸利（尼崎藩主）已经从江户出发。此次家臣团会议中，五名家老提议，即便是将军的命令，如果没有体现藩主高国直接命令的“墨付[1]”，就不会交出城池，“侍之本望，亦为报大守之恩”，“势必守城”。

在三百名受领知行地的家臣中，受领五百石和三百石知行地的两位物头认为“此义尤佳”，率先在誓约上写下自己的名字，而其他人基本上以“（进入麾下）时日尚短”“还是新加入者”等理由，回避表态。但受领五十石知行地的中小姓提出：“武士仪礼之本，乃向死而生。承受天下之囚牢，侍之所望，亦不过如此。我等乃去年加入御家之新人，受五十石知行禄，然此度若未见墨付而交城，势必为浮世之耻，我等以讨死之决心奋力守城。”最终，赞成固守城池的六十余人联署起誓。

五月十四日，尽管京极高国为政恶劣，五名家老也未谏言，并称对身为“天下人”的将军没有怨恨。为了表明彼此之间不存在合谋，他们从联署者中分离出来，组成二十余人的反

1 墨付，幕府或领主向下属发布的文书。

对守城派，并将联名状送到从伊势赶来的上使手中。家老另外表示，虽然希望看到墨付，但如果没有也不会固守城池，此外，若嫡长子京极高规“态度诚恳”，五人已有交城之后便切腹明志的决心。

上使青山幸利严厉要求，此次乃奉“公仪”行事，无论有无墨付，都要没收城池。为此，他率领负责没收城池的尼崎藩、筱山藩、福知山藩、园部藩的军队，以及在番的三田藩、备中松山藩部队，试图分别从福知山口、田边口、但马口三个方向朝宫津进发。六月五日的城池充公期限近在眼前，战争一触即发，在这关头，五月二十三日来自宫津的脚夫带来墨付的消息，冲突得以避免，看似毫无波澜地完成了城池交接。

守城派四十一人在家臣团会议上的发言被记录在案。他们和五名家老一样提出蒙受藩主之恩和“侍之本望”两大主张，认为家老提案“十分合理”的有十一人。除此之外，表示“勿想忘却日常之恩情”“若没收城池，拙者将首先赴死”等，因蒙受恩惠或情谊而与藩主保有人格性关系者共六人。还有七人强调“若交付城池，侍则无以立足”“侍若于当死之际未赴死，则无法逃脱天道惩罚”“士之所望，无疑为将日常弓马之道用于此时”“虽位居年寄，公职不过是顺手而为”等武士道式的逻辑。当然，也有人和家老一样将藩主的恩惠与自己绑在一起，另外有武士称，“日常虽未蒙受恩情，但此乃侍之仪法也”。

与他们相对，还有七名主张服从幕府的武士称“新侍之人，不得违令而相争”“不得违背命令”等，由此成为家老集团的协助者。家老子嗣等也称，“既然父亲守城，则无多言一同赴死”“次郎太夫随父亲指示行事”“同姓佐次右卫门既已守城，无须多言”等，跟随父亲、叔舅、兄弟守城者有十人。当然，也有与之相反的情况，“一族之中无一人表示守城，实无面目可对，如此之事应不论父子之别，我等以此事甚尤”（此处所提及的“面目”也属于武士道逻辑）。

梳理以上武士的言行可以发现，兼有报恩和武士道思想的有十一人，持报恩想法的六人，武士道思想的七人，服从命令型有七人，与亲族步调统一的为十人。在这场藩主家内立场分裂而导致的御家骚动中，支持高广的核心家臣被幽禁于屋宅之内，或沦为浪人，基本被排除在藩外。三百人的家臣团（此外还有领受切米的足轻等一千七百余名武士）之中，联名起誓者只有四十到六十人，联名者中存在激进派，其中主张蒙受恩情者占百分之十四，主张奉行武士道者占百分之四十四，共占百分之五十九。这一数字表明，战国式的武士道在守城之际已经失去实现的机会，只能以向主君效忠的殉死形式表现，说明武士道式的意识形态遭到撼动。为了代替武士道，就有必要通过重组强化，构建起将家臣团统合为“家中”的新型逻辑架构。

从松平定政出家事件、庆安事件，到元禄十四、十五年

（1701、1702）的赤穗事件[1]，武士不仅将自身理念付诸行动，还构建出各种“武士论”。武士谋求再度返回领地，摆脱都市的消费生活，回到奋力拼搏的战斗状态——这便是熊泽蕃山的武士土著论。农工商三民各自营生，各生私欲，在这一背景之下，武士存在的意义便是唤醒人伦之道，站在公共的立场之上执掌政治——这是山鹿素行的武士职分论。还有佐贺藩士山本常朝《叶隐》等书强调“武士道者，死之谓也……则成‘常住死身’，于武道乃得自由，一生无落恪尽家臣之职”，以“常住死身”奉公。虽然他们在武士是武装战斗者还是统治者这一问题上存在各种意见，但正如著有《鹦鹉笼中记》的名古屋藩御叠奉行朝日重章所说，人们一面讴歌泰平，另一面也认为勤恳尽责是武士道的一个方面，在“天下泰平”的基础之上摸索武士存在的意义。

“仁政”——天下之民无一人受饥挨冻

以宽永饥馑为契机，幕府确立了农政（参见第三章），相应地，诸藩也在不久后推行藩政改革。

冈山藩的池田光政在宽永饥馑之际，提出“推行万事之法，并于诸役人、诸奉行之内推行”，宣布要进行彻底的藩政

1 赤穗事件，指赤穗藩家臣四十七人为主君报仇，斩杀当年故意刁难藩主的一名旗本。

改革，但实际到承应三年（1654），改革才以大洪水为契机，得到果断执行。该藩一直以来都命令家臣必须保证知行地上的每一名饥民不再受饥挨饿，但改革的推行通过将天皇直辖地与知行所的年贡率平均化，大幅限制了家臣在地方的知行权，促进领国农政统一化。这是加贺藩的改作仕法和长州藩的万治制法等初期藩政改革共通的一大举措。

针对这一举措，光政解释这是因为大名从将军手中接过了该地的统治权。换言之，这是因为将军唯愿“全天下无一人受饥挨冻，实现国富”，“因一人无以达成，故委托于各领国”。如果“领国沦为逃亡之地，一国之民皆叹息”，“其一国人民之叹，皆指向将军一人，令将军蒙受指责，影响将军之气运”，该领地的大名便会被视为对将军“不忠”。池田光政还称，“治理领国，乃我等之奉公，我等向将军大人所尽之忠。”将军的权力，并不建立在先由大名治理领国进而对大名进行统治的基础之上，而是首先由将军握有全国统治权，并对其进行分割委任，才有大名的领国，而承担治理领地职责的就是家臣的奉公。正是通过逆转这一逻辑，藩政改革才得到实施。

伊势津藩的藤堂高次区分了乱世之中的忠义和“太平长久治世之下”的“而今之忠义”，认为后者“让领地内丰饶富庶”。不仅不得“滥杀无辜”，还不得“令人饿死”，令“天下之民无一人受饥挨冻”是将军的责任，由此，“仁政”的逻辑强化了从家臣到大名再到将军的集权，并将大名的“家”置于“仁政”的主体地位之上。家臣在兵农分离之后集居于城下，不再是以战斗者身份自立的武士，但随着知行地的支配权逐渐被名目化，家臣也不得不开始转变为附属于大名之“御家”的武士（“家”之臣）。

由此来看，以会津藩主保科正之和冈山藩主池田光政为首，这一时期好学的藩主及下任将军纲吉都鼓励儒学，揭开“仁政”的序幕，而这绝不是统治者个人性格所造就的。

第二节　将军的“仁政”与贱民

纲吉亲政

延宝八年（1680）五月，家纲于四十岁病故，由于没有子嗣，便由最小的弟弟——时年三十五岁的馆林藩主纲吉作为养子继任将军。这是旁系亲族首次继承将军之位，对于原本以为只能以馆林藩主身份终其一生的纲吉而言，出任将军完全超出了他的预料。

纲吉于该年八月继任将军，十二月，家纲政权的重要人物酒井忠清被免去大老职务。从此时开始，评定所已经开始重审越后骚动事件，忠清被罢免的原因也在于此。翌年五月，酒井忠清去世，终年五十八岁。

越后骚动是越后高田藩（二十六万石）的御家骚动，藩主松平光长是元和九年（1623）在福井藩遭改易后被流配到丰后的松平忠直的长子，之后被授予高田藩。延宝二年（1674）光长的嫡子死后，家老小栗美作（光长的妹夫）和永见大藏（光长同父异母的弟弟）等反对派围绕后继者问题爆发争论。光长自己无法平复该争论，便向幕府提出诉讼，以延宝七年小栗美作一方的胜诉告一段落，但之后武士脱离藩籍成为浪人等混乱状态持续不断。在就任将军的同时重申该案的纲吉，在延宝九年（1681）六月于江户城大广间召集御三家、谱代大名、诸差役，令争论双方当庭对质，并亲自裁决。最终，小栗父子切腹，永见被流放到八丈岛，其他人也都受到惩罚，光长自己也被追究骚动的责任，领地被没收，流配到伊豫松山。与小栗方面勾结的忠清之子和当时的大目付也遭到处分。这可以说是纲吉即位之初的改易之举。

代之担任幕政核心的，是在家纲去世前一年才成为老中、因拥立纲吉而得势的堀田正俊。

纲吉就任将军之际，于延宝八年八月指出“米粮入库而诸民穷困”，命令代官肃正纲纪，令老中堀田正俊担任“胜手挂”（农政专管），命京都町奉行二人、勘定头三人、目付一人掌管幕领政务。这与家光应对宽永饥馑时的组织形式相同。

堀田正俊在该年闰八月出台七条对代官职务的规定。内容与宽永饥馑之际出台颁布的基本相同，开篇指出，“民乃国之本也，代官当常能体察民之辛苦，使民无饥寒之愁”，“民因远于上而生疑，上亦多对下生疑，万事当勿使上下生疑为念”等，首先劝说代官做好思想准备。这可被视为纲吉的“仁政”宣言（之后，在纲吉执政的二十九年间，幕府代官大概有半数，共三十四人被肃清）。

天和三年（1683）七月，纲吉大幅度修改《武家诸法度》，最大的变更是将第一条“专务文物弓马之道”改为“励文武忠孝，以正礼仪”。此外，虽然删去了宽文法度中的“不孝”条目，但纳入了“忠孝”和“礼仪”，并加入放宽临终养子和禁止殉死的条款。换言之，此次的修改，不仅有针对“家”的孝，还增加了针对上级的“忠”。

关于这点，正如朝尾直弘指出的那样，《诸士法度》自宽永十二年起就有“励忠孝、正礼仪”的内容，此次并未颁布《诸士法度》，而是将《武家诸法度》和《诸士法度》二者相融合。这是要在理念上将全国诸大名包含到德川家中旗本与御家人所处的主从制原理中。纲吉政权将丰臣以来一直有待解决的课题——“公仪”统合在“家中”之下。对大名领地进行深度干涉的政策也相继出台。

在修改《武家诸法度》之前，天和二年（1682）五月，幕府颁布布告，“励忠孝，夫妇兄弟诸亲类和睦相处，对待众人乃至下人，皆当施加怜悯，若有不忠不孝者当行以重罪”，并向全国农村发布。这位喜好儒学的将军，不仅在江户城亲自为诸大名讲授儒学，还让全国大名对治下民众直接宣讲儒学理念。从这个意义上来看，“仁政”实际上就是将军的专制之道。

贞享元年（1684）八月，大老堀田正俊在江户城内被若年寄稻叶正休刺杀，正休也当场被杀。相传事出私怨，但真相无人可知。之后纲吉不再设置大老，只在天和元年（1681）曾将自己就任馆林藩主以来就陪伴在身边的牧野成贞提拔为侧用人。之所以没有将牧野任命为老中，是因为成为老中需要具备相应的门第条件。家光时代，将军亲临老中合议与评定所，通过亲政执掌统治的主导权；家纲时期，代替将军处理实务的，是成立于家光时代的老中合议制；而纲吉采取的是通过侧用人从外部进行统御的方式。柳泽吉保也在元禄元年（1688）成为侧用人，虽然没有成为老中，但到宝永三年获得了相当于大老的待遇和位置。

在这一体制下，幕府推进财政改革。德川初期兴盛的金银矿山产量急速下降，明历大火和纲吉时期的寺社建造等支出也十分庞大。之前的幕领政务除了恢复年贡收入之外，还要通过让铜钱结算主导长崎贸易，进而阻止金银流出（贞享二年），并为了实现贸易统制而在长崎设置会所（元禄十年）。天和二年（1682）原本是勘定头差添役（之后的勘定吟味役）的荻原重秀担任勘定奉行，并于元禄八年（1695）推行金银货币改铸。宝永五年（1708），幕府以救济因前一年富士山喷发而遭受损失的受害者这一名目，对幕领和大名领地一律以每一百石高赋税二两的标准，向诸国课以高役金。

作为政策体系的《生类怜悯令》

最能影响世人对纲吉政权评价的，大概是《生类怜悯令》。如今，《生类怜悯令》常以“犬公方”（狗将军）一词或《爱犬令》的形式为世人所知，事实上，它是涵盖了《舍弃牛马禁止令》《弃婴禁止令》《饮酒造酒统制令》《病人保护令》《鸟兽保护令》《铁炮制限令》和禁止鹰猎等法令和措施的一系列政策体系（参考冢本学的研究）。

贞享四年（1687），这些法令开始相继出台。该年正月，无论是在旅店还是圈宿牛马的马厩，如果牲口因重病遭到遗弃，遗弃者将受重罚。若牲口实在难以养育，可将其交予町奉行、代官和领主。二月，幕府禁止买卖活鸟、活鱼，并要求诸大名上献给幕府的供品不得是活鱼或贝类，上献的鸟类也逐年减少（贞享二年，幕府已停止食用鸟类、贝类和虾类）。到三月，饲养活鸟也被禁止，像家鸭这类不能直接放归山野的动物，便保持原样，好生饲养。法令还规定不能杀鸡进行买卖，也不能贩卖活鱼。四月，幕府要求登记弃童并加以保护，登记伤人的鸟类、畜类，如有家犬死亡也要登记。纲吉认为，那种认为喂养流浪犬会产生感情，反而造成不便，因而不应当加以保护的想法，其实是一种误读，并强调，“不限于犬类，对所有生类，人都须以慈悲之心为本，怜悯乃首要之事。”此处的“慈悲之心”，也可理解为“实为仁心所成，人人志趣所向”，纲吉将佛教和儒学作为两大原则，并在实际执政中灵活运用。

法令在处理各类事件的过程中逐渐具体化：①被细化为更加具体的规定，如“犬若被牛车或板车碾压所杀，车须上交给宰领（监督者）”，“禁止耍蛇人等以动物表演为生的行当”；②公开了处罚的具体实例，如对遗弃病马者处以流放之罪等；③保护生灵的责任不仅在于个人，町和村也有连带责任，也要追问代官、领主的管理责任；④开始登记弃童、伤犬、倒毙者等，制作登记所有家犬、金鱼、牛马等的记录，为防止弃童而登记所有孕妇；⑤登记并规制抵御野兽用的乡间铁炮；⑥为统一管理饮酒而规制造酒，为提高酒价而设立酒税。

由幕府直接向大名领地内的农民颁布布告，之前在禁止天主教和宽永饥馑时期也曾有过先例，但在大名领地内直接征收税金的布告，这还是首次。

由于元禄六年（1693）是酉年（鸡年），幕府于该年废止杀害鸟类和鹰猎；到了元禄七年（狗年），幕府又开始频繁颁布关于犬的触令，次年起，四谷、中野的犬屋收容了超过四万只的大规模狗群。在《三王外记》一书中有记载称，纲吉所皈依的真言僧护持院隆光曾对他说，德松（纲吉之子）亡故后无子嗣是前世杀生的报应，并劝说属狗的纲吉爱护犬类，从这一记录可见纲吉对“戌年”的过度关注。

但若在更宽广的视野之下考察这一系列政策在时代中所处的位置，《生类怜悯令》在元禄社会中到底具有什么样的意义呢？鹰猎原本属于武士的军事训练，将获得的猎物下赐给家臣或者上献给主君，是武家礼仪中的一环，而禁止鹰猎转而保护鸟兽，反倒破坏农作物，令农民苦不堪言。这一系列禁止确实减少了饮酒引发的斗殴或对弱者施暴、吃狗肉等行为，但当时也有人批评这是试图统制“倾奇者”和“倾奇”精神的举措。

冢本指出，从禁止弃童和保护病人的举措中，可以解读出“将军作为君主庇护、管理全体人民”的理念，从规制“倾奇”精神的举措中则可以解读出“管理全体人民的精神”的理念。而这正是将军“天下之民无一人受饥挨冻”这一“仁政”责任的极端表现以戏剧化的形式呈现出来的结果。

《舍弃牛马禁止令》

纲吉的“仁政”到底是什么呢？例如，《舍弃牛马禁止令》并不如其表面只是保护牛马的政策，那它究竟如何在现实村落社会中发挥机能，具有怎样的意义呢？

贞享五年（1688）正月在近江彦根藩，各村向藩内提交请书（法令村请），要求恪守禁止舍弃牛马的布告，即便是老病负伤、无法再用于耕作的牛马，只要一息尚存，也不能将其遗弃至山野，变卖给“皮革秽多[1]”或任由其死亡，而应“对所有生类持慈悲之心”。其中，被称为“皮革秽多”的人往往附属于普通百姓所在村落的枝村[2]，村民还向庄屋提交请书，要求就算是将牛马遗弃在自己的土地上，只要一息尚存就必须上报，且不得买卖老病的牛马。

当时不仅有街道搬运用或武士军事用的牛马，还有供村落社会中农耕用的牛马，而且从碓井村的情况（第四章第一节）中可看出，下至小百姓也都广泛使用这些牛马。当这些牛马失去用武之地时，皮革秽多就将它们弄断气，剥取它们的皮，通过鞣整和熏制染色生产出原皮。战国时代后，对鞍、甲胄、靫等马具和武器的需求急速增长，木工和铁匠都被编入军事用的职人行列中，而进入江户时代后，革裤、皮足袋、皮笼、皮柜、鼓等各类民用皮革制品开始被广泛利用，《毛吹草》一书便记载了当时日本全国各地的皮革特产制品（近世初期日本每年从东南亚进口十几甚至数十万张鹿皮或鲛皮的原皮，锁国后减少到只由唐船运来的数万张，这些原料都用于京都等地制作高级皮革制品）。

---

1 秽多，日本的贱民阶层中从事“污秽工作”的人，皮革秽多则指从事皮革加工的贱民。

2 枝村，因新田开发等原因，从原本的村落中分出的村落。

伴随着皮革加工生产和原皮生产的发展，不仅是死去的牛马，已经无法用于农耕的活牛活马也越来越多地被宰杀或买卖。但根据《生类怜悯令》，以上行为都不被允许。为此，村内须对所有牛马的年龄、毛色、大小进行登记，制成“牛马毛付账”，若要买卖牛马，买主须向卖主交付说明“卖主并非舍弃所持牛马”的证文（而通常情况只需卖主向买主交付货款的收据证明）。如果牛马死亡，兽医还须出具诊断书或表明已经做过充分治疗的证明。

另外，根据幕府的命令，如果发现有人丢弃牛马，不仅村镇，大坂町奉行等也要向数国发布广泛搜查的触令，在检查各村毛付账之后提交请书，牛马商贩要出具交易明细等，皮革秽多也要接受搜查。如此重复搜查和出具文书，实际效果如何暂且不论，但就结果而言，这个时代人们的意识中已经深深植入了皮革秽多就是在屠宰牛马的印象。

《生类怜悯令》和“仁政”论构成了“将军－大名－庶民”的怜悯等级制度，其中，将军本人是最慈悲的存在，大名分担其“仁政”，民众也被要求怀有仁心。而与这一结构处于对立位置的，就是屠宰牛马的皮革秽多。

但仔细思考就会发现，武士才是专事打仗、杀人和破坏的人，而且中世社会的百姓都将“屠夫”的称谓冠到武士身上。武士成为领国的“守护”，是中世之后向国家转变过程中才有的，并且最终通过兵农分离，武士建立了属于自己的国家。武家国家原本是破坏和战争的产物，而如今标榜“仁政”，则是因为自中世向近世转型过程中，出现了“侍不得居于国中”等批判武士的运动，以及源于岛原之乱的各类诉愿。由此，武士从“屠夫”这一和平与安全的破坏者，开始转变为保护者，成为承担“仁政”的统治者。而近世的“屠夫”标签便强加到了皮革秽多职人身上，使其成为将军极度慈悲的对立面。

《服忌令》——东照宫与“秽者”

与《生类怜悯令》几乎并行出台的还有《服忌令》，它最早颁布于贞享元年（1684），之后经数次修订和增补（最终于吉宗治下的元文元年［1736］确定）。《服忌令》规定，如果亲族亡故，需要根据与死者的关系穿丧服服丧，并谨慎决定丧忌的天数。比如，若是亲生父母过世，丧忌最为隆重，忌日为五十天，服丧十三个月。根据亲疏关系，丧忌天数总共分为六个等级，忌日最短为三天，服丧七天。在这范围之内的亲族都被视为“亲属”，彼此间需要履行互助等法律义务。贯穿始终的特征是以父系为中心的家长制原则（对养父母的服忌虽然轻于亲生父母，但在继承家业时不对两者做区分；不对父亲的妾室服丧；对末子的服忌轻于长子，女儿与末子同等处理。对妻子的服忌要比丈夫的轻两个等级；男方父母包含在服忌范围内，女方的却不在其中），一直辐射至父系的玄孙辈。此外还有“闻忌”一说，若是在远方亲族过世之后才得知消息，服丧的天数则从听到消息的那天算起。

这些服忌者因为与死者有血缘或家世关系（也包括养父母这种虚构的血缘）而成为“秽者”。这一范围即“亲族”，与武家社会“家”的秩序的确立息息相关。

在《服忌令》中，还有另外一种与血缘相别的“秽者”。他们被称为“触秽”，虽然与死者没有血缘关系，但曾靠近或接触死者或其亲族（服丧时，他们与“闻忌”一样没有接触死者。在中国，丧假是为了哀悼死者而产生的假期，原本与秽者无关）。“触秽”是在日本古代神祇令[1]规定下诞生的独特产物，人们相信，接触死者之后必须闭门三十日，而且由死者产生的污秽能够传染三次。在中世，公家阶层为保持天皇的极度纯净常常过分紧张，进入近世后，公家和神社也仍然延续这一做法。

然而，贞享年间颁布的《服忌令》认为，只有与死者同处一室的人会产生“一日之污秽”。另外，进出服丧人的家中或发生争吵、自杀、病死的人家中，虽然会产生“踏合之秽”（传染），但只要洗净身体便可平安度过（实际上在贞享元年首次颁布的法令中规定，即便是死秽，也无须闭门，洗净身体即可）。

1 神祇令，古代日本颁布的基本法令《养老律令》的一部分，是基于神祇信仰对祭祀等礼仪的规定。

元禄元年（1688）十二月，纲吉在江户城内红叶山、宽永寺、增上寺确定了对东照社参拜者的触秽和斋戒沐浴的规定。依此规定，参拜前一天若在酉时（下午六点）后曾与秽者一同用餐，需要洗净身体（行水），若在酉时之前则不必如此。若有动物在屋内死去，产生的“一日之秽”将影响正常出勤，但过一昼夜后即可恢复；若是在庭院中死去，则完全无碍。服丧中的人须在将军返回之后再参拜，等等。

原本对杀人和战争习以为常的武士社会，本应没有余地处理触秽等问题。而如今，虽然只需花费一天时间闭门或服丧，但也将触秽视为问题，并且将其确立为与“东照宫 = 神格化的家康”的对立之物。随着泰平之世的到来，武家社会不再依循战争中的秩序，转而在仪礼的基础之上建立起秩序，或是在“亲族”的尊卑亲疏之中确立起“家”的秩序，并由此完善服忌制度，且将服忌的中心从天皇改为东照宫，这一转变其实也有其必然性（林由纪子《近世服忌令研究》）。

加上之后增补的内容，《服忌令》在当时已经以町触令的形式发布。在首次颁布之后，幕府还处理了对法令随意增笔或刊行者。元禄二年，有关“忌避针忌之日”的出版物被作为“异端邪说”，到元禄七年，幕府才正式允许江户的八人刊行《服忌令》，可见其出版并非出于庶民随意的判断，而由将军和国家决定。在民间出版一事也意味着“家”开始在庶民层面确立起来，亲族秩序和家系的问题时常发生。

如此一来，在古代和中世被作为天皇对立面的污秽意识，再次被合理化为东照宫的对立面，以幕府法令的形式传达下去。与之相对，人们将专门处理死牛马的皮革秽多、送葬相关人员以及处理死秽的人（隐坊[1]、非人等）视为秽者，而且这种意识也日益加深。

宗门改与类族改

家纲在位时期的宽文三年（1663），《武家诸法度》添加了关于耶稣宗门的条目，各藩也设置负责改宗的差役，全国性的改宗业已制度化。各大名须确认家中武士和领地民众的改宗情况，并向大目付提交《大名宗旨证文》，还要附上《切支丹宗门改人数目录》，将所有改宗的人口按照家臣、农民、城下町人、贱民等分类记载。记录对象不仅是家长和土地所有者，女人与孩子、乞丐等也都包括在内。这表明，由将军和大名构成的"公仪"，统括了全体武士和民众。

贞享四年（1687）六月，幕府发布《生类怜悯令》的同时也出台了《切支丹类族改令》。但在当时，天主教徒已经全部被流放到国外或处刑，因此留在日本的只有"转切支丹"，即改宗者。所谓"类族"，指的便是这些改宗者的亲属或子孙等。

1 隐坊，在火葬场处理死者遗骨的人。

改宗者自改宗以来就是再审查的对象，因有伪装改宗的可能性而受到更加严密的监视，随着时间的推移，改宗者的后代也陆续出现，最迟到宽文三年（1663），对其子孙的调查登记也被制度化。贞享四年和元禄八年（1695）出台的追加令中有更详细的具体规定：①改宗者在改宗前所生之子“与本人相同”（被视为原天主教徒），改宗后所生之子则被视为类族；②类族的范围涵盖“服丧忌的亲属范围及婿舅”；③制成记载改宗者本人和全体类族改宗情况的“类族账”，其后若有出生、死亡、出家、奉公、迁移等情况，都须依次通报至各村和町，各领主有义务在每年七月和十二月向幕府的切支丹奉行通报。

此处“类族”的范围，沿用了《服忌令》中对“亲属”的规定，但其实不仅包括了父系的玄孙辈，还涵盖了母系的孙辈以及女方父母等，与《服忌令》的规定有若干区别。前文已提到幕府反复调查改宗者，是出于伪装改宗或重新信教的可能性，而彻查包括侄、妻、舅、姑、女方父母在内的亲族，则是因为他们可能受到来自本人的直接影响，但追查至玄孙辈的原因，大概与《服忌令》对血缘的考虑相同。这可以追溯到宽永年间流放日本人与葡萄牙人、荷兰人所生的混血儿，将异国血脉视为问题的时期。

如此一来，天主教徒所有亲族与一般的改宗者区别开来，进入幕府的直接管辖之下。仅是当时在世的天主教亲族人数就超过四万人，遍布全国八十八处大名领地和六十处代官所

(《京都觉书[1]》)。天主教徒被视为国家罪犯，类族账便是将不知何时会返信宗教的潜在国家罪犯隔离起来，并对他们实行监控的制度。

将他们从一般的改宗者中分离开来，还涉及一个将贱民区别登记的问题。登记被归为贱民的人的宗门改账，与登记一般町人和百姓的相区别。但它并不像类族账一样被置于幕府直接管理之下，而是由町、村的庄屋和名主管理，在大名向幕府汇报《人数目录》时，也要将他们与百姓、町人区分上报。

从户籍上来看，百姓与町人单纯是指居住在町区或村落的人，若移居便可改变户籍，婚姻关系也是自由的，总之就是以“平民”的身份，与改宗者类族和贱民相区分。民众由此在整体上被区分为“武士 - 平民 - 贱民、改宗者类族”这三个层次。改宗以“家”为单位，“类族”的血缘关系通过《服忌令》被制度化，区分登记的措施也规制了婚姻关系，三者间的身份转换基本上变得不可能。

根据《弃婴禁止令》，被遗弃的孩子“大多为离开城町的非人之子”，因为贱民希望通过让孩子离开自己而提高孩子的身份，对此，幕府进一步强化监视。就像《舍弃牛马禁止令》除了爱护牛马的条目外还规制“皮革秽多”一样，《弃婴禁止令》在保护弃童之外，还促使幕府强化对贱民的统制。

---

1 觉书，原意为“备忘录”，后泛指记载类的史料。

幕府首次颁布的有关贱民的法令（明历二年［1656］）认为，“出家者、入山修行僧、行者、虚无僧、撞钟僧”等云游的艺能者和宗教人士及贱民中，大概存在“盗贼的同类”，因此要求时常盘查。到了元禄时代，幕府则认为乞食者强乞、赖讨或在寺社境内徘徊时也有很大概率会作恶。

从天主教徒这样的国家罪犯，到小范围的社会罪犯，幕府都对其采取了措施，将军及其武士团施行“天下之民无一人受饥挨冻”政策，保护弃童和病人，保证国家与社会的和平及居民的生命，展现出作为“仁政”担当者的姿态。在朝鲜通信使和琉球谢恩使等人扮演着臣服于日本的国外蛮夷角色的背景之下，存在达四万人的改宗者类族和各村贱民，这对于泰平之世的将军与武士团而言，是论证其日常统治合理性的“内部异敌”。

宝永六年（1709）纲吉过世后，幕府不顾其遗言便撤废了《爱犬令》《鸟兽保护令》和《酒运上令》等，但《舍弃牛马禁止令》《弃婴禁止令》《病人保护令》，以及《服忌令》和《类族改令》等得到保留，且在吉宗政权之后被进一步强化。这些政策超越了“犬公方”纲吉个人的性格，与“仁政”的意识形态一同成为这一时代武家国家为重新定义身份所必需的政策体系。

元禄时代确实是被称为“顺应民势”的经济成长期。自宽永饥馑之后，出现连续性的天候不顺，到纲吉就任将军的延宝八、九年（1680、1681）期间逐渐好转，町市和村落的营生令庶民层面的“家”也得以安定，开始在经济上产生余力。但在看到繁荣经济的同时，也不能忽视幕府将一些人排除出去的举措。

纲吉死后五年，正德四年（1714）丹后宫津藩爆发要求减免年贡和减轻夫役的总百姓全藩一揆。除了百姓诉状之外，这一时期还有以“丹后国总头河原团左卫门”之名发出的诉状，其大意为：他在“为求来世之缘分”而周游诸领国之际，听闻有人将屠宰牛马的“皮革秽多”视为“残忍”，但要说“残忍”，难道不是藩内代官和高利贷商人对百姓的苛敛更为残忍吗？如此困窘的状况，难道不是“御上一人之奢”所致？只有彻查这些残忍之事，才能够止住“万民慨叹”，百姓才能停止发泄自己的不满。

这里所说的“御上一人”指的当然就是宫津藩藩主，这也恰恰指出了将军“仁政”构想和生类怜悯政策中的虚假之处。

第七章

逐渐开拓的书籍世界

第一节 开启藏书之旅

乡间商人三田家和柏原船

元文元年（1736）十月，一艘河舟从大坂东南方向约十五千米处的柏原村三田家出发，沿着了意川驶入大坂。舟中堆放了大大小小的柜子共十五个，里面塞着八百多册书籍。这些书将被存放在大坂天满三田家的菩提寺和妙福寺，再展示给各书店竞价拍卖，京都书商栗山弥兵卫用三百五十匁白银将书连带柜子一起买下，钱款在两个月后由妙福寺送往三田家。

记载了此事的三田家《万觉书》指出，这些书籍都是三田家上一代家督净贤特别重视和喜爱之物，尽管十分不舍，但也不得不将其卖出。

净贤是三田家的二代家督，初代家督为生于庆长十三年（1608）的净久。其父水野庄左卫门原本是福岛正则的家臣，在净久七岁时，于大坂之阵中离开福岛正则加入丰臣一方，最终在守城时战死。净久与母亲一同隐栖于堺，改随母姓而称三田。其后，净久在大坂活动，成为商人，号为大文字屋七左卫门。净久的叔父其后又侍奉福岛正则，在秀忠改易福岛正则后沦为浪人，后出家开创妙福寺。家臣在自己所依附的武将失势之后变成浪人、僧侣、町人，或归田为农，是这一时期随处可见的命运。

宽永十七年（1640），净久奉河内国幕府代官末吉孙左卫门之意，移居到柏原新町。柏原村处在众多河流的交汇处，因此经常遭受洪水侵害（参见第338页地图）。末吉孙左卫门在施行防汛对策的同时，于宽永十三年，通过开通柏原船——从了意川出发经由平野川，在大坂京桥附近进入淀川——筹集施行对策的资金。他命令该地庄屋阶层各出一艘到数艘船只，建立合作关系，并在新建的柏原新町上设立店铺。为了进一步聚集资金能力，他们在周边开发新田，在宽永十七年招揽十四名大坂商人，并将船只增加到四十至七十艘。末吉以前是与朱印船商人联手的豪商系代官，但如今已经成为以推进“民政”事业为中心的代官，大坂周边的开发事业大多都由这类官员负责。

其中响应末吉招揽的大坂商人之一，便是大文字屋七左卫门，即三十三岁的三田净久。净久当时不过是大坂初出茅庐的新兴商人，通过柏原船经营肥料买卖。在河内平原一带，与前述的碓井村一样，小农开始自立自足推动生产力发展，进而出现棉花和油菜等商品作物。他们把这些作物运到大坂市场，又从大坂市场上将油糟和沙丁鱼干等肥料运回农村。

根据净久对交易的记录，油糟分为荏糟、真粉糟、种糟、棉籽糟、胡麻糟，按照地域也可分为江户糟、关东糟、越后糟、北国糟、近江糟、播磨种糟、阿波种糟、伊豫糟，是大豆、胡麻、荏胡麻、油菜、棉籽等作物榨取植物油之后留下的渣糟，常用作肥料，经大坂商人之手送往濑户内海、北国、关东一带。前文所述的经手藏米的大坂豪商鸿池的江户分店，也曾试图购入荏糟和浦贺沙丁鱼干送到大坂本店（第五章第二节），但油糟和沙丁鱼干主要还是通过三田净久这些乡村商人供应给上方的农村地区。

先行采取该经商方法并大获成功的净久，在经营家业的同时，还熟知俳谐，与松永贞德、安原贞室、井原西鹤也有交往，直到元禄元年（1688）八十一岁去世。

贞享三年（1686），第二代家督净贤继承家业，时年二十岁。宝永元年（1704），当地开展了治理大和川的庞大工程，令其在流经柏原之后直接向西注入大坂湾。于是，大和川旧址的许多地方被开垦成新田，三田家也出资开垦市村的新田。但是，根据前述《万觉书》中“出资开垦新田”条目的记载，此次投资以失败告终，三田家的经营状况恶化，享保十八年（1733）净贤于六十七岁去世后三年，净贤生前尤为珍视，历经净久、净贤两代人累积的藏书全部卖出。

藏书目录

《万觉书》中记载了当时所有藏书的交易目录，这也是净贤生前自己分类整理的目录。如下页表所示，所有书籍共十六类，前十五类被分别放置在十五个大小不一的书橱中，第十六

三田家的藏书目录

	部数 / 册数	估价（匁）	内容
1	63/338	179.6	御书 40、御书目录 1、日莲上人御传记 11、早胜问答 1、启运钞 50、御书和语式 5、日健师御书抄 25、法花经和谈抄 8、愚案记 24、法华灵场记 10、祇园物语 2、法华随力抄 2、沙石集 10、其他 50 册
2	20/109	55.5	古今荣雅抄 16、古今和歌集 2、和歌式 7、滨乃真砂 7、古语探秘抄 10、明题和歌全集 15、耳底记 3、**乐训** 3、歌枕秋寝觉 8、朗咏集注 10、七宝朗咏集 2、片假名朗咏集 2、八重垣 7、诸州回 5、其他 6 册
3	6/41	18.0	汉楚军谈 15、平家物语 12、八幡河阳记 2、太平记评判 1、为人钞 10、正成樱井书 1
4	10/57	16.3	见努世友 5、本朝语园 12、智惠鉴 10、智惠海 3、秘事思案袋 3、棠阴比事 5、樱阴比事 5、镰仓比事 6、藤阴比事 7、廿四孝 1
5	15/68	13.4	町人袋 7、百姓袋 5、男重宝记 5、民家分量记 5、**初学训** 5、**五常训** 5、**家道训** 6、**大和俗训** 8、**和俗童子训** 5、谏草 4、子孙鉴 3、武士训 2、冥加训 5、明君家训 1、尘劫记 2
6	9/52	6.1	商人军配团 5、西鹤织留 6、当世谁身之上 6、子孙大黑柱 6、世间子息形气 5、棠大门屋敷 5、日本永代藏 6、立身大福账 7、新永代藏 6
7	9/29	10.0	普救类方 12、**颐生辑要** 5、稻子草 2、医道重宝记 1、药性重宝记 1、药性名寄账 1、针灸重宝记 1、万世大杂书 3、名付亲 3
8	9/25	8.9	片假名付古文前集 3 · 后集 2、四书字引 1、四书点例 1、大和小学 6、大和大学 6、实语教 · 童子教谚解 3、**和汉名数** 2、**心画轨范** 1

续表

	部数 / 册数	估价（匁）	内容
9	14/19	7.8	笔海专要 1、新书学手本 1、御成败式目 1、寺子教训书 1、正德御式目 1、今川 1、商卖往来 1、花宝用文章 3、庭训往来 2、初学文章抄 3、用文章指南 1、万华节用集 1、立新节用集 1、万年节用集 1
10	4/9	2.8	和汉精进料理抄 1、新料理秘传抄 1、当流料理大全 1、料理集 6
11	5/11	2.8	女要珠文库 1、女堪忍记大和文 1、女源氏教训鉴 1、伊势物语 3、女重宝记 5
12	3/9	4.0	**三礼口诀** 3、**花谱** 3、**菜谱** 3
13	2/12	3.5	徒然直解 10、徒然东云 2
14	7/28	13.6	书籍目录 6、书籍目录 5、新书籍目录 4、重宝记大全 3、万宝重宝记 3、色色重宝记 3、东武纲鉴 4
15	11/20	0.5	俳谐合 6、杂谈集 3、樽片记 1、晓草 1、一礼追善集 1、一礼我宿 1、小唐伞 1、卷柱 1、大黑柱 1、花火草 1、好色破邪显 3
16	1/47	0	谣古本 47
计	188/874	342.8	
17	51/182		千金方 2、医方大成论 1、**养生训** 8、老人养草 5、诸礼笔记 5、手形鉴 3、节用集 7、古尘劫记 2、大杂书 2、八卦指南 4、人相小鉴 4、**万宝鄙事记** 3、**农业全书** 11、四书 10、四书片假名付 7、徒然诸抄 10、铁槌 4、六论衍议 1、歌字尽 1、春鉴抄 1、百人首新古共 2、童子往来 1、都巡 1、其他 28 册
总计	239/1056		

（书名与史料记载保持一致，书名后的数字为册数，加粗的为“益轩本”）

类书籍“谣古本四十七册”被特地装入箱子中。目录记录了书的名称和册数，以及交易的时间地点及价格，并附有某些书籍下落不明的情况记录。目录的末尾部分（第十七类）是之后才被发现的史料，加上此类，该记录中共有二百三十九种书，册数超过一千。实际上，当时大坂周边的村落和乡町村官、商人阶层持有数十甚至数百册藏书并不罕见，他们以书箱或书橱为单位，将藏书分类并制成藏书目录，放置在专门的藏书间中，到了六月还要专门摊在太阳底下曝晒。净贤的藏书到底有哪些呢？让我们来打开他的藏书目录，看看他书橱的藏书。

第一个大书橱中放置的是日莲的《御书》四十册等，基本上都是与日莲宗相关的佛教书籍。册数占所有书籍的三分之一，其中数十册都高额出售，占整个交易所得的一半，这是该藏书最具特色的部分。另外，其中五十册《启运钞》购买时花费二百五十匁，卖出时估价只有四十匁，看来内行人估价时往往将价格压到原来价格的一半到六分之一。

第二个书橱放置的是以《古今和歌集》为代表的和歌相关书籍。第三个书橱主要是《平家物语》《太平记》等日本的军记物语和中国的《汉楚军谈》等书，第四个书橱则藏有中国宋代公案小说集《棠阴比事》，还有井原西鹤的《本朝樱阴比事》、月寻堂的《镰仓比事》以及改编版的《本朝藤阴比事》等。可见净久十分钟爱军记物语和公案小说。第五个书橱有西川如见的《町人囊》《百姓囊》和贝原益轩的《初学训》《五常训》等训诫类书籍，贝原所著的其他书还散放于其他书橱。第六个书橱藏有井原西鹤的《日本永代藏》《西鹤织留》，江岛其碛的《商人军配团》《世间子息形气》，以及月寻堂的《子孙大黑柱》、唯乐轩的《立身大福账》、北条团水的《日本新永代藏》等，主要收藏效仿西鹤创作的浮世草子，与前述收藏训诫书籍的书橱相区别。第七和第十七个书橱收藏有《稻子草》《医道重宝记》《救民妙药集》《妇人寿草》等相对简单的医书，以及《千金方》等中国医书。这些书还与阴阳、历法、占吉凶的《大杂书》归为一类，这点也着实有趣。

第八个书橱主要收藏了儒学学者所著的《四书》和汉文诗歌选集《古文真宝》。三田家还留存了享保四至七年（1719—1722）购入、售卖、出借书籍的名目，根据这些记录可知，净贤为了购入前述的高价佛教经书，处理了其他大量书籍，如《五经》《近思录》等儒学书，《三体诗》《锦绣段》等诗文集，《诗林良才》等汉诗作法书，《订正三重韵》等韵书（也用于作汉诗）。在享保九年服部南郭校注的《唐诗选》的和刻本普及于世之前，《古文真宝》《锦绣段》《三体诗》是汉诗文集的基本文献，一般都是一并收藏。

除此之外，根据买卖记录，西鹤所撰的《武道传来记》《保元·平治（物语）》《太阁记》《石田军记》等军记物语，《介石记》等忠臣藏物的写本和《方丈记》等均被售出。换言之，净贤在元禄时期的藏书中，第八类的儒学和汉诗书十分充足，第三、四、六类的军记物语和小说数量应该更多，但到净贤晚年，这些书籍都被变卖，藏书迅速转而以佛教经书为中心（这与晚年的心境转变、经营状况不佳等因素有关）。

第九类主要是《御成败式目》等习字帖，如被称为“往来物”的儿童教科书、教授书信和证文写作的“用文章”，以及作为辞书和事典的“节用集”。第十种主要是四类烹饪书，第十一种为女性所用的教养类、实用类书籍，《伊势物语》和《女重宝记》都收藏于此，而《男重宝记》被归入第五类，这点也耐人寻味。

第十三类包括《徒然草》的注释本，在第十七类中也有，总共有七个门类，这点将在后文中论述。第十五类为俳谐相关书籍，但考虑到净久在商界的活跃，净贤恐怕正远离俳谐，这些书籍大概也已经被变卖。第十六类是一套谣曲唱本。

第十四类中罗列了三种书籍目录。如今所知最早的书籍目录是宽文六年（1666）之物，到元禄时期新增版又陆续出现（虽然跟之前一样都是出版书籍的总目录，但书名开始用不同颜色加以区别分类，并且在书名和册数之外逐渐加入作者名、发行者、价格等信息），读者根据目录购置书籍在当时已经十分普遍。

由此可见，三田家的藏书在儒书、汉诗文集、医学书和佛教经书等正统书籍之外，还有日本的古典、军记物语、史书、浮世草子等小说，以及训诫、习字等教育类书籍和辞书、事典等，甚至还包括料理烹饪等实用书籍，基本涵盖了所有图书领域。此外，三田家的藏书重点还从俳谐转为汉诗，又转向佛经。

这些藏书在当时并不特殊，自藏书目录现今可考的享保时期以来，这些目录为我们提供了一窥当年百姓阅读情况的窗口。例如，河内日下村的庄屋森家收藏了一百二十一种共三百九十四册书籍，以儒学和汉诗文集为主。摄津伊丹近郊南野村的在村医师笹山家藏书目录中，一百六十九种共九百三十册的图书被分为十五个门类，和汉的医书占了三分之一。根据伊丹的造酒家八尾八左卫门在享保时期的日记，也可看出他至少有八十种藏书。除此之外，甲斐下井尻村的长百姓依田家的藏书目录中，也记有六十四种共四百七十册。这些藏书都体现出多样的个性。

从中可见，与序章提及的古活字本种类相比较，此前只在贵族、僧侣和上层知识分子之间流通的古活字本，也开始在村落，至少是上层村民中传播。而且，不仅是稍微有点难理解的汉文本（“物之本[1]”），新兴的浮世草子、训诫书等“和书”也日渐充实，各种实用书籍和儿童教育类书籍也加入进来，生活的各个方面开始与书本的知识结成一体。

1 物之本，图书的总称，也专指与学问教养有关的书。

《河内鉴名所记》的世界——“前句付”的关系网

初代家督净久于宽永二年（1625）十八岁时走上俳谐创作的道路，曾师从于松永贞德，后者的作品被收录在宽永十九年刊出的《鹰筑波集》中。此外，净久与其门下的北村季吟、安原贞室，以及以西山宗因为中心的谈林派井原西鹤、冈西惟中都有密切来往。

井原西鹤曾在《西鹤名残之友》中对净久做了如下介绍：“那时河州柏原之里的净久自称无比爱好俳谐，老之乐趣唯此，其不问句之善恶，较之题目，此之深思犹胜。”而净久在招待安原贞室到自己宅邸时，也有过如下记载：“邻近之俳友拜访或聚会，净久家门庭若市。”安原贞室访问净久的时间为明历二年（1656），净久在后一年的记载中，记录了“贞室访问我宅邸之时，河内众俳谐颇有趣味……众人皆聚而见之”的事实。而净久与西鹤友人的关系，最早见于宽文十三年（1673）净久作品被选入西鹤编写的《生玉万句》（该作品集被视为谈林派的开创标志）中。元禄元年（1688），净久于八十一岁去世，就在他去世之前，西鹤还曾与北村季吟等人专门拜访净久。

净久与其他俳句作者的通信如今还留存有三十余封，这些“俳谐爱好者”以河内和京都、大坂的师匠间盛行的“前句付”为媒介建立联系，净久在其中扮演着重要角色。

所谓“前句付”，就是由师匠先吟出前句，弟子补吟出后句（“付句”），是俳谐中最简单的连句训练。训练过后，再通过实际创作，逐渐习得俳言即和歌或连歌的规则，如不得使用汉语或四字俗语，要避免出现同样的文字、付句、意义，保持每一句独立的同时又要让句与句之间相互配合、形成照应等。为此，需要在师匠和彼此并不熟知的不特定的多名弟子间建立一种集团性的通信教育，这就是净久所负责的“清稿所”。

若将净久零散的记录拼合起来，便能更加具体理清净久在延宝到贞享年间与大坂的师匠古河定圃之间的关系。定圃寄来前句，净久将前句和应答的截止日期写在书信专用的纸张上，并寄送给六十余人。虽然有人“因忙碌而无法在年内完成”，但一般有二三十人写出对应句，净久便将这些对应句誊写在书信上，再送回定圃手中。定圃（点者）再用二三十天点评，确定名次并返还给清稿所，清稿所再给对句者传阅，最后再将该书信卷赠予最优秀者。每名对句者还会给点者评论费，大概每人每一作品十文到十五六文，清稿所也会从中收取五文左右，作为与点者联系的经费。

像这样一轮（出句、对句、点评）每年大概进行四五次，多的时候还能达到每月一次。有时候定圃的点评会推迟数月，对句者就会催促净久。这时净久便会联系别的点者出前句，让新的一轮率先开始。这些点者从参与对句的人和清稿所那里获得报酬，再加上其在大坂内点评所得，也大概可以维持生计。

在著名点者举行大规模活动时，这些组织和人际关系都会被动员起来。人们怀着至少要见贞室一面的心态，聚集到净久的宅邸，井原西鹤也在创作《浮世草子》之后，时常驻足于净久的居所。这就是当时通信教育的形态。元禄时代的俳谐文学，便围绕着京都、大坂、江户三都，形成专业俳人的团队，并进一步扩散至乡村地区。

其他一些点者会直接召集弟子，在每年年初举行对句会，还会将参会者创作的俳句印刷成“岁旦账”发布。岁旦账中，有只写了“发句”（第一句）的情况，也有“三物”（发句、胁句、第三句）完备的情况；有单张印刷的情况，有时也会装订成册。岁旦账原本是代替贺年信发给门生或朋友的，有时也会用于售卖。定圃曾在天和二年（1682）十一月二十五日的书信中写道，将于来年春天刊行大坂所有点者的俳句，并且要求出句者在十二月二十五日之前提交自己所出的句子。至于费用，如果只提交发句，则一句三分银，如果提交“三物”，则为一匁银。而“板代”，即印刷费，则由对句者筹备。根据其他书信，定圃还于十二月二十日将岁旦发句附上“银五分”送至净久处。此时，号称“俳谐三物所”的井筒屋庄兵卫刊行的京版已获得全国性权威，但我们尚且不知定圃所用的刊行所是哪个。但从书信中强调要在十二月二十五日时截止并要配合元旦的对句会这点可知，类似的出版在当时已成惯例。

延宝七年（1679），七十二岁的净久所撰的《河内鉴名所

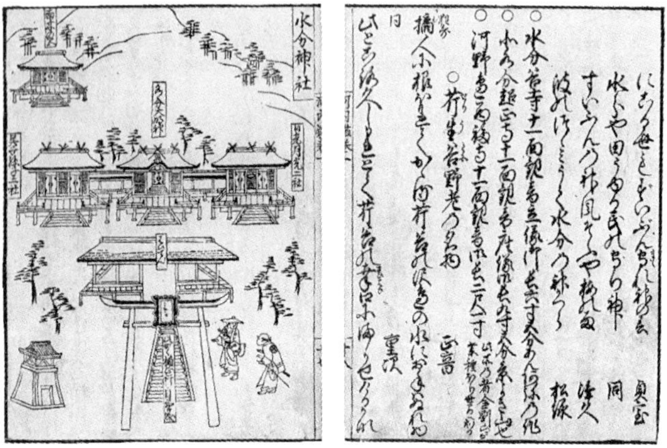

《河内鉴名所记》 在与水分神社相关的内容中可以看到安原贞室和三田净久的名字（参照勉诚社刊行的《古板地志编 20：河内鉴名所记》制成）

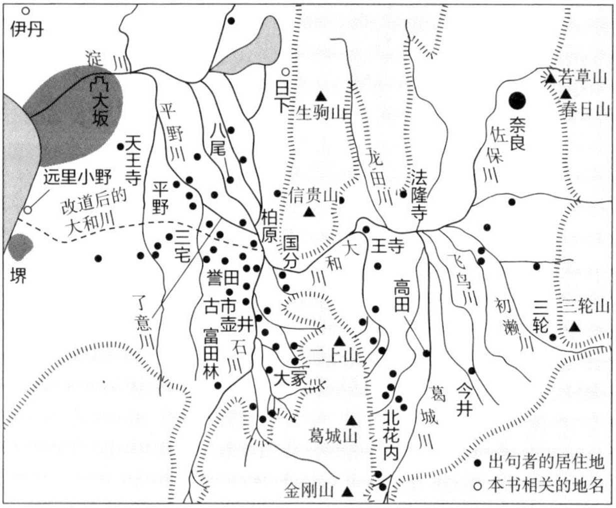

《河内鉴名所记》出句者的分布 （参照今田洋三的《江户本屋》制成）

记》全六册由京都书林西村七郎兵卫刊行。该书不仅是带有插图的河内国地志，还记载了咏诵各地名胜古迹、特产和传统的俳谐和狂歌，总数超过一千则。

《河内鉴名所记》中的出句者共二百六十人，其中河内国占一百一十八人，摄津国四十八人（其中大坂有三十四人），和泉国的堺有七人，大和国有六十九人，其他地区有十八人。净久的俳谐老师有京都的安原贞室（四首四句）、大坂的井原西鹤（五句）和古河定圃（十句）、天满的梶山保友（十四句）。书中的序和跋分别由北村季吟和冈西惟中所作。可见净久的人际关系网横跨贞门派与谈林派，杰出之才比比皆是。

如前页地图所示，河内、大和是出句者分布的主要地区，平均各村有一到数名庄屋或上层村民担任出句者，可见他们也经由大和川、石川水系发展贸易事业。这些信息为我们呈现出净久的“清稿所”所构建起的人际网全貌。

河内野中村林正信的书信曾记载道，“岁旦之对句，以及前述‘河内鉴’之对句所用之费用，合两匁九分，特将其奉上。”据此，《河内鉴名所记》的对句费大概为两匁（岁旦的对句费中因是发句或三物而有所区别）。正信入选了一句发句和一首狂歌共两篇，这么算来，《河内鉴名所记》共收入的一千则便可筹集一贯银（千匁）的印刷费。当然，净久自身的财力也十分重要，但归根结底，支撑净久出版事业的还是广泛的影响力。

俳谐流行的分裂——扩散至女子、孩童、山贱

净久的俳友中还有大冢村的河内屋可正，《河内鉴名所记》便收录了他创作的九句俳谐。可正姓壶井，先祖是河内地区的豪族武士，祖父那一代便开始经营寺内町大冢的酿酒事业，但在大坂冬之阵盗贼袭击大冢时去世。其后，祖母妙意一人抚养两个子女，到宽永饥馑时期实在无法维系，可正的叔父于是奔走于大坂，留下的可正父亲清右卫门和可正两代人，最终再度成为大冢地区的有力农民，还担任了庄屋职务。直到宝永七年（1710）去世，可正将自己历经的大冢村诸家的荣盛枯衰，以自身体验和见闻为基础，撰写了留于子孙后世的教训书《河内屋可正旧记》。其中引用了《论语》《徒然草》《太平记》《古今集》等至少三十部书籍，由此也得以窥见可正的阅读状况。延宝二年（1674），可正还“刊行”了“自制的（楠）正成谣本”。

根据《可正旧记》卷六的记载，可正于庆安年中从代官手代众那里习得俳谐，是石川郡的首例，之后，可正将俳谐推广至邻近的庄屋阶层，并且曾与柏原村的净久一同受教于天满的西山崇因、京都的安原贞室等。换言之，类似于可正这类以小地区为中心开展俳谐活动的人，在与净久保持关系的同时，也与大坂、京都、堺的师匠有联系。由此可知，当时河内农村已经构建了网状的俳谐关系系统。

可正在卷六中写道，元禄五年之后十年间，俳谐发生了巨大变化。延宝年间之前，除了可正有意推广的人群之外，几乎没有其他人创作俳谐，而“此间，俳谐之‘一句付’流行于各国，郡中无人不晓，女子、孩童、山贱等人也开始把玩”。俳谐向着“一句付”的方向简易化，进一步扩散至下层人民。而且，当时的点者其实不全是才华横溢之辈，能言善道，也能维持生计。如今，俳谐已经“倾心于金钱，落入邪道”。

学者中子裕子曾介绍，元禄年间的北河内、摄津国数个到十几个村落范围内，不包含庄屋在内的年寄以下阶层中，半数以上的村民参加了小规模的俳谐活动，作出的俳句数量也时常达到千句的宏大规模。人们还会从中选出十分之一的句子作为“胜句”（优秀作品），并附上排名和评论，做成仅载有“胜句”的清稿本（胜卷），以“外绢内纸里金”的规格装订成册，作出胜句者还能获得扇子或茶碗等奖品，往往还须宴请宾客。延宝到元禄年间，参加者迅速增多，点评者之间的竞争也日趋激烈，也有许多批评认为这些人的目标是奖品，实则“倾心于金钱”。

可正自己也称“此时恐入邪路，暂止俳谐之游业”，将志趣转向能乐。实际上，三田净久于元禄元年（1688）去世前虽没有提出“慰灵”的要求，但也留下了“今后把玩不必要之物皆为不孝，前句付、歌仙、百韵皆无用”的遗言，净贤不久后也将志趣转向汉诗文。

在这一发展历程中，重视一定古典教养和歌学传统的贞门派与批判风格化的谈林派历经盛衰，和日渐大众化的“杂俳”交织在一起，构成俳谐的历史。而且，不满足于上方俳坛的人还前往江户，并在江户逐渐形成专业俳人这一职业。延宝三年，西山宗因下江户时刚好迎来江户谈林派的隆盛局面，不久后，江户在这种氛围中促成了松尾芭蕉引领俳句朝着芭蕉风格方向发展的革新。拥护《奥之细道》等芭蕉纪行类作品的，也是各地上层俳谐圈的人。

《徒然草》的读者——“古典”文学的“成立”

三田家的藏书中包含了七种《徒然草》注释本。日下村庄屋森家和南野村医师笹山家的藏书中也有多本《徒然草》。

《徒然草》是镰仓末期吉田兼好所书的随笔。然而在中世，其写本仅在十分有限的人群当中流传。庆长九年（1604），家康的侍医寿命院立安（秦宗巴）刊行古活字版注释本《徒然草寿命院抄》，并在庆长十八年刊行其原本。之后，经由林罗山的《野槌》（元和七年［1621］）和摘录《徒然草》并以易懂的眉批形式加以注解的青木宗胡《铁槌》（庆安元年［1648］），《徒然草》开始迅速普及。

松永贞德的注释本《慰草》（庆安五年自跋）及其具有自传性质的《戴恩记》等揭示了事情的原委。庆安八、九年间，在林罗山讲谈《四书新注》和远藤宗务讲谈《太平记》的影响下，松永贞德自己也开始讲谈《徒然草》和《百人一首》。讲谈是指在人群之中开展公开讲座，尽管招致以儒学为传统家学的清原家等的激烈反对，但得到家康的支持。而且，贞德和公家中院通胜有传承关系，还与儒者藤原惺窝就《徒然草》各段典故展开讨论，贞德、惺窝、罗山、通胜、宗巴等人由此开展研读儒学、佛教、歌学等跨学科的共同研究。他们公开讲授研究成果，并将讲义内容做成“抄物”出版。《寿命院抄》《野槌》以及《慰草》，都可被视为这些讲义的产物。经由“儒学医学的青年人”出版讲义，在中世仅作为公家家学和秘传的“古典”得以开始向外界开放。

其后一直到元禄时期，附有注释的整版本就达到二十种以上，出现了诠释角度各不相同的版本，有站在儒学立场诠释的版本（高阶杨顺《徒然草句解》、清水春流《寂寞草新注》），站在佛教立场的（加藤磐斋《徒然草抄》、惠空《徒然草参考》），站在三教一致立场的（山冈元邻《增补铁槌》），站在歌学、俳谐立场的（北村季吟《徒然草文段抄》、冈西惟中《徒然草直解》），还有综合诸种注释的版本（高田宗贤《徒然草大全》、浅香久敬《徒然草诸抄大成》、闲寿《徒然草集说》）等。这些注释不仅标示出了典故出处，还解释其意义，并且逐渐精致化，版面也往通俗易懂的方向逐步改善。

在当时，这些注释本已经在村落中喜好俳谐的人群之间流传。原本俳谐的一来一往就是依据故事或古典知识而展开的语言游戏，因此俳谐宗匠季吟、磐斋、春流、宗贤、元邻、惟中等人刊行《徒然草》的注释本，也有其必然性。

《西鹤织留》中作为“津国的隐藏地”而登场的摄津伊丹，是造酒业发达的乡镇，之后因松永贞德、松江重赖在此地开创俳谐而变得更加生气勃勃。根据记载伊丹俳坛七十七人略传的《在冈逸士传》（享保八年［1723］刊），从京都和大坂来到伊丹的俳谐师匠“常集合门人，读老庄之书，亦说长明、兼好之文”，“应诸生之请，说《徒然草》”。三田净久的藏书中，便有惟中所撰的《徒然草直解》等《徒然草》相关著述共七种，《河内鉴名所记》中也载有季吟和惟中所写的序和跋。

然而，《徒然草》之所以受江户百姓的喜爱，不仅因俳谐对个人学识修养的作用。

例如，可正在劝说子女和村民禁酒时，便会举因纵酒过度而怠慢家业或因内脏患疾而没落的各类实例。此外，他也诉诸“儒书”、“佛书”和《徒然草》，指出“不宜为友”的训诫之下有“好酒之人”的条目。江户时代是百姓通过经营实现自立，并开始各自构建“家”的时代。为了维系家业，就必须拥有勤勉、聪慧、正直、孝行等“通俗道德”，这些自然也成为父亲反复向子女说教的内容。无论是儒还是佛的立场，将《徒然草》视为“继承家督的年轻之人须知之事”的训诫式读物，是该时期的一大特征。

③高阶杨顺《徒然草句解》

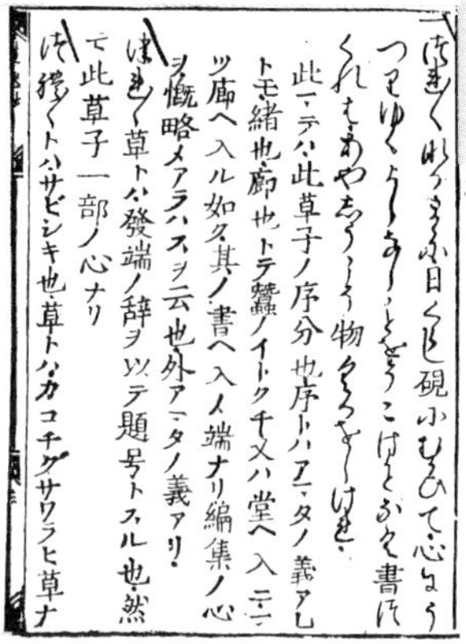

①秦宗巴《徒然草寿命院抄》

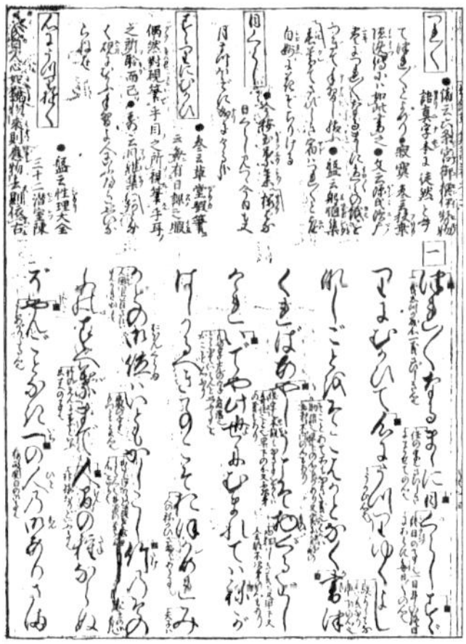

④闲寿《徒然草集说》

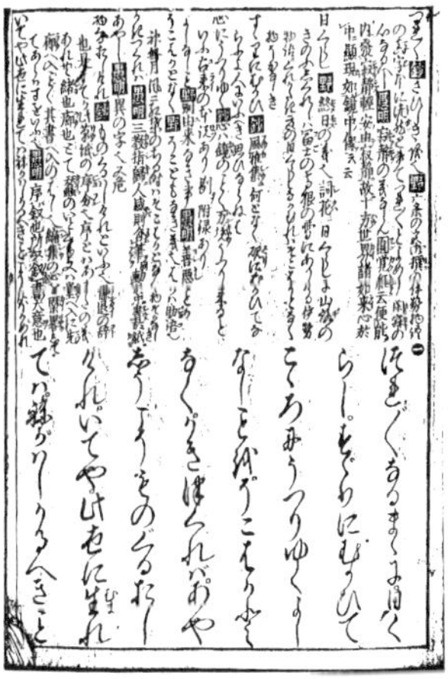

②大和田气求《徒然草古今钞》

上图展示的是开头部分“终日无聊，虽身向砚台……”。①以合点区分原文和注释，②将注释置于书页上方，③将注释在正文中以并列的方式插入，④则是头注与行间注并用。②与④中，表示注释出处的书名直接用“（寿命院）钞”“（野）槌”“文（段抄）”等省略方式标注

《徒然草》的注释本 （①出自松云堂书店刊行的《徒然草寿命院抄》，②至④藏于京都大学文学部）

可正在建造隐居宅时，有人非难其宅屋位于“鬼门”（东北门），且搬家之日是“神无月”（十月）[1]等。可正如此回应：“《徒然草》曾言：‘神道虽言但非实事。’兼好法师认为，所谓吉日的‘吉凶在人而不在于日’，此正是吾之理由。”（第二〇二段·九一段）像兼好这一理性主义的侧面，也是《徒然草》在江户时代深受喜爱的一大原因。

从作者吉田兼好的视角而言，《徒然草》确实是属于镰仓时代的文学作品，但从广大普通读者的立场来看，《徒然草》倒不如说是江户文学。

鸭长明的《方丈记》无常观浓厚，没有像《徒然草》那般普及，但也被包含在三田家藏书之中，成为伊丹俳谐师匠的讲义内容之一，当时甚至还有模仿这两本书的滑稽版本。

> 终日无聊，虽身向砚台，然心移至好色之事，挥之不去，将其付诸笔端，失态滑稽之情油然而生。（《吉原徒然草》，宝永年间）[2]

---

1 日本阴阳道认为东北是鬼出入的方向，因此东北门也被称为“鬼门”。另外据传，各地神灵于十月在出云集会，出云以外的地区“神灵不在”，因此十月也称“神无月”（出云则称十月为“神在月”），人们相信当地会因失去神灵庇佑而发生不祥之事。

2 此处效仿的原文为：“终日无聊，虽身向砚台，然心系好恶之事，将其付诸笔端，不可思议之妙油然而生。”吉原是江户时代公开允许的妓院集中地，《吉原徒然草》实为挑逗游女的轻浮文学。

不求物资流动，本金皆不可得，米屋所贩之米虽此消彼长，不会长久低价。（今长明《犬方丈记》，天和二年）[1]

《太平记》此时也十分普及，可正将地主经营比作战阵中大将的指挥，思考如何在非“乱世”的“泰平盛世”中发挥“文治”的作用。延宝元年（1673），北村季吟对《源氏物语》的注释本《湖月抄》出版，但对于当时的读者来说全本读完实在不可能，所以又出现了各种摘抄版。三田家的《女源氏教训鉴》就是将《源氏物语》五十四段以一段一页的形式，取其摘要与著名的和歌编录而成的。今天我们所阅读的许多日本古典文学作品，在当时也开始被广泛阅读。

村民与俳句和谣曲——难说师匠不懂

如第四章第三节中所述，有许多村落设立有寺子屋，可正也在大冢村拜托从奈良流浪而来的宗顺开设寺子屋，后者通过教授可正子女等二十名孩童习字，维持一家生计。一个名为九左卫门、先前经营酿酒的人，因《酒造半减令》而破产，其后“依靠教授习字与谣曲营生”。在河内驹谷村，也有人在招纳能够兼顾“指导孩童习字”和“医道”的人才。

1 此处效仿的原文为：“河水流动经久不息，并且时刻都在变化；浮在死水上的泡沫且消且长，永无停滞之惯例。”“犬方丈”指极其爱狗的纲吉。

《西鹤织留》中也有类似的例子。在大坂经营奈良草鞋店的夫妇因生意不景气，关店回到妻子原籍，在距离大坂六七千米的南郊的远里小野村隐居，在那里一边卖油一边经营寺子屋。起初一切进展顺利，这对夫妻在教授习字之外还被要求教授谣曲，于是不得不每天到大坂的旧友家中学习记诵，再教给寺子屋的孩童。然而，《兼平》之后有《小原御幸》，《内百番》后又有《外百番》，最终达到"难说师匠不懂"的程度，之后连庄屋都来请教《节用集》中不懂的生僻字词，"哪怕一次没解释清楚，对方便不甚满意"，不知不觉间来学习的孩子也少了。

从中可以看出，对所谓的村落知识分子而言，随着一般村民知识水平的提高，他们便陷入一种若不提升自身水平便难以维持知识权威的紧张关系之中。不光是寺子屋的老师，寺院僧人、神社神官、乡村医师，甚至庄屋和年寄也都如此。在"女子、儿童、山贱"都能随口吟诵"一句付"时，可正等人选择放弃俳谐，转向汉诗文，也是为了展现出与村民的"差异化"。

可正认为，村落的秩序（寄合时的座席顺次）应当考虑三个条件：一是来自庄屋或年寄等的职位或经济实力营造的"威势"，二是年龄上的秩序，三则是"智德"。在某些不同地区，也有仅靠第一点建立秩序的情况。但正如可正所言，"村落上下都应当学习谣曲。习得之后便十分简单，不管是睡觉走路，还是做着家务，不分昼夜，吟诵谣曲都不困难"，花十文钱投稿并满心期待传阅清稿本、在工作间隙吟咏的人越来越多，可见村落中具备知识的人员阶层正在逐渐发生变化。

第二节　书店与读者

《元禄大平记》所见的当时书店状况

根据现今的出版史研究可知，整版本在 17 世纪 30 年代出现，自 17 世纪中叶至元禄时代得到飞速发展，三田家等人所收集的藏书正是整版本。

按照今田洋三对书籍目录的分析，目录上刊登的数量如下：宽文十年（1670）共 3866 册，贞享二年（1685）共 5934 册，到元禄五年（1692）增加到 7181 册。从宽文到元禄增加了 86%。

各个目录下又划分出 50 多个小项目。首先，自宽文至元禄，佛教典籍由 1677 册增加到 2799 册（增长 167%），儒学相关书籍（儒书、经书、理学）从 247 册增加至 355 册（增长 144%），汉诗文相关书籍（文集、书简、诗文集、联句）从 177 册增加至 340 册（增长 192%），医学书籍从 247 册增加至

454 册（增长 184%）。被称为“物之本”的书籍也完全没有衰微，而是切实地在村落知识阶层中间扎了根。若淡忘这一点，便难以将文化的大众化和民间化，与简便化、通俗化、娱乐化画上等号。

此外，俳谐书籍也呈现出令人惊讶的增幅，从 133 册增加到 677 册。训诫类、物语类、草子类以及各种艺能（谣曲、音乐、插花、煎茶、料理）、地志（名所记、纪行）等日文假名图书，也从 1025 册增加到 2456 册（增长 240%）。这反映出，出版状况已发生质变，如俳谐和谣曲的流行一般，文化人口出现新的扩大。

书店的数量也增加了。后文将提到的《元禄大平记》就曾记载，“京都书店七十二间皆自中古传承而来，成历历书林。仿效孔门七十二贤，其中有林、村上……此十间命以十哲人之名，专开放于世人。”此处所提到的“十哲”书店，基本上都是宽永年间发展起来的书肆，经营类似序章中提到的古活字本。宽文年间，民间书肆迎来诞生后的第一个高峰，有了以“七十二贤”命名的多家书店。从今田搜集到元禄九年（1696）的目录来看，刊行过五十部以上书籍的出版者有二十九人，十部以上的约有八十人，十部以下的约四百人。今田指出，在十部以下的群体中，包含着一部分有力书肆及其头目。京都“历历书林”周围，也产生了各种形式的中小型新兴书肆。

元禄十年刊印的《国花万叶记》也曾提及大坂售卖“物之

本”的书店达三十家，草子书店七家；江户的“物之本”书店达十六家，和歌书店三家，汉文书店一家。它们不仅再版京都已有的出版物，也为俳谐等领域的独立出版积累了一定基础。

《都鄙图卷》中描绘的书店　从中可见元禄时期的都市状况。书店的二楼为寺子屋（兴福院藏，奈良国立博物馆提供图片）

此外，还有一些书店虽然自己无法从事出版，但从上述书店采购书籍，专门向更广泛的人群售卖、经销、零售图书，这种贩卖方式被称为行商。在三田家与森家的日记（享保时期）中就曾记录道，一名贩卖书籍的行商在一个月内数次回村，不仅售卖手头上的书籍，村民还根据图书目录下订单。此外，他还利用两次回村的时间间隙，开展租书的业务。通过租书，村民得以阅读到多于自身所购图书数倍的书籍，可见，村落中的读书人口不再局限于持有藏书的家庭，而是扩散至普通家庭。

出版行业也开始出现巨大变化。

元禄十五年（1702），描绘都城繁华的浮世草子《元禄太平记》以描写京都书林书商、大坂书商和赴伊势参拜者在从伏见到大坂的夜船上对话的方式，记述了当时出版界的情况。此外，通过回答参拜者的提问，作者借以表达自己的观点，同时该草子以为初学者提供阅读指南为旨趣，也可一窥当时读者的阅读需求（其中当然也潜藏着作者对自己作品的宣传）。

《元禄大平记》揭露了当时出版界的两大动向。

首先，在版权问题上，尽管雕刻用的木板是书店的财产（资本），但随着重版和类版的出现，书店的经营开始难以稳定。元禄七年（1694），京都结成书店行会，决定禁止书店之间相互印刷重版书。然而，重版和类版并没有被完全杜绝，这令书店颇为困窘。最后，根据该行会的请求，京都奉行所于元禄十二年颁布禁止重版、类版的“町触”（参见第五章第三节）。该项规定与其说是出版管制条令，不如说是书店为维护自身权益，由行会主动发起的保护政策。

另一大动向是书籍的流行问题。“当世将高雅深奥之书束之高阁，而恣意增购的，乃好色之书与重宝记之类也。”元禄二年（1689），自森田庄太郎卖出《家内重宝记》，便出现了各类以“重宝记”为名的书籍，以“万宝”“谚解”“详解”“大成”“集成”为名的书籍也随之历经兴衰，其中处于引领地位的是井原西鹤的好色物[1]。当时流行的书籍分为不同种类。以“重宝记”为名的主要是传授方法和技巧的实用常识本，以“谚解”为名的是儒学、医学等汉文“物之本”的注释本，井原西鹤的浮世草子则是自和文古典文学开放之后，进一步以世

1 好色物，以情色生活为题材的读物，代表作是井原西鹤的《好色一代女》与《好色一代男》。

相为描写对象（以町人为主人公）的文艺作品。

在当时的出版界，经由行会确定版权并开始谋求经营安定化的书店、为应对新读者群的急速扩大而出售新书的书店，以及在这两者的间隙中逐步没落的书店，这三类的分化日渐明显。

与这些书店一起急速成长的，还有井原西鹤和贝原益轩。

井原西鹤于宽永十九年（1642）出生在大坂的町人家庭。他将家业交由伙计打理，先求学于贞门，其后又在西山宗因门下成为职业俳谐师，逐步成为俳谐谈林派的中心人物。之后他成为对句的点评者，进入新读者的视野。西鹤多次参加俳谐活动（比试在一天一夜中能够独吟出多少句，西鹤的最终成绩超过了两万句，人称“每分十六句”和“二万翁”），确立了自己在门派中的主导权，同时也使得这类比试成为一种注重话题传播的表演。西鹤的研究者中岛隆便指出，天和二年（1682）出版的《好色一代男》之后的浮世草子也都充分考虑并利用了这种宣传效应。西鹤自己还曾弃用京都而选用大坂新兴的书店，并在插绘上下功夫。

另一方面，贝原益轩在与书肆柳枝轩（茨城屋小川多左卫门）相遇之后，便致力于在意识到读者存在的情况下，用和文创作，文体风格平易近人，从而成为当时的另一位畅销作家。柳枝轩也购买了“益轩本”的印版，并且在书籍最后附上自家的出版书目或名为“贝原先生编述目次”的“益轩本”出版目录，研发出独特的销售战略，并逐渐成为新型的书肆。

地方读者的实态——益轩与“旧识”之人

除了有流动书商的地区之外，其他地方的读者是如何获得书籍的呢？

关于俳谐书籍的流通，我们可以从井原西鹤寄给俳人下里知足——宿于尾张鸣海的酿酒师——的书信中看到十分值得玩味的事实。西鹤以一匁两分银的价格将《俳谐物种集》送于下里知足，下里再将其以三匁银的价格交由热田的俳人处理，通过这样的方式，俳人之间的联系网和俳谐同好之间的交际圈也经由图书经销而得到加强。

从筑前福冈藩藩儒贝原益轩的书信和日记中，也可看到当时的实态。贝原益轩自己跟随藩主参勤交代，多次上洛并参见幕府，并在这一过程中时常光顾一些书店。他不仅购入书籍，也趁机获得各种出版情报。回到领地后便与江户和大坂的书肆联系购买，还委托上洛的藩士交付书费，或帮忙找书。那时，福冈城下和博多也有书店，贝原也会从那里订购书籍。元禄十五年（1702）出版的《元禄曾我物语》就在第二年被贝原列入购书清单。但整体而言，在当地购入的图书中还是军记物语、浮世草子和简单的医学书占多数，专业的书籍主要还是在京坂地区的书店购得。

在贝原益轩的《家藏书目录》中，共记有八百六十一部书的书名（包括藩主下赐的八十六部），达数千册。这些藏书还曾租借给福冈的上层武士、医生、儒者等知识分子，成为藩内御文库之外的地域图书馆。

益轩也在福冈当地从事代买京坂书籍的事业。元禄十二年（1699），他曾对住在附近的弟子竹田定直（春庵）说，“新书《令义解》已经从上方地区送来。因为买主说不需要了，本来要退回，但如果你那儿有人需要的话，我可以转卖给你们。另有《古文真宝后集》和《日本释名》。”通过这样的方式，益轩将书费收齐，再一并送往上方地区的书肆。其中《日本释名》就是贝原益轩自己的著作。

益轩在晚年的书信中谈到，这些工作十分辛苦，本想与京坂地区的书店沟通（以后让书店直接送货）。在这个意义上，城下町书店对专业书籍的贩卖尚且处于不充分、不成熟阶段，地方读者与中央都市的书店建立联系还需要像贝原益轩这样的藩儒作为媒介。

宝永六年（1709）《大和本草》出版时，益轩在写给定直的书信中如此描述道：“十五部书为京都书肆所送，一部为自身所著，入银分为二十匁，尽可能在汝处售卖。已将三部福冈吴服町书肆所望书送至，书肆售价大概在三十匁以上。若赠予直方、秋月等熟友，则无余本，故考虑从书店处再要回若干。春，书肆应追加购求吾书，定会依照入银分的价格予吾。”

所谓的入银分，指的是书籍出版印刷费用由著者承担，相当于提前买下印刷出来的图书[1]。按照正德五年（1715）的书籍目录，《大和本草》的价格为二十八匁，入银分是售价的百分之七十，若是福冈的书店，售价还会有所提高。著者的入银分标准，通常是五十部书的印刷成本。元禄十一年（1698），大坂的书肆吉野屋承办出版《颐生辑要》时，著者已经准备好原稿并承诺支付五十部的费用，但益轩对售完这五十部表示担心，买卖未成，最终该书于正德四年由京都的书肆永田调兵卫出版。另外，在正德四年，定直对出版《小学集疏》最初开出的入银分条件也是五十部，但最终以二十五部成交。也就是说，"益轩本"在福冈周边书店出版时，肯定是有数十名读者买书，否则便无法成为畅销书（而每本书的读者又不是同一批，因此益轩本的读者群人数肯定是这个数字的好几倍）。

到底是哪些人购买益轩所著之书呢？益轩制作了朋友的名簿，分为"从学"和"旧识"两类。前者有以福冈为中心的五十八人，包括藩家老以下的上级家臣和儒者、医生的门徒，这些人曾直接师从于益轩，并从他那儿借阅过藏书。"旧识"不仅包括福冈藩，还有邻藩、邻国以及京都、大坂、江户等地的数百人，包含了他藩的中下级藩士及其陪臣和浪人，城下町和三都的町人、商人（包括书肆），以及村落的庄屋、神官、

1 这是书店为避免图书滞销而采取的措施。书店在发行某本书之前，先走访各经销点，估算该书销量，之后再与作者协商，确定入银分的金额。

医生、阴阳师等，范围十分广泛。

临近的小仓藩藩士藤井孙兵卫就是他的一位旧识。宝永五年（1708），三十岁的他首次写信给益轩，是石高为一百五十石的中级藩士。孙兵卫爱好读书，在上京之际（应该是参勤交代之际）购买了益轩所有著作。益轩对如此热衷读书之人也感到十分欣慰，曾挥毫赠予孙兵卫。对当时像孙兵卫这样的武士阶层而言，参勤交代是购买书籍的重要机会，因此他们多少认识京坂书肆的商人，可根据自身需求订购书籍。

益轩的旧识也有不少是村落的庄屋。他在奉藩主之命编纂《筑前国续风土记》而调查筑前国期间，曾到各地庄屋家借宿，由此“发现”了许多新的读者。如入地村庄屋古贺二右卫门和穗坂村庄屋藤七，都是当地爱好读书、崇尚善行的文人。而对于一开始没能将二人写入《续风土记》中，益轩感到十分遗憾，最后不顾已经要定稿付梓，仍让定直追加了有关他们的记载。元禄七年（1694），古贺二右卫门撰写《朝仓纪闻》，记录入地村等朝仓地区三十三个村落的社寺、名所、旧迹，益轩为该书作序。

益轩在元禄十四年（1701）的日记中写道，《和汉名数》由京都的书肆再版送至江户时，曾卖出七百部，其后每年卖出四百部。考虑到《和汉名数》是每册一两匁的廉价本，相比之下，对售价为二十八匁的《大和本草》二十卷本和十匁的《颐生辑要》七卷本而言，能够在福冈当地确保卖出入银分的五十部，说明购买的读者比重绝不占少数。益轩本的出版，乃至元禄时代的出版文化，不仅依靠京都、大坂、江户三都的读者，也有赖于地方读者的支持。

根据学者小林准士的介绍，在元禄时代，土佐藩的藩儒谷秦山也往返于京坂地区，为地方读者代购书籍。另外根据研究者市古夏生的介绍，盛冈藩的家老北可继在正德年间（1711—1716）的日记中也谈到，他通过在江户执勤的武士和进入江户城下町的御用商人，得到书籍目录并从江户代购书籍，再将这些书籍转卖给盛冈城下町的书店，其中就有贝原益轩的著述。

地方城下町也有售价稍高的书店，但在它充分发展起来之前，就由藩儒的代购加以补充。另外，武士也能利用参勤交代的机会或委托御用商人购书。百姓阶层则可利用西国巡礼或参拜伊势神宫的机会。例如甲斐下井尻村的长百姓依田长安，在享保六年（1721）西国巡礼之际列出要在京都购书的清单，其中包含九部著述、历法和图册（虽然一个人难以重复这样的操作，但大概可以托亲戚代劳）。由此，西鹤本和益轩本不仅在大坂周围，在筑前、土佐、甲斐、盛冈等地，都可以几乎在同一时间阅读到。

第三节　书籍之知

农书的出版——从《农人账》到《农业全书》

元禄十年（1697），日本首次出版"农书"——宫崎安贞的《农业全书》。这在出版史上具有划时代的意义，因为这不是为了知识、教养或娱乐，而是为了农民而出版的读物。农业的生产方式和技术，与各地的自然地理条件密不可分，这些知识往往由经验丰富的父亲传授给儿子，或是作为村落的古老智慧流传下去，而将这些变成"书籍之知"供人们学习，在农业史上也是一次巨大转机。

《河内屋可正旧记》第十二卷是六十岁的可正于元禄八年执笔写成，该卷所记述的是"耕作得失之事"等农业技术，可被视作农书的原型。

可正是拥有数十处农田的地主，自己并不直接使用农具劳作，而是像碓井村的九兵卫家族一样使唤下人来经营农田。但他认为，就如大将在战阵中指挥一样，"即便自身不持铁锹，也应当好好下达命令"，强调为了管理劳动也必须知晓"农业劳动"的知识。因此，可正决定要从"处处有功绩的农夫"那里，习得耕作的关键和秘技。

可正首先想到的便是将每日的收获写成《农人账》，这本日记记录得十分详细，诸如“这块地某月某日栽下棉花，某时施了肥……那块地许多棉花开花，这块地收成不好”，每年翻阅该日记，便可得知“那年收成不好是因为这样做，这年收成极好是因为那样做了”。以文字的形式记录下农民的经验，并将这些原本是第一人称的经验，提升为理性认识，形成基于实验的“科学”思考。

他进而写道，有人认为大雨和干旱都“非人力之所及”，若遭受这些灾难也是无可奈何之事，但往往正是这种国难之际，才能显示出将军的权威和家臣的忠节。在承应三年（1654）发生干旱，延宝二年和三年（1674、1675）爆发大洪水时，也有许多有能力者花费诸多工夫得到了少许收益，他们将这归结于运气，或说“蒙受其年雨露之恩”，“前世有果报之力”，总之主张“农业大计在于不破坏生产”。

接着，可正多着墨于棉花、烟草、油菜耕作，进而旁及牛蒡、萝卜、山芋、竹笋等蔬菜。注重商品作物的生产，是农业发达地区的一大特征。在给棉花施肥时，当时流行使用名为“真粉”的上等油糟，但油糟的浓度不能过高，因此在实际使用时一般会掺入品质稍差的棉籽糟和沙丁鱼干糟。烟草栽培不易，市场价格也不稳定，如不精心培育就很容易失败。有经验者可在一反田上收获三百匁的烟草，其中的二百匁将用于缴纳年贡和肥料费。书中还十分详细地记述了从农夫处听来的“秘传”，如可正从龙泉寺村的农夫那里得知，培植烟草时，为了压实土壤，一般会使用含有盐分的肥料。另外，为了让叶子染上味道，还会在酒中加入少许盐涂抹在叶子上。

可正基于《农人账》写成的备忘录，便成了农书的原型，它依据农夫的经验写成，具有地域特色，想必其他各地也有类似的记述。

使得此类备忘录向农书飞跃的契机是什么呢？

宫崎安贞在《农业全书》的自序、凡例中写道，日本全国如此多农家，每个作物品种想必都有十分精于种植之人，他“多年来广求此事，参考诸多唐书，又游历东西，问求于诸国老农，并夹杂自身务农所得”，撰成此书。因此，它“跨越和汉，备于万事”，人们能从中获得广泛的知识，即便领地、场所、气候有所不同，十之八九能够奏效。它对照《农政全书》等中国农书，听取比较诸国（从山阳道至畿内、伊势、纪州诸国）老农的经验，并根据自身务农的实际经验撰成，因此读者可从书中获得农业技术的一般性原理和普遍知识。

宫崎继续写道，“倡说人伦之书颇多，教授农业之书却无流传。致力文学之辈，因不务农，弗能对其讲授。今临泰平之世，上虽推行治农，然下不详知农术，故无农书也。”这正是专为农民服务的书籍迟迟没能出版的原因。与天下其他事情一样，农业也须注重“致知与力行”——知识和经验两个方面。

宫崎安贞生于元和九年（1623），其父原为广岛藩浅野家的家臣，后沦为浪人。安贞在二十五岁时便在福冈藩供职，享有二百石的待遇，三十五岁时（明历三年［1657］）“辞去故有之职”，之后四十年间在筑前女原“隐居于民间，致力农业”，辞职原因尚且不明。《农业全书》经由贝原益轩的斡旋，由京都书肆柳枝轩刊行，那时七十五岁的安贞已经去世。

根据贝原益轩的日记，隐居于女原的安贞在宽文元年（1661）五月认识益轩，正前往伊势途中的安贞拜访了滞留于福冈藩京都宅邸的益轩。对于从广岛流浪到福冈的安贞而言，“游历”各地似乎不是一件十分困难的事情。之后，在益轩驻留福冈期间，两人每隔几月便来往一次，若是安贞拜访益轩，则会带上被认为是近邻庄屋的熟人，若是益轩拜访安贞，则携上其兄乐轩做伴，几人夜话长谈。

从以上描述可知，安贞花费四十年时间，先着手于农业技术和农事总论，后又分五谷、菜、山野菜、三草、四木、果木、诸木、家畜、药材等各部分，体系化整理农业知识。而之所以能从每天日常的“农事”中总结出“农术”，是因为“长居于民间，见惯农人每日勤勉劳作”，安贞从事农业，但并非农民，因此《农业全书》是作者以浪人的身份，站在更为客观的立场上观察农业活动所得的结果。

顺带一提，延宝八年至天和二年（1680—1682），东海地区的村官撰写《百姓传记》，贞享元年（1684）会津幕内村的豪农佐濑与次右卫门完成《会津农书》。《会津农书》在序文中写道，“因其国气候之故，耕作时节迟缓……作物品种相异，难为他国所用，故书名为会津农书”，将自身限定为地域农书，另附有一千七百首“农歌书”（用来记忆技术要点的和歌），尝试不仅通过文字，也借助口头传播普及农业知识。与之相对应，《百姓传记》总论的“五常之卷”中，以“天子初春躬行耕田之事”为开头，开始有意识地将自身作为具有普遍性的日本农书，内容的完整程度也不亚于《农业全书》。但是，正如此书第八卷《苗代百首》所述，它尚且没有考虑要出版。

《农业全书》由此成为农书中的先驱，在贝原益轩的协助下出版。对柳枝轩书肆的茨城屋多左卫门而言，出版当时默默无闻的安贞所撰的十卷本书籍，无疑会感到不安。为此，益轩亲自作序，让乐轩撰写第十一卷作为附录，再令其外甥好古撰写后序，通过水户藩士佐佐宗淳（此人是益轩在协助编纂《大日本史》时结识的）介绍，推荐给德川光圀。可见益轩为推广此书煞费苦心地将其包装成自己所撰的“益轩本”。最终，《农业全书》引起极大反响，从享保时期的藏书目录来看，在柏原村三田家（大概因为三田家是肥料商人）、日下村森家、甲斐依田家中都可见到其身影，之后直到幕末，《农业全书》都在不断再版重印。

医书和医疗

在伊丹近郊的南野村，笹山家族世代为医。初代家督笹山德庵的父亲曾为近江六角的家臣，在被信长打败后从主君家出逃，德庵依靠其母成为姬路藩池田家藩医笹山家的养子，并在那里习得医术继承家业，但不知为何转而闭门索居，之后又流浪于大坂周边村落和尼崎等地，等到二代玄悦继承家督之位，该家族才作为南野村的乡村医生安定下来。

享保时期的藏书目录中，其中三分之一都是医书，有七十三种共三百三十八册。从中国古典医书（《黄帝内经》《黄帝八十一难经》《医方大成论》），到元明时期最新的医书（《格致余论》《正传或问》）都囊括在内，另外还有日本关于上述医书的注解书（《医方大成论谚解》《格致余论谚解》等），还有自近世医学鼻祖曲直濑道三以来的日本医书。

而在并非医生世家的三田家藏书目录中，也有二十六种共九十八册的中国医书、注解书及日本医书，这个数目也并不小。其中还有《医道重宝记》和《妇人寿草》等面向普通人的医学读物，其他各家藏书中也或多或少有一定量的医学书和本草书。

当时医学书的主要著者是香月牛山和冈本一抱。

香月牛山是筑前人，也是贝原益轩"从学"之辈中负有盛名的门生之一。他在丰前中津藩担任侍医之后辞任上京，因治疗显贵而声名外扬。在专业严肃的医书外，他还著有《小儿必要养育草》《妇人寿草》《老人必要养草》等，都是江户时代“家庭医学”的畅销书，这大概也受到其师贝原益轩的影响。

冈本一抱的父亲是越前藩武士，在父亲辞任后去京都从医，后来成为大和宇陀织田藩侍医的养子，并在该藩侍奉主君，直到元禄初年辞去职务。他的胞兄是人形净琉璃本的作者近松门左卫门。冈本在辞任前后，致力于整理注解中国医书，撰写了《医方大成论谚解》等以“谚解”“指南”“和语抄”为题的中国医书注解书、翻译书或解释这些医书的著作共五十部。然而，胞兄门左卫门劝说他，肩负生死的医生若从如此简便的医书中学习医术，势必会犯错，冈本最后听取建议，放弃了医书的著述。

当时也确实存在类似的批评意见。延宝八年（1680），纪州藩医师宇治田友春在《医学辩害》序文中便批评当时医生“读末流之书而不读《黄帝内经》”的“俗习之害”。实际上，对于笹山这些医生而言，冈本一抱的注解类医书当然不够，但这些也确实是习得中国医书的绝佳参考书。

可正在《河内屋可正记》中记述道，元禄十一年（1698）大冢的医师深尾家着火时，从家中带出了“数种书籍、药材及治疗工具”，另一方面他还描述道，在当时也渐渐有“习惯用假名书写药方，判明病状的同时收取药费，打开药箱煞有介事地配药”的医师。他们相比“俗习”医师而言级别要低得多，但既然作为医师，用假名书写药方并且阅读医书，那他们的诊断自然是依据医书上的知识。

根据摄津尼崎藩的调查，元禄时期大坂周边的农村中，大概就存在上述级别各不相同的医师，大概每一个村落（五十到一百所房屋）就分布有一名医师，由此可推测，这些医师的医疗对象也不限于村落的庄屋阶层。他们之中有的逐步定居，成为世袭的行医世家，有的游学于京都或大坂，从一个村流动到另一个村，或从乡村城镇流动到城下町。村落对医生的要求逐渐变高，医生对待遇等的要求也逐渐变高，这两个变化方向相互缠绕。

可正认为，"医者、福者、智者，若集齐三者便可成富庶之乡。"在元禄时期的大坂村落社会，评价一个村落的富饶程度，并不只看经济层面上的丰饶，还要看村落拥有的寺子屋老师等"智者"和"医者"的数量，医疗环境和教育环境的成熟指日可待。

另一方面，可正也描述了疫病流行的场景，"在村中者一同袚除，齐声呐喊，哄送灾神"，"其领地境内或原野之中，各处都有袚除之具、榊木及四手[1]，四方拉起注连绳，祭典不可胜数"，但他认为这些神事"皆俗云之事"，并非"正说"，因此给予了否定。

可正还举了一些例子，如观心寺僧北坊称，"感觉是役行

---

1 四手，神前挂在常绿树枝或稻草绳上的纸条。

者附体，于是将袋中的米饭当作供品，用纸包好，然后在旭日之下，投入水中，若见其浮于水面，则将其吞下，诸病可祛”，还有名为“水觉”的智者“在山地近旁，于所谓星田之地，夜半金星降于深林之内，见到此星之人可祛除诸病”。但可正认为这些见闻有“巧言非正法之邪僻，蒙骗万民，咎取钱财”，并举例证明这些蒙骗者最后受到神佛惩罚和政府的处置，最后他如此描述：

> 当地之人须好生听取。迄今处处逢难以置信之事皆以致如此下场，今后即便遇离奇之事，亦不得相信……然世上没有比病痛更惨苦之事，医术之次祈求神佛，当地亦有药师如来、观世音菩萨、明神、天神等，此皆不可信也。

这绝非否定宗教的救济功用，而是严厉地否定用巫术代替医术的行为。可正进一步认为，如前述案内人或修行僧、阴阳师以及担任民间医疗工作的巫师都是“己欲熏心，诓骗愚人，贪图金银，迷惑良民”之辈，都应判罪，提醒人们“断不可信，当排斥藐视”，宣称要将这些人从社会中排除出去。

当然，巫术式的民间疗法并非如此简单，此时的庄屋阶层也会自学医书，开展医疗活动，逐渐掌握理性的意识。受将军纲吉《病人保护令》的启发，吉宗推行普及医书，积极响应的正是这一阶层。

根据学者青木岁幸的研究，史料上有较早记载的是，元禄七年（1694）信浓福泽村的金井友竹推行医道和儿童教育。野泽村的豪农兼俳人、国学学者濑下敬忠在自传《历草》中也称，在享保时期接受医生治疗是十分“日常的生活感觉”。可见在18世纪中期后，每几个村落大概就有一个医生。

“女书”的形成与发展

三田家藏书的第十一类是专门的女性用书，在宽文十年（1670）的书籍目录中也能看到“女书”这一分类。

如下页所载的女性经营行商书店的画，没有落款，但据说出自奥村政信之手。奥村的画以充满力量的健康线条为特点，这一风格在鸟居派和怀月堂派之后在江户町画师之中流行。画中，背上的大箱子（包袱也在其中）是行商的标志，箱子侧面写有各式广告，上端为“小野阿通 / 琴三味线御家流 / 泽田阿吉”，中间是大大的“女笔折字帖 / 可任意散书”，右侧写有“你与我，渡天河相遇 / 大桥流”，左侧是“夫妇历经锤炼相遇 / 玉牧（置）流”，底端则是“和歌指南”。箱上还放有书籍，最上端的书箱上写有“源氏”，横向夹着的纸包上写着“短册 · 色纸”。上文所说的“女笔”指的是女性专用的练字字

上为《读书美人图》 在风俗画和美人画的题材中，也出现了读书的女人（出光美术馆藏）

下为传言出自奥村政信之手的《色纸短册卖》 专门售卖女书字帖、《源氏物语》、和歌指南等女性读物的女行商

帖，泽田阿吉是《女今川》[1]的著者，因此这幅画描绘的是集女笔、琴与三味线、和歌、女训集、《源氏物语》等女性教养类读物于一身的“女书”专门书店，颇为有趣。（顺带一提，大桥流和玉置流都是书法流派，书籍上的广告将“大桥”和“渡天河”，将“玉”与“夫妻历经锤炼”联系在一起，借此吸引女性注意。）

小野阿通相传是秀吉正室北政所（高台院）的侍女，常被认为是净琉璃的滥觞《十二段草子》的作者，她也是一位书法家，极具传奇色彩。庆安五年（1652），以《女笔小野阿通手本》首次问世的小野阿通，是前述小野阿通的女儿，之后成了信浓松代藩藩主真田信政的夫人，于延宝七年（1679）去世，人称第二代小野阿通（高尾一彦《横笛与大首绘》）。当时被用作女性字帖的，其实大都沿用尊圆流、大桥流和玉置流等男性书法，而小野阿通是首位以女性身份创作女性字帖的人。

泽田阿吉也是位书法家，她亲自执笔撰写《女今川》，于元禄十三年（1700）刊行，享保十四年的书籍目录中便有《泽田女笔手本》和《女笔浅香山：泽田阿吉》这两部书。该目录中，泽田和小野阿通的著作各有两部，与之相对，名为长谷川妙贞的书法家的作品则有五部。在现存本和书籍目录中，妙贞的作品共有十六部，且在享保十年之后显著增加，

1《女今川》，江户时代中期后普及广泛的女性训诫、教养之书，也多被用作女性习字字帖。

根据京都书店行会的记录，享保十七年（1732）曾发生围绕妙贞字帖版权的争论，可见十分畅销。若说浮世绘反映的是当时最流行的服装和发型，那行商书箱上的宣传语便不可能不列出当时最流行的字帖，因此这幅图所描绘的，应该是妙贞字帖流行之前的情形。

从现今残存的女笔字帖和书籍目录来看，撰写者除了小野阿通外，还有泷田安女、居初津奈女，之后则有林兰女、泷田鹤、田村良尾女等，但除了小野阿通外，我们无从得知其他人的经历。在西鹤《好色一代女》（贞享三年［1686］刊）中，女主角就在辞去侍奉宫中职务后，开设“女子练字所”，在门柱上张贴“女笔指南”，将一间小屋子整理妥当，还雇了一名女下人，收附近的女子为徒，教她们练字和“女子该有的举止”，享受着一个人生活的乐趣。在江岛其碛《世间娘气质》（享保二年［1717］刊）中，镜子商店的老板娘相传曾在宫廷中侍奉，因此被称为“镜屋的紫式部”。她也在门柱上张贴“女笔指南”，收附近街坊的女子为徒，教授书法，并为游女和茶屋女代笔写信。在撰写女笔字帖的女性周边，大概都会产生这类教女性练字的寺子屋。

这些女笔字帖分为两大类。一种是中世以来以平假名为中心，散书写成的消息（书信）文例，从小野阿通到妙贞的字帖都属于此类。另一种则是假名汉字并用的字帖，如泽田阿吉的《女今川》等（中野节子《思考的女人》）。元禄五年

（1692）的《女重宝记》和贝原益轩《和俗童子训》中的“女子教育法”，除假名这种女文字之外，也教授汉字这种男文字[1]，因为女性若不会读写算数，也难以胜任家务和财务管理。如此一来，混杂着汉字的字帖成为必需品，女性也被要求尽早习得（宽永六年［1629］还有一桩对丈夫遗书表示异议的妻子诉讼案，参见第五章第三节）。这些现实孕育了混杂汉字的“女笔”。

另一方面，贝原益轩在撰写自己的著作时，并未使用儒学书常用的汉文体，而是采用汉字与假名混杂的写作方式，并称“为教谕世中无学之人、小儿之辈、贱男贱女，为助民用”（《大和俗训》序），男女文字间的界限在这时已经出现大面积瓦解。

河内屋可正也曾举例称，邻村的农家中难得有会写字的女子，但到了十五六岁仍没找到结婚对象，想送到武家奉公却没有门路，十分苦恼。根据可正的记述，“男子外出若无一技之长，不识字则难成事”，因此在家业之外也应适当学习连歌或俳谐，女子以“书写日记，能够默写出人名为宜，应放弃书写而专注家务”。且不论可正这种大户人家，凭借“夫妇相扶”而求得自立的小百姓也达到了一定的经济水平，在形成“小

1 平假名在早期时多为女性所用，且一般用于写作抒情之文，因而也被称作“女文字”或“女手”；而男性写作多使用汉字，且一般用于述史或论文，故汉字也被称作“男文字”或“男手”。

家”后不满足于“夫妇相扶”，而是催生出男女分担家庭“内外”不同职责的伦理。正是这一伦理支撑着“家”，乃至代表“家”的“村”（参见第四章第三节中“隐田之事，不得与妻子儿女相言”）。可正为子孙和村民撰写了十九卷本的《可正旧记》，但对于妻子妙正却几乎没有着墨。该时期庄屋阶层的各类记录也都是如此。

但是，可正在说“女子除家务之外便无用”后，又说“别处或许并非如此”，采取了保留意见的立场。可正的祖母妙意能够创作汉诗，《河内鉴名所记》中也出现了河内国府的久女、河内八尾的今西夫妇所创作的俳句，以及大坂游女藻川的名字，还介绍了女性点者园女的清稿本（元禄十年［1697］）。以上这些可正应该也曾亲眼见证。可正立场的犹豫，恐怕正说明当时已出现探索“夫妇相扶”新伦理的可能性，但可正并未觉察到另一侧面，即在这一阶段，民众广泛的“家”的自立观念带来的男女分工这一侧面。

“女书”的世界最初只有女笔、女训、《伊势物语》和《源氏物语》，其后在书店响应读者迫切期望的过程中，元禄五年的《女重宝记》中便加入了服装、化妆、料理、分娩、育儿、各类技能、妇科病等多个领域，并侧重实用知识。享保元年（1716），新兴书肆柏原屋清右卫门出版《女大学宝箱》。该书采取“益轩先生述”的“益轩本”形式，夹杂汉字的字帖女训《女大学》正文只占不到二分之一的篇幅。其中还有《源氏物语》《百人一首》和女性诸职业相关的社会知识，以及《小儿必要养育草》等与治病、分娩、育儿相关的各类实用知识——涵盖这些知识的书籍确实可被称作“宝箱”。而这毋庸置疑是以“家”为目的的知识。这个时代的女性对新知识的获取，从一开始便伴随着与“家”这一结构的抗争，并且一直在切实地前进。

第四节 | **对历史的解释**

村落学者契冲——元禄文化的旗手

下文将分析元禄文化的旗手之一、日本国学之祖契冲。

契冲的祖父下川元宜是侍奉于加藤清正的有力家臣，在家光改易熊本藩加藤忠广时沦为浪人，父亲元全侍奉过德川谱代武功派的尼崎藩主青山家，拥有二百五十石俸禄，但最终下台。契冲兄弟七人中一人为了成为武士而离家，契冲自身于庆安三年（1650）十一岁时出家，被寄养在摄津国西成郡今里村的妙法寺，师从丰定。根据他之后撰写的《妙法寺记》，丰定十分亲和，深受村民敬爱，村中的主要人物都是在他手下学习的弟子，为了“村中劝进”，这些村民还重建了正殿和佛像。

其后，契冲赴高野山等地修行，二十七岁时离开寺院四处流浪，寄住在和泉国和泉郡久井村的辻森家。在这期间，他“窥诸宗章疏，涉猎经史子集”，熟读辻森家所藏数额庞大的佛教经典和汉学书籍。之后，他又受同郡的池田万町村伏屋家的邀请，寄居于养寿庵，“偏好《皇朝实录》《日本纪》以来诸书，博探其书”（《圆珠庵契冲阿阇梨行实》）。伏屋家原本也是丰臣的家臣，之后成了浪人。

三十到四十岁阶段，契冲主要在伏屋家活动。在此之后，他埋头研究《万叶集》等古典作品，依靠庄屋阶层的藏书增进自己的学问。其后，契冲又寄住于摄津国我孙子村田端家和河内国小西见（鬼住）村。延宝六年（1678），契冲为赡养母亲，再度回到今里村妙法寺，并担任那里的住持。当时的庄屋年寄便大都成了跟随契冲学习的弟子（《妙法寺记》）。契冲开创国学研究黎明的代表作《万叶代匠记》就是在这里写成的。听闻其名声的德川光圀也曾为他提供食禄，但契冲基本上还是在村落活动的学者，到了晚年便隐居于大坂的圆珠庵（由伏屋家的养寿庵迁筑而来），在元禄十四年（1701）离世。

元禄文化的中坚人物大多出身于武士或浪人之家。人形净琉璃的作者近松门左卫门与撰写医书的冈本一抱兄弟的父亲，之前都是越前福井的藩士，成为浪人后携家上京，一抱走上了医学之路，门左卫门则在公家当差，持续接触较高阶层人群的文化，结识净琉璃的太夫[1]宇治加贺掾，并先后为加贺掾和竹本义太夫撰写《出世景清》《曾根崎心中》等净琉璃剧作，还为歌舞伎演员坂田藤十郎创作歌舞伎狂言的剧本。

松尾芭蕉的父亲也是伊贺上野藤堂藩的“无足人”（拥有武士资格但没有食禄的乡士），芭蕉还曾担任藤堂藩侍大将家嫡男藤堂良忠的近侍，希望获得武士资格，但因良忠早逝而不得，转而作为俳谐师活跃于江户下层社会。贝原益轩也是下级武士的后代，在成为儒学藩士前当过七年的浪人。

他们不是当时的豪强，本为下级武士出身，在家族浮沉中，随主君命运或大名兴亡而成为浪人、儒者、医者、公卿家的差役、僧侣，或像宫崎安贞那样经历浪人生活之后归田为农（如今多认为西鹤的父亲是大坂町人，但我们无从知晓更多信息）。

学者尾藤正英曾指出，个人理想的武士生活方式与现实社会之间的落差，或是武士的实际生存状况与自己身为浪人的生活状态间产生的矛盾或绝望，使得自我在理想与现实之间撕裂，但他们并没有像“倾奇者”那样以外在的方式发泄情绪（参见第五章第一节），也没有像由比正雪那样采取直接行动（参见第六章第一节），而是将其沉入内心层面，在这种严苛的张力之中，洞察社会和人的生存方式，进而产生出难以停止的

1 太夫，净琉璃中负责讲述故事的人。

自我表现欲望，由此产生的文化并非仅靠平和繁荣的町人经济成果便能孕育的。

那些培育他们、而后又享受到他们创造的文化的人，如为契冲提供藏书的伏屋家和辻森家、编纂《河内鉴名所记》的三田净久、撰写《可正旧记》的河内屋可正、为冈本一抱提供医书的村医笹山家等，还有大坂周边村落广泛分布的庄屋阶层、寺子屋老师、医生，村落寺社的僧人和神官，以及在地方上支持贝原益轩的筑前藩周边居民，等等，实际上也多出身浪人，经受过或多或少的浮沉。

身份与文化

在近世社会，为何是这些人成为文化创造的中坚力量？

一直以来，江户时代的社会都实行“兵农分离体制”，武士和农民在空间上被分割在城下町和村落，在阶级和身份上也被严格区隔，并且执行从“士农工商”至贱民的严格身份制度。因而在文化领域，武士与庶民（农工商）之间自然也存在与身份制相对应的巨大落差。然而，寺子屋的普及和庶民识字率的提高，意味着身份制在江户时代后期开始变质和解体，但元禄文化充其量还只是在上方尤其是町人社会中被允许的文化，庶民所读的书至多也只是好色本之类的读物。

然而，在近世社会成立过程中，若实际考察在其中生活的具体的人——例如近江国伊香郡的土豪上坂家，哥哥成为武士，弟弟则留驻村落守家——便会在史料中发现，有很多人尽管以成为武士为目标，但最终还是留在了村落中。武士集团中的统一战争，使得主君败北的武士大多成了浪人，其中有人放弃武士身份，回归村落，也有人不愿放弃，继续留在都市。那些回到村落的武士阶层，或担任村落庄屋等官职，或承担起寺僧、神官、医生、寺子屋教师等职责，成为町村中的知识分子。在这个意义上，武士的中下阶层和农民的中上阶层，其实都是来源于土豪阶层的“双生儿”，尽管二者的经济关系和政治身份因太阁检地和刀狩令而被明确区别开，但在社会和文化的生存状态方面，他们极为近似，在有些情况下两者的立场甚至会逆转过来。

原本属于同族、同辈的二者，突然被归位于两个不同的阶级，而使这一转变正当化的措施，便是宗门改制度。具体而言，就是将武士、平民（百姓和町人）、贱民分别登记在册，令其看上去就像分属于不同种姓（出身）一般。更进一步，家光命人编纂《宽永诸家系图传》，将所有武士的家系接续在源平藤橘四大姓氏之后，为“武士的种姓”确立起统治社会的正统性依据。

由此一来，不管是以浪人为最底端的中下层武士，还是村中差役等中上层百姓，他们各自的实际生存状况，都与制度和身份为他们设定的社会地位之间产生了结构性的偏离，而这一偏离，恰恰催生了各种社会和文化上的欲求。也有其他研究者与笔者将这种偏离视为“身份的边缘”，并借此发掘宗教人士、艺能人士、知识分子和贱民等各类人士的实际姿态（详见《近代的身份的边缘系列丛书》）。

日本近世是武家国家，将国家的正统性建立在军事实力的基础之上，虽然严格执行刀狩令，但并没有（像中国和朝鲜的科举制度那样）独占知识领域。另外，村请制原本就以在地方上保留知识分子为前提，自中世以来的自治传统也通过各种状文和诉讼、陈情，在近世的政治体系中得以沿袭，使得近世社会在刚起步时就能确保村落社会和都市町人社会中具有足够的知识分子，并且保证知识分子的再生产。战时体制的结束，也逐渐将知识的社会价值提升到了武士之上。

家、地域和国的历史

元禄时代，庶民阶层也已经形成“家”的社会，并且通过“家”的概念逐渐意识到“国”的存在。

甲斐国下井尻村的依田家是战国时代大名武田家的遗臣，也曾侍奉家康，之后归农，作为“浪人百姓”和“长百姓”在村中获得一定地位。依田长安继承父业，扩大地主经营，稳定家业，到享保十四年（1729）隐居时完成名为“诸道具之觉”的家产目录，其中包括六十四部共四百七十册的藏书目录。该藏书也作为家产由子孙后代继承。与此同时，依田长安还完成了《依田家训身持鉴》和《他我身徒然物语》，后者是模仿《徒然草》写成的训诫书。

《依田家训身持鉴》共四十条，除孝行、礼仪、正直、节俭、匠心等“通俗道德”之外，还包括“使唤下人的方法”、农具和耕作等内容。最后还称“当勤于家务，其间读农具之书而精晓耕作，其外读俗书而详知仁义、五伦、孝行，尤其应在年轻时读养生训诫之书，使其身坚固无病痛”，突出了读书的必要性。这些内容与河内大冢村的《河内屋可正旧记》几乎完全相同。

但《身持鉴》的如下开篇是其他资料中所没有的：“生于日本，若徒度一生则羞耻万分”，因为“日本胜于唐土、天竺四方之夷国，乃珍贵之国”，之所以比其他国家高贵，是由于“自天照大神宫的嫡脉神武天皇到今上天皇共一百十五代，绵绵相传三种宝器”，强调皇统的连续性。该书指出，“往昔执兵马之权者众多，自保元、平治之乱后”，先出平清盛，后又历镰仓三代、北条家九代、足利家十三代，信长、秀吉至家康治世，数百年间虽“兵乱不止”，“也无一人试图夺取帝位”。武家从未篡夺天皇的位置，万世一系的皇统延续至今，这便是“神国的标志”。

在这一基础之上，关于武士的血脉，《身持鉴》认为景行天皇的皇子日本武尊将草薙剑传给源氏，并将其他七十余位皇子置于各地国郡，正所谓“今天下武家之栋梁，自将军至大名、小名，皆为王孙”。而且，不仅公家、武家，“士民百姓，凡氏族正统者，若欲为王孙则须心悬累代延续之事”，为保证血脉纯正，与其他普通百姓区别开，训诫子孙就算是通过纳妾等方法，也绝不能让血脉断绝。这便是依田长安对历史的解释。

在依田家藏书目录中，有二十部共二百七十六册为军记物语，所有书籍——从奈良时代的《前前太平记》到《忠义太平记》(《赤穗记》)——可按时代顺序排列，其中还有从《保元物语》到《太平记》《太阁记》《大坂物语》的史籍，涵盖了平清盛到德川家康的武家历史。若将这些军记物语按年代顺序排列，位于最前的是林鹅峰（春斋）所撰的《日本王代一览》七卷本，是记录了从神武到正亲町天皇的年代记。

幕府也参与编纂历史。在父亲林罗山的指导下完成《宽永诸家系图传》和《本朝编年录》的林鹅峰，于宽文二年（1662）奉将军家纲之命，编纂未完成的《本朝编年录》续辑。得到幕府援助后，他在忍冈的林家宅邸内设立国史馆，接收诸藩提供的丰富史料，将原书改名为“本朝通鉴”，最终于宽文十年完成共三百一十卷的编修。

水户藩的德川光圀也在林家之外着手修史事业。宽文十二年，光圀在江户小石川宅邸内设彰考馆，从全国召集佐佐宗淳、安积澹泊等学者，开始编纂《大日本史》，在全国范围内收集史料。与林家编年体史书奉行的事实主义相对，光圀采取了纪传体，积极地站在儒家伦理立场上对人物做出评价。

佐佐宗淳在福冈藩收集《大日本史》史料过程中，与贝原益轩成为知己，并为光圀代购宫崎安贞的《农业全书》。村落学者契冲也应光圀的召集校对《万叶集》等文献，也正是契冲的古典研究最终催生出批判儒家史观的国学。之后，林鹅峰的《日本王代一览》刊行，进入依田长安等百姓家中。所有这些都说明，原本是幕藩领主阶层进行的修史事业，也与庶民对历史的关注有着种种联系。

军记物语几乎在所有家庭中都有，伏屋家藏有《皇朝实录》《日本纪》以来的历史书籍，森家则有《日本纪神代卷》《本朝通纪》等。《本朝通纪》为元禄十一年（1698）会津藩士长井定宗编纂，据其序文可看出，它以《日本王代一览》和《本朝编年小史》等为基础，将军记物语和稗史作为小故事加入其中，最终形成五十五卷本的综合史籍。虽然无法同《本朝通鉴》《大日本史》等考证水准杰出的史书媲美，但它也以自己的方式，在军记物语的基础上记录下了对历史的诠释。军记物语是拯救王权危机的武将事迹，也是天下走向统一的过程，其中还包括征讨朝鲜等“蛮夷”的故事（《朝鲜军记》等），与林家所编纂的《日本王代一览》等史书呼应，共同编织日本这一国家的叙事。

依田长安所做的，是在阅读《徒然草》后撰写家训，在阅读军记物语和《日本王代一览》后，将“家的历史”与“国的历史”相重合。而他试图证明家族的永续和与其他百姓区分开的愿望，从“王孙”的“种姓”这一表达中便可看出。以前在战国时代，“诸国百姓也常压倒主君……百姓乃王孙也”（《本福寺迹书》），这也成为百姓抵抗武士强迫他们在人格上处于从属地位的论据。这一“百姓为王孙”（百姓在国主外没有其他主人）的主张，在《宽永诸家系图传》将武士确立为王孙之后，又被长安这样的百姓用作与其他人相区分的理论依据。

然而，当时也并不是只有这一种叙事。河内大冢的可正也在阅读《日本王代一览》之后，将其引用到《河内屋可正旧记》中，但他并没有像依田长安那样描述家族历史。

《可正旧记》是“家的历史”，也是“大冢来由记”，即“地域的历史”。它记载了大冢这一地域内一个个“家”的沉浮，并将自己的“家的历史”作为其中的组成部分，并进一步从中捕捉到日本从“战乱的中世”向冻结军事力量的“泰平的近世”转换的过程。《可正旧记》称“自元和始天下大治”，将导致祖父被杀、祖母一人维持家计的大坂之阵视为重要节点。相比于长安更强调自古以来一贯的“神国”历史与自己家族延续的关系，可正认为，中世到近世的转变、战后的和平，才是自己所在地区的家族延续的根据所在。为此，他在《可正旧记》中通过引用《史记》和《太平记》“共享天下泰平，勿忘战争之时”，告诫如今“出生在泰平年代”的世人。

这一时代所开启的书本的世界，不仅有农学和医学等提供实用知识的内容，还为人们参与政治提供行政知识，使得“从摇篮到坟墓”的文书行政事业成为可能。由此，人们得以获得新的契机，思考自己所处的社会，并通过书中所传达的文字和知识，接受“日本之国”这一概念。而这也为步入新时代提供了一扇必经之门。

附　录

公历	年号	天皇	将军	日本	世界
1614	庆长十九年	后水尾	秀忠	一月，大久保忠邻破坏京都教堂，流放传教士，之后被改易。 十月，家康下令征讨大坂（大坂冬之阵）。 十二月，两军议和。 该年，三浦净心出版《庆长见闻集》。	九月，高山右近等天主教大名和传教士共一百四十八人被流放至马尼拉、澳门。
1615	元和元年			一月，《大坂物语》刊行。 四月，家康下令征讨大坂（大坂夏之阵）。 五月，秀赖、淀君自杀。 六月，松平忠明被封为摄津大坂藩主。 闰六月，《一国一城令》发布。 七月，制定《武家诸法度》《禁中并公家诸法度》《诸宗寺院法度》。 八月，秀忠、家康分别返回江户和骏府。	
1616	元和二年			四月，家康亡（75），葬于久能山。 五月，禁止撰钱，公开确定黄金与铜钱币的兑换比率。 七月，高田藩主松平忠辉被改易。 八月，强化天主教禁令，中国以外的外国船只仅限停泊于长崎、平户。	一月，满洲女真族努尔哈赤建立后金。

续表

公历	年号	天皇	将军	日本	世界
				十月，禁止人身买卖、一季居和栽培烟草。	
1617	元和三年			二月，家康被授予神号东照大权现。 四月，家康改葬于日光东照社。 六月，秀忠上洛。 八月，朝鲜使节在伏见城拜见秀忠。	
1618	元和四年			八月，熊本藩主加藤忠广家臣团爆发骚动。	
1619	元和五年			一月，中井正清亡（55）。 五月，秀忠上洛。 六月，广岛藩主福岛正则被改易。 七月，浅野长晟转封广岛，德川赖宣转封和歌山，松平忠明转封大和郡山。 八月，设置大坂町奉行。在京都处决六十余名天主教徒。伏见城被废城。设置大坂城代、城番。 九月，藤原惺窝亡（59）。秀忠流放万里小路充房等人。	荷兰东印度公司在巴达维亚（今印尼的雅加达）建立总部。
1620	元和六年			一月，修筑大坂城。 三月，在浅草设置米仓。 六月，秀忠之女和子入宫。	

续表

公历	年号	天皇	将军	日本	世界
				七月，平山常陈载有传教士的船只被英国与荷兰截下，引渡至长崎奉行。 八月，支仓常长归国。 此时，开始建造桂离宫。	
1621	元和七年			七月，幕府禁止外国人买卖日本人口、海盗和武器出口等行为。 九月，秀忠于江户城会见暹罗国使，同意通商。	
1622	元和八年			八月，最上义俊被改易。五十五名天主教徒在长崎被处死（大殉教）。板仓重宗确立《京都市中法度》。 十月，本多正纯被改易。 此时，幕府将外样大名妻小置于江户。改建江户城本丸。	五月，明朝白莲教之乱。
1623	元和九年		家光	二月，福井藩主松平忠直被流配到丰后。 六月，秀忠上洛。 七月，家光上洛，就任征夷大将军。 十一月，英国人因平户商馆被封而离开日本。 该年，《醒睡笑》成书。	荷兰在安汶岛实行大屠杀。
1624	宽永元年			八月，德川忠长成为骏府城主。	荷兰占领中国台湾。

续表

公历	年号	天皇	将军	日本	世界
				十一月，德川和子成为中宫。	
1625	宽永二年			小濑甫庵刊行《太阁记》。东叡山宽永寺创建。	
1626	宽永三年			六月，秀忠上洛。 八月，家光上洛。 九月，天皇行幸二条城。秀忠正室崇源院亡（54）。 该年，狩野探幽为二条城制作隔扇画。	平野藤次郎、末次平藏的朱印船在中国台湾与荷兰人引起纷争。
1627	宽永四年			七月，秀忠将1615年之后授穿紫衣和上人号的敕许全部作废。长崎奉行水野守信抓捕三百四十名天主教徒,遭到岛原藩主松仓重政处刑。吉田光由刊行《尘劫记》。	后金入侵朝鲜。
1628	宽永五年			八月，老中井上正就在江户城被杀。	四月，西班牙舰队在阿瑜陀耶王国攻击朱印船。 七月，滨田弥兵卫捕捉奴易兹（大员事件）。
1629	宽永六年	明正		七月，大德寺泽庵因违反幕府停止紫衣的禁令而遭发配（紫衣事件）。 九月，修改《武家诸法度》。 十月，幕府禁止女性舞者和女歌舞伎。春日局拜见天皇。	

续表

公历	年号	天皇	将军	日本	世界
				十一月，后水尾天皇让位于兴子内亲王（明正天皇）。	
1630	宽永七年			四月，幕府禁止日莲宗不受不施派。 七月，澳门使节西尔韦拉（葡萄牙人）来到日本要求恢复贸易，幕府同意。	十一月，板仓重政向菲律宾诸岛派遣征讨吕宋的侦察船。山田长政被毒杀。
1631	宽永八年			六月，幕府命令出海船只必须有老中奉书（奉书船）。江户和大坂商人加入丝割符行会。	六月，明朝爆发李自成起义。
1632	宽永九年			一月，秀忠亡（54）。 五月，熊本藩主加藤忠广被改易。 七月，泽庵等人被赦免。 十月，德川忠长被改易。 十二月，幕府设置大目付。迭戈·科拉多刊行《忏悔录》。	十月，与荷兰恢复通商。
1633	宽永十年			一月，崇传亡（65）。 二月，幕府修改军役规定，针对长崎奉行颁布十七条职务条目。 三月，设置松平信纲等六人众。 十二月，德川忠长在流放地高崎自杀。	该年，荷兰商馆馆长开始赴江户参见将军。

续表

公历	年号	天皇	将军	日本	世界
				此时，贞门俳谐盛行。	
1634	宽永十一年			三月，幕府由老中、六人众分掌权力。 五月，幕府令长崎町人建造出岛。 七月，家光上洛。 闰七月，幕府免除大坂、堺、奈良的地租利息。 八月，幕府将谱代大名的妻小置于江户。 该年，熊泽蕃山为池田光政效力。	
1635	宽永十二年			三月，家光亲自审判柳川事件。 五月，幕府限制外国船入港，将贸易限制于长崎与平户，禁止日本人海外渡航和归国。 六月，修改《武家诸法度》，令参勤交代制度化，禁止五百石以上的武家造船。江户山王祭开始，将军御临。	
1636	宽永十三年			一月，改建江户城总结构。 四月，日光东照社重修完成。 六月，开始铸造宽永通宝。 十二月，朝鲜通信使拜见家光，赴日光参拜。	四月，后金改国号为清。 十二月，朝鲜向清投降。
1637	宽永十四年			二月，本阿弥光悦亡（80）。 十月，爆发岛原、天草之乱。	

续表

公历	年号	天皇	将军	日本	世界
				十一月，幕府派遣板仓重昌、松平信纲等人作为上使平乱。	
1638	宽永十五年			一月，板仓重昌在攻取原城中战死（51）。	
				二月，原城陷落，岛原之乱被镇压。	
				四月，岛原藩主松仓胜家被改易，唐津藩主寺泽坚高被减封。	
				五月，修改后的《武家诸法度》开始实施。	
				十一月，土井利胜、酒井忠胜成为大老。	
1639	宽永十六年			七月，幕府禁止葡萄牙船来航。	
				八月，江户城本丸被烧毁。	
1640	宽永十七年			一月，幕府命令大名、旗本节俭。	
				四月，重建江户城本丸。	
				六月，幕府烧毁抵达长崎的葡萄牙船只，对六十一名船员处刑。	
1641	宽永十八年			二月，福冈藩、佐贺藩受命对长崎加强警备。	荷兰人占领马六甲。
				四月，荷兰商馆从平户移至长崎。	
				八月，家纲出生。由荷兰船运载的生丝也开始遵循丝割符制度。	
				该年，冈山藩建起花畠教场。数国发生饥馑。	

续表

公历	年号	天皇	将军	日本	世界
1642	宽永十九年			五月，谱代大名也被要求参勤交代。幕府命令代官与旗本出台饥馑对策，禁止农村造酒（宽永饥馑）。浅草粮仓奉行等人枉法行为暴露，六十五人被处刑。	
1643	宽永二十年	后光明		二月，三都饥民被遣返。 三月，水田旱地禁止永久买卖。 五月，会津藩主加藤明成被改易。 七月，保科正之转封会津。 九月，《宽永诸家系图传》成书。 十月，天海亡（108）。 该年，朝鲜通信使来日。	
1644	正保元年			一月，幕府出台勘定头、代官的职务条令。 十二月，幕府要求各大名制作城绘图和国绘图。	三月，明亡。 九月，清迁都至北京。
1645	正保二年			七月，江户市中取缔“倾奇者”。 十一月，朝廷授予东照社宫号。	明人郑芝龙请求援兵，于次年被拒。
1646	正保三年			三月，家光奏请天皇往日光派遣奉币使。 四月，伊势神宫恢复奉币使。	
1647	正保四年			二月，小堀政一亡（69）。 六月，两艘葡萄牙船到长崎请求通商。 八月，幕府通知拒绝葡萄牙船只的请求。	

续表

公历	年号	天皇	将军	日本	世界
1648	庆安元年			二月，制定《江户市中诸法度》。 四月，制定《大坂市中诸法度》。 六月，确定公事诉讼的程序。 八月，中江藤树亡（41）。	
1649	庆安二年			二月，《庆安御触书》出台。废止若年寄。 三月，命令大名、旗本节俭。	清派遣招抚使赴琉球。
1650	庆安三年			该年，林罗山撰写《本朝通鉴》。定期集体参拜伊势神宫开始流行。	
1651	庆安四年		家纲	四月，家光亡（48）。 七月，刈谷藩主松平定政批判幕府而遭改易。庆安事件爆发，由比正雪在骏府自杀。 八月，家纲担任将军。 十二月，幕府放宽对临终养子的禁令。	
1652	承应元年			一月，幕府出台规定勘定头与代官职务的条令。 五月，林春斋刊行《日本王代一览》。 六月，井伊直孝辅佐将军。若众歌舞伎被禁止。 九月，承应事件。别木庄左卫门被处刑。 十月，江户彻查浪人。	
1653	承应二年			三月，幕府允许歌舞伎演出（野郎歌舞伎）。	

续表

公历	年号	天皇	将军	日本	世界
				闰六月，设立秤座，规定东西国的秤。 十一月，松永贞德亡（83）。	
1654	承应三年	后西		六月，玉川上水建成。 七月，信浓高远藩的领民逃散至幕领。明僧隐元（黄檗宗）来日。 该年，池田光政在冈山藩推行改革。	
1655	明历元年			四月，丝割符制度被废止。 十一月，牧野亲成颁布《京都市中法度》。 此时，修学院离宫开始建造。 该年，日光门主守澄法亲王成为轮王寺宫门迹。	
1656	明历二年			十月，浅草开设铸钱座。 此时，流行汤女风吕。	
1657	明历三年			一月，江户大火（明历大火），江户城本丸与二之丸被烧毁。林罗山亡（75）。 二月，德川光圀开始编纂《大日本史》。 七月，旗本奴水野十郎左卫门杀害町奴幡随院长兵卫。 八月，江户转移吉原游郭。 该年，划分江户的屋宅和寺社地。加贺藩完成改作仕法。	

续表

公历	年号	天皇	将军	日本	世界
1658	万治元年			九月，江户设置定火消。 十二月，诸国因风灾、水灾和大火而限制造酒。	未答复郑成功的援兵请求。
1659	万治二年			六月，隐元创建黄檗宗万福寺。 八月，江户城本丸竣工。	
1660	万治三年			二月，山崎闇斋完成《大和小学》。 六月，大坂城火药库遭受雷击。城内、町方损失惨重。 七月，仙台藩主伊达纲宗被命隐居，时年两岁的纲村继任家督（伊达骚动的开端）。 九月，诸国遭受暴风雨和洪水。 十月，佐仓藩主堀田正信批判幕政，于翌月遭改易。	
1661	宽文元年			一月，京都大火。宫廷起火。 闰八月，幕府命诸大名兴建朝廷宫殿。 该年，浅井了意刊行《武藏镫》。	康熙帝即位。
1662	宽文二年	灵元		二月，再次设立若年寄。确定老中、若年寄的职务。 该年，伊藤仁斋开设“古义堂”。	郑成功亡，明王朝全灭。
1663	宽文三年			四月，家纲赴日光社参拜。 五月，修改《武家诸法度》。增加禁止天主教的条款，禁止殉死。 十二月，野中兼山亡（49）。	清派遣册封使至琉球。

续表

公历	年号	天皇	将军	日本	世界
1664	宽文四年			四月，诸大名被授予领知判物与朱印状（宽文印知）。 八月，幕府允许长崎贸易中一半的额度以货币方式支付。 十一月，对天主教改宗者实行登记制度。幕府将国史馆置于江户忍冈。	
1665	宽文五年			一月，大坂城天守阁遭受雷击而被烧毁。 七月，废止诸大名证人制。	
1666	宽文六年			三月，酒井忠清成为大老。 五月，宫津藩主京极高国被改易。 七月，德川光圀破坏领地内的新寺。 八月，米泽藩百姓越级向幕府代官所提出诉讼。 十月，幕府将山鹿素行幽禁于赤穗。 该年，中村惕斋刊行《训蒙图汇》。浅井了意刊行《浮世物语》。	
1667	宽文七年			闰二月，幕府派遣巡见使赴诸国。禁止本田畑种植烟草。 三月，无限期延长造酒限制令。 五月，禁止堕胎行业。	
1668	宽文八年			二月，岛原藩主高力隆长被改易。 三月，确定长崎贸易的禁制品。	

续表

公历	年号	天皇	将军	日本	世界
				四月，重建足利学校。	
				五月，长崎贸易中的银币支付转变为金币支付。	
				七月，设置京都町奉行。	
				该年，备前磐梨郡的不受不施派发起一揆。	
1669	宽文九年			四月，不受不施派的寺请被废止。	
				七月，松前藩受命镇压阿伊努族首领沙牟奢允发起的叛乱。	
				十二月，全国的枡单位被统一为京枡。	
1670	宽文十年			六月，林春斋完成《本朝通鉴》。	
1671	宽文十一年			三月，幕府直裁伊达骚动。	
				七月，河村瑞贤调查东回航路。	
				该年，冈山藩设立闲谷学校。	
1672	宽文十二年			六月，创设有栖川宫家。	
				十二月，保科正之亡（62）。	
1673	延宝元年			四月，隐元亡（82）。	十一月，清爆发三藩之乱（至1681年）。
				五月，江户市中出台《出版取缔令》。英船回归号抵达长崎要求恢复通商，被幕府拒绝。	
				六月，禁止二十石以下的名主和十石以下的百姓“分割相续”（《分地限制令》）。	

续表

公历	年号	天皇	将军	日本	世界
				该年，三井高利于江户和京都开设越后屋吴服店。北村季吟完成《湖月抄》。山鹿素行完成《武家事纪》。	
1674	延宝二年			二月，幕府制定并公布宽永通宝与黄金的兑换比率。停止古钱的流通。 该年,诸国遭受风灾水害。关孝和刊行《发微算法》。	
1675	延宝三年			二月，由于饥馑，允许长年季和谱代奉公人的存在。	
1676	延宝四年			三月，幕府派遣巡察使赴诸国调查决堤受害地。 四月，长崎代官末次平藏与其子因走私贸易被流放至隐岐。	
1677	延宝五年			三月，畿内与近国成为幕领总检地（至1679年）。 六月，从流配地小滨赴石清水八幡宫参拜的堀田正信受领德岛藩。小滨藩主酒井忠直被关禁闭。 九月，海北友雪亡（80）。	
1678	延宝六年			七月，涩川春梅观测到秋分点。	七月，清平南王尚之信致信长崎奉行。
1679	延宝七年			十月，幕府裁断高田藩主松平光长家中的骚动（越后骚动）。	
1680	延宝八年		纲吉	五月，家纲亡（40）。堀田正信殉死（50）。林春斋亡（63）。	

续表

公历	年号	天皇	将军	日本	世界
				六月，伊势鸟羽藩主内藤忠胜于增上寺杀害丹后宫津藩主永井尚长，两家断绝来往。 八月，后水尾法皇亡（85）。纲吉继任将军。 十二月，酒井忠清被罢免。 该年，诸国饥馑。	
1681	天和元年			六月，纲吉亲自重审越后骚动，改易松平光长。 十一月，藩主真田信利因上洲沼田藩农民于春天发起的驾笼诉（磔茂左卫门一揆）而被改易。 十二月，堀田正俊成为大老。 该年，井原西鹤刊行《西鹤大矢数》。	
1682	天和二年			三月，开始大量处理枉法代官。西山宗因亡（78）。 五月，幕府颁布布告奖励忠孝，禁止天主教。 六月，设置勘定吟味役。 七月，木下顺庵成为幕府儒者。 九月，山崎闇斋亡（65）。 十月，井原西鹤刊行《好色一代男》。 十二月，吉川惟足成为幕府神道神官。 该年，朝鲜通信使来日。	

续表

公历	年号	天皇	将军	日本	世界
1683	天和三年			二月，禁止长崎奉行进口奢侈品。 五月，三井高利于江户开设兑换所。 六月，河村瑞贤巡察淀川水路。 七月，修改《武家诸法度》。 十月，命令诸大名开始备荒储备。	七月，清收复台湾。
1684	贞享元年			二月，制定《服忌令》。 三月，《会津农书》成书。 八月，堀田正俊（51）于江户城中被若年寄稻叶正休杀害。 十月，制定贞享历。 十一月，江户市中颁发《出版取缔令》。 十二月，丝割符制恢复。	十月，清解除海禁。
1685	贞享二年			二月，近松门左卫门的剧作《出世景清》于大坂竹本座上演。 三月，住吉具庆成为幕府绘师。 八月，确定长崎贸易额的上限（中国船银六千贯，荷兰船银三千贯）。 九月，山鹿素行亡（64）。	
1686	贞享三年			九月，幕府一并逮捕“倾奇者”大小神祇组。	

续表

公历	年号	天皇	将军	日本	世界
				十月，松本藩农民针对修改租法集体强行上告（嘉助骚动）。	
1687	贞享四年	东山		一月，开始发布《生类怜悯令》。	
				六月，调查改宗者亲族。	
				十一月,针对代官等出台关于年贡勘定与诸普请的规定。	
				十二月，发布禁止长崎输出武器的禁令。熊泽蕃山被禁闭于古河。	
1688	元禄元年			一月，井原西鹤刊行《日本永代藏》。	
				九月，出台《酒造半减令》。	
				十一月，柳泽吉保成为侧用人。	
				该年，抵达长崎的中国船只被限制在七十艘以内。长崎建起唐人屋宅。契冲撰成《万叶代匠记》。	
1689	元禄二年			三月，松尾芭蕉开始《奥之细道》之旅。	
1690	元禄三年			七月，上野忍冈的圣堂转移至汤岛。	英国于加尔各答设立商馆。
				八月，德国人堪弗尔以荷兰商馆医生身份来日。	
				十月，幕府公布弃儿禁令。	
1691	元禄四年			四月，日莲宗悲田派被禁。	
				八月，熊泽蕃山亡（73）。	闰三月，清朝将外蒙古纳入统治。

续表

公历	年号	天皇	将军	日本	世界
1692	元禄五年			一月，井原西鹤刊行《世间胸算用》。 三月，东大寺大佛修复完成。 五月，江户市中禁止富突讲与百人讲。《女重宝记》刊行。	安南国禁止天主教与清王朝的语言与风俗。
1693	元禄六年			五月，正仓院开封。 六月，幕府为肃清流言，令江户各町居民出具“人别书”。 八月，井原西鹤亡（52）。新井白石就任为德川纲丰的侍讲。 该年，伊藤仁斋撰成《童子问》。	
1694	元禄七年			六月，菱川师宣亡（77）。 七月，鼓励旗本追求学问、习弓术与马术。 十月，松尾芭蕉亡（51）。 十二月，柳泽吉保获得与老中同等待遇。	
1695	元禄八年			八月，改铸金银货币。幕府允许长崎贸易中的超额部分用铜钱支付。纲吉立护持院的隆光为大僧正。 十月，幕府鼓励诸国开采矿山。 十一月，武藏中野设置流浪狗收容小屋。 该年，东北、北陆发生饥馑。	

续表

公历	年号	天皇	将军	日本	世界
1696	元禄九年			二月，废除伏见和堺奉行。 五月，契冲讲习《万叶集》。 八月，颁布饮酒限制令。 该年，宫崎安贞撰成《农业全书》。	
1697	元禄十年			四月，限定古金银的流通期限，要求民众将旧币兑换为新币。要求诸大名、旗本和寺舍提交乡账并改订国绘图。 六月，诸大名可在领国内行使裁决与处罚权（自分仕置令）。 七月，旗本中领取藏米五百俵以上者成为地方知行（元禄地方直）。宫崎安贞亡（75）。 十月，征收酒造运上金。	
1698	元禄十一年			二月，幕府鼓励诸国试掘金银铜山。 七月，柳泽吉保位列老中之上。 八月，宽永寺根本中堂建成。 十一月，美作津山藩农民因反对增征年贡政策而集体强行上告。 十二月，幕府将二十年以上的小作地列为永小作。撤除奉公人的年季限制。木下顺庵亡（78）。	

续表

公历	年号	天皇	将军	日本	世界
1699	元禄十二年			四月，历代天皇陵寝整修完成。 九月，幕府将造酒量限制为原先的五分之一。 闰九月，向穷困的旗本和御家人发放救济金。 该年，诸国因暴风雨而收成惨淡。	清王朝允许英国在广东经商。
1700	元禄十三年			八月，设立日光奉行。 十一月，修改金币、银币、铜钱币的兑换比率。	

参考文献

（为方便读者检索，本书对原书参考文献各条目均予保留，作者名、书名、论文名、刊物名及出版社名等均按原文照录。）

全书相关

朝尾直弘『日本の歴史 17　鎖国』（小学館、一九七五年）
尾藤正英『日本の歴史 19　元禄時代』（小学館、一九七五年）
深谷克己『大系日本の歴史 9　士農工商の世』（小学館、一九八八年）
藤井譲治『日本の歴史 12　江戸開幕』（集英社、一九九二年）
高埜利彦『日本の歴史 13　元禄・享保の時代』（集英社、一九九二年）
朝尾直弘『将軍権力の創出』（岩波書店、一九九四年）

序章

黒田俊雄「日本中世における『武勇』と『安穏』」『黒田俊雄著作集』三（法蔵館、一九九五年）

坪井良平『日本古鐘銘集成』(角川書店、一九七二年)
川瀬一馬『増補古活字版の研究』(日本古書籍商協会、一九六七年)
中村幸彦「大坂物語諸本の変異」『中村幸彦著述集』五(中央公論社、一九八二年)

第一章

福田千鶴「一七世紀初頭における城郭政策の展開」『論集きんせい』一七号(一九九五年)
北島正元『江戸開幕の権力構造』(岩波書店、一九六四年)
藤木久志『豊臣平和令と戦国社会』(東京大学出版会、一九八五年)
笠谷和比古『関ヶ原合戦』(講談社、一九九四年)
塚本学「武家諸法度の性格について」『日本歴史』二九〇号(一九七二年)
二木謙一「江戸幕府将軍拝謁儀礼と大名の格式」『日本歴史』六一八号(一九九九年)
杣田善雄「幕藩制国家と門跡」『日本史研究』二七七号(一九八五年)
藤井讓治『徳川家光』(吉川弘文館、一九九七年)
熊倉功夫『後水尾院』(朝日新聞社、一九八二年)
高埜利彦『近世日本の国家権力と宗教』(東京大学出版会、一九八九年)
高埜利彦「江戸幕府の朝廷支配」『日本史研究』三一九号(一九八九年)
高木昭作『日本近世国家史の研究』(岩波書店、一九九〇年)
笠谷和比古『近世武家社会の政治構造』(吉川弘文館、一九九三年)
根岸茂夫『近世武家社会の形成と構造』(吉川弘文館、二〇〇〇年)
小池進『江戸幕府直轄軍団の形成』(吉川弘文館、二〇〇一年)
山本博文『寛永時代』(吉川弘文館、一九八九年)
藤井讓治『江戸幕府老中制形成過程の研究』(校倉書房、一九九〇年)

第二章

藤井譲治「一七世紀の日本」『岩波講座日本通史』一二（岩波書店、一九九四年）
永積洋子『朱印船』（吉川弘文館、二〇〇一年）
松田毅一『近世初期日本関係南蛮史料の研究』（風間書房、一九六七年）
横田冬彦「近世的身分制度の成立」『日本の近世７　身分と格式』（中央公論社、一九九二年）
煎本増夫『島原の乱』（教育社、一九八〇年）
中村質「島原の乱と鎖国」『岩波講座日本歴史』九（岩波書店、一九七五年）
深谷克己『百姓一揆の歴史的構造』（校倉書房、一九七九年）
松本慎二編『原城跡』南有馬町教育委員会文化財調査報告書第二集（一九九六年）
服部英雄「原城の戦いと島原・天草の乱を考え直す」『日本近世の地域社会論』（文献出版、一九九八年）
石井進・服部英雄編『原城発掘』（新人物往来社、二〇〇〇年）
山本博文『鎖国と海禁の時代』（校倉書房、一九九五年）
田代和生『書き替えられた国書』（中央公論社、一九八三年）
荒野泰典『近世日本と東アジア』（東京大学出版会、一九八八年）
上原兼善「琉球の支配」『講座日本近世史２　鎖国』（有斐閣、一九八一年）
紙屋敦之『幕藩制国家の琉球支配』（校倉書房、一九九〇年）
真栄平房昭「幕藩制国家の外交儀礼と琉球」『歴史学研究』六二〇号（一九九一年）
杣田善雄「近世の門跡」『岩波講座日本通史』一一（岩波書店、一九九三年）

第三章

藤田覚「寛永飢饉と幕政」『歴史』五九・六〇号（一九八二号）
大野瑞男『江戸幕府財政史論』（吉川弘文館、一九九六年）
山本英二『慶安御触書成立試論』（日本エディタースクール出版部、一九九九年）
丸山雍成「『慶安御触書』存否論の現状と展望」『日本歴史』六一七号（一九九九年）
林基『近世民衆史の史料学』（青木書店、二〇〇一年）
佐々木潤之介『幕藩権力の基礎構造』（御茶の水書房、一九六四年）
藤井譲治「幕藩制下の領主経済」『日本経済史を学ぶ（下）』（有斐閣、一九八二年）
浪江健雄「大名改易の制度的実態について」『関東地域史研究』一（文献出版、一九九八年）
村田路人『近世広域支配の研究』（大阪大学出版会、一九九五年）
伊藤忠士『近世領主権力と農民』（吉川弘文館、一九九六年）

第四章

高尾一彦「寛永期河内の綿作農村について」『研究』二五号（一九六一年）
安良城盛昭『幕藩体制社会の成立と構造』（御茶の水書房、一九五九年）
朝尾直弘『近世封建社会の基礎構造』（御茶の水書房、一九六七年）
脇田修『近世封建社会の経済構造』（御茶の水書房、一九六三年）
林野全考『近畿の民家』（相模書房、一九八〇年）
長谷川善計・藤井勝ほか『日本社会の基層構想』（法律文化社、一九九一年）

水本邦彦『近世の村社会と国家』(東京大学出版会、一九八七年)
菅原憲二「近世村落と村入用」『日本史研究』一九九号(一九七九年)
横田冬彦「近世村落における法と掟」『文化学年報』五号(一九八六年)
網野善彦『日本論の視座』(小学館、一九九三年)
石田善人「郷村制の成立」『岩波講座日本歴史』八(岩波書店、一九六三年)
柴田純『思想史における近世』(思文閣出版、一九九一年)
深谷克己「近世政治と百姓目安」『民衆運動史2　社会意識と世界像』(青木書店、一九九九年)

第五章

『国華　特輯江戸天下祭図屏風』一二三七号(国華社、一九九八年)
内藤昌『江戸図屏風別巻　江戸の都市と建築』(毎日新聞社、一九七二年)
久留島浩「近世における祭りの『周辺』」『歴史評論』四三九号(一九八六年)
水江漣子『江戸市中形成史の研究』(弘文館、一九七七年)
北原糸子『江戸城外堀物語』(筑摩書房、一九九九年)
玉井哲雄「都市の計画と建設」『岩波講座日本通史』一一(岩波書店、一九九三年)
松尾美恵子「近世初期大名普請役の動員形態」『金鯱叢書』一三号(一九八六年)
宮崎勝美・吉田伸之編『武家屋敷』(山川出版社、一九九四年)
渋谷葉子「幕藩体制の形成過程と大名江戸藩邸」『金鯱叢書』二七号(二〇〇〇年)
横田冬彦「近世武家政権と首都」『年報都市史研究』九号(山川出版社、二

〇〇一年）
中村栄孝「慶長年中の戦後青年たち」『歴史と人物』（吉川弘文館、一九六四年）
北島正元「かぶき者——その行動と論理」『近世史の群像』（吉川弘文館、一九七七年）
田谷博吉『近世銀座の研究』（吉川弘文館、一九六三年）
安国良一「近世初期の撰銭令をめぐって」『越境する貨幣』（青木書店、一九九九年）
中井信彦『幕藩社会と商品流通』（塙書房、一九六一年）
朝尾直弘「十七世紀における産業構造の特質」『日本史研究』五六号（一九六一年）

第六章

藤井譲治「家綱政権論」『講座日本近世史4　元禄·享保期の政治と社会』（有斐閣、一九八〇年）
高埜利彦「一八世紀前半の日本」『岩波講座日本通史』一三（岩波書店、一九九四年）
笠谷和比古『主君「押込」の構造』（平凡社、一九八八年）
福田千鶴『酒井忠清』（吉川弘文館、二〇〇〇年）
福田千鶴『幕藩制的秩序と御家騒動』（校倉書房、一九九九年）
塚本学『徳川綱吉』（吉川弘文館、一九九八年）
深井雅海『徳川将軍政治権力の研究』（吉川弘文館、一九九一年）
塚本学『生類をめぐる政治』（平凡社、一九八三年）
横田冬彦「賤視された職人集団」『日本の社会史6　社会的諸集団』（岩波書店、一九八八年）

林由紀子『近世服忌令の研究』（清文堂出版、一九九八年）
峯岸賢太郎『近世被差別民史の研究』（校倉書房、一九九六年）
塚田孝『近世日本身分制の研究』（兵庫部落問題研究所、一九八七年）
脇田修『元禄の社会』（塙書房、一九八〇年）

第七章

平林治徳編『三田浄久』（大阪女子大学国文学研究室、一九五四年）
長友千代治『近世貸本屋の研究』（東京堂出版、一九八二年）
長友千代治『近世の読書』（青裳堂書店、一九八七年）
横田冬彦「益軒本の読者」横山俊夫編『貝原益軒』（平凡社、一九九五年）
山崎喜好「河内国の前句付」『国語国文』二一編六号（一九五二年）
中子裕子「元禄期村落社会における前句付文化」『歴史評論』六〇五号（二〇〇〇年）
小高道子「古典の継承と再生」『岩波講座日本文学史』七（岩波書店、一九九六年）
横田冬彦「『徒然草』は江戸文学か」『歴史評論』六〇五号（二〇〇〇年）
関場武「徒然草の影響·享受と研究史」『解釈と鑑賞』三五編三号（一九七〇年）
村上哲見『漢詩と日本人』（講談社、一九九四年）
山中浩之「河内在郷町の文化」『関西の歴史と文化』（松籟社、一九八七年）
今田洋三「元禄享保期における出版資本の形成とその歴史的意義について」『ヒストリア』一九号（一九五七年）
今田洋三『江戸の本屋さん』（日本放送出版協会、一九七七年）
中嶋隆『西鶴と元禄メディア』（日本放送出版協会、一九九四年）
井上忠『貝原益軒』（吉川弘文館、一九八九年）

横田冬彦「近世村落社会における〈知〉の問題」『ヒストリア』一五九号（一九九八年）
青木歳幸『在村蘭学の研究』（思文閣出版、一九九八年）
市古夏生『近世初期文学と出版文化』（若草書房、一九九八年）
小林准士「近世における知の配分構造」『日本史研究』四三九号（一九九九年）
中野節子『考える女たち』（大空社、一九九七年）
高尾一彦『横笛と大首絵』（法政大学出版局、一九八九年）
吉田ゆり子『兵農分離と地域社会』（校倉書房、二〇〇〇年）
高埜利彦ほか編『シリーズ近世の身分的周縁』一～六（吉川弘文館、二〇〇〇年）
若尾政希『「太平記読み」の時代』（平凡社、一九九九年）

出版说明

"讲谈社·日本的历史"是日本讲谈社出版的日本通史系列丛书，由日本史学家网野善彦领衔撰写，邀请各领域的一流学者，讲述日本从旧石器时代到平成年间的历史，共二十六卷。

在日本出版界，各大出版社都曾在不同时期出版过日本通史系列。"讲谈社·日本的历史"问世前，中央公论社于1965年至1967年出版的"日本的历史"系列二十六卷本，是日本通史系列丛书中的权威作品。对于这些日本通史读物，文艺评论家三浦雅士曾指出，若以时间为基轴阅读，即可窥见历史观随时代迁移呈现出的变化。中央公论社的"日本的历史"代表着战后二三十年的研究结晶，"讲谈社·日本的历史"呈现的则是直至当代的研究动向，在承袭前人的基础之上，还有新时代独有的创新之处，兼具权威性与前沿性。

整体而言，该丛书呈现了日本历史发展的主要脉络，也涉及各个时期的学术性问题和专题性问题。考虑到完全引进的工程量与中国市场的实际情况以及中国读者的阅读偏好，此次出版的中文版主要选择呈现历史脉络的卷册，剔除了部分学术性或专题性较强的卷册。选取的十卷本既呈现了日本学者从内部看待自身的独特切入点，涉及的内容亦包罗万象，读者可从中获得对特定时代的全景式了解。

因编者和译者能力有限，本书难免出现各种错误，敬请广大读者提出指正。

图书在版编目（CIP）数据

天下泰平：江户时代前期 /（日）横田冬彦著；瞿亮译．--
上海：文汇出版社，2021.5
（讲谈社·日本的历史）
ISBN 978-7-5496-3444-6

Ⅰ．①天… Ⅱ．①横… ②瞿… Ⅲ．①日本-中世纪史-
江户时代 Ⅳ．① K313.36

中国版本图书馆 CIP 数据核字 (2021) 第 030655 号

天下泰平：江户时代前期

作　　者／〔日〕横田冬彦
译　　者／瞿　亮
责任编辑／苏　菲
特邀编辑／欧阳钰芳
装帧设计／尚燕平
内文制作／张　典
出　　版／文匯出版社
上海市威海路 755 号
（邮政编码 200041）
发　　行／新经典发行有限公司
电　　话／010-68423599　邮　　箱／editor@readinglife.com
印刷装订／山东韵杰文化科技有限公司
版　　次／2021 年 5 月第 1 版
印　　次／2021 年 5 月第 1 次印刷
开　　本／787×1092　1/32
字　　数／250 千
印　　张／13.5

ISBN 978-7-5496-3444-6
定　　价／78.00 元

版权登记图字 09-2021-0094